세상의 절반은 어떻게 사는가

일러두기

1. 이 책은 Jacob A. Riis, *How the Other Half Lives: Studies Among the Tenements of New York* (New York: Charles Scribner's Sons, 1890)을 번역한 것이다.
2. 원서에서 이탤릭체로 강조한 부분은 고딕체로 표시했다.

포토저널리즘의 선구자 제이컵 리스,
130년 전 뉴욕을 바꾸다

세상의 절반은 어떻게 사는가

How the Other Half Lives

제이컵 A. 리스 지음
정탄 옮김

교유서가

H o w t h e O t h e r

"은으로 만든 문과 금으로 만든 창살로
그대들은 나의 양들을 아비의 품에서 떼어놓았다.
나는 1,800년이 지난 천상에서
양들의 눈물 떨어지는 소리를 듣노라."

"주님, 저희는 아버지들과 똑같이 문과 창살을 만들었으니,
저희의 죄가 아니옵니다.
주님의 모습을 보소서.
우리의 모든 땅에 유일무이하게 군림하고 있는 주님의 모습을."

그리스도는 한 직공을 찾아내셨다.
이마가 좁고 왜소하고 초췌한 직공을.
가녀린 손가락을 지닌, 엄마 잃은 한 소녀 또한 찾아내셨다.
힘없는 가난과 죄로부터 떠밀려온 소녀를.

그리스도가 그들 속에 앉으시니,
그들은 그리스도를 더럽힐까 두려워 옷자락을 끌어당겼다.
"여길 보라." 그리스도 가라사대,
"너희가 나를 본떠 만든 인간의 모습이 바로 이들이구나!"

제임스 러셀 로웰

서문

옛말에 "세상의 절반은 나머지 절반이 어떻게 살고 있는지 모른다"고 했다. 옛날에는 맞는 말이었다. 관심이 없으니 몰랐다. 상류층인 절반은 자신들의 기득권을 유지할 수만 있다면 아등바등하는 삶에 무관심했고, 빈민들의 운명에도 무신경했다. 그런데 하류층의 불편과 과밀이 심각해지면서 거센 소요가 일자, 더는 방치할 수 없었던 절반의 상류층이 어떤 문제가 있는지 조사에 나섰다. 빠르게 축적된 정보 덕분에 이제 세상은 오랜 무지에 대해 완벽한 답을 얻게 되었다.

세계의 대도시 중에서 역사가 가장 짧은 뉴욕, 이곳의 과밀 현상은 상대적으로 그리 심각하지 않아서 그 시기도 다른 도시에 비해 늦게 찾아왔다. 그런 날은 절대 오지 않을 것이라고 믿었던 사람들도 있었으나, 그들의 기대는 여지없이 깨졌다. 뉴욕 역시 그보다 오래된 도시에서 맞닥뜨린 문제를 피해 가지 못한 이유, 그것은 탐욕과 무분별한 이기심이었다. 최근 25년간 뉴욕 주의 범죄율이 증가한 원인을 조사하기 위해 위원회가 꾸려졌고, 이 위원회 앞에서 뉴욕 교도소 연맹의 총무는 이렇게 증언했다. "1863년에 일어난 큰 폭동에 즉각적이고 적극적으로 대처하면서 범죄의 은신처와 소굴이 저절로 드러났습니다. 건물과 집을 비롯해 그와 유사한 모든 장소가 현재 범죄의 온상이자, 범죄로 연결되는 비행과 혼란의 소굴입니다. 법과 시민을 상대로 한 범죄의 대부분 — 적어도 80퍼센트 — 은 단언컨대 가정과 단절되거나 아예 가정 자체가 없는 개인들에 의해 자행되고 있습니다. 그 밖에는 가정이 있다고 해도 일반적인 가정과 가족에게 필요한 건전한 식생활을 할 만큼 충분히 생활공간이 분리되어 있지 않거나 일정 수준에 미치지 못하거나 바람직하지 않은 환경에 처한 사람들입니다…… 나이가 어린 범죄자일수록 예외 없이 최악의 공동주택에 살고 있습니다. 다시 말해, 이 도시에 있는 그들의 거주지를 역추적한 결과가 그렇습니다." 조사 초기 단계에 뉴욕 주에서 드러난 확실한 사실은, '나머지 절반'을 구분 짓는 경계선이 바로 공동주택을 관통하고 있다는 것이었다.

그 경계선이 뉴욕의 인구를 균등하게 분할한 이후 10년이 지났다. 현재 뉴욕 인구의 4분의 3은 공동주택tenement에 살고 있고, 지속적인 인구 유입으로 그 수가 폭발적인 증가 추세에 있다. 지난 세대에 위생학자들에게 절망적으로 보였던 1만 5,000채의 공동주택이 현재 3만 7,000채로 증가했고, 120만 명이 넘는 사람들이 그곳을 가정이라고 부르고 있다. 해법의 하나로 도시 변두리로 신속히 이동하는 것이 있는데, 이마저 안도감을 주지 않는다. 현재로서는 탈출구가 없다는 점을 모두가 알고 있다. 대중의 무관심과 개인적인 탐욕에서 잉태한 나쁜 결과, 즉 '시스템'이 우리 문명에 영원한 폭풍의 핵처럼 자리잡았기 때문이다. 역경에 잘 대처해나가는 것 외에 방법이 없다.

공동주택이 무엇이고, 그것이 어떻게 현재의 모습으로 발전해왔는지 지금부터 알아보려고 한다. 이는 명백한 공식 기록을 근거로 하는, 누구라도 오싹해질 만큼 암울한 내용이다. 이 이야기를 통해 '나머지 절반'의 고통과 죄악 그리고 그들로부터 잉태한 악폐가 그들에게 다른 선택지를 주지 않은 우리 공동체에 대한 지극히 정당한 단죄로 드러난다면, 그 이유는 그것이 사실 그대로이기 때문이다. 이 공동주택이야말로 부자와 빈자 모두에게 죽음을 가져오는 전염병의 온상이기 때문이다. 교도소와 즉결재판소를 채우는 빈민과 범죄의 온상이자, 해마다 낙오된 4만 명의 하층민들을 블랙웰 아일랜드(루스벨트 아일랜드의 옛 이름으로 정신병원, 전염병병원, 감옥 등이 있었다고 한다—옮긴이)의 보호시설과 노역장으로 팽개치는 온상 말이다. 지난 8년간 50만 명의 빈민이 우리의 자선에 기대어 살았다. 그리고 또 1만 명의 예비 빈민이 자선을 기다리고 있다. 무엇보다 그들은 심각한 도덕적 타락으로 가족의 삶에 영향을 미치고 있다. 이것은 앞서 말한 시스템과 분리할 수 없는 최악의 범죄다. 설령 이로 인해 우리가 극한 인내와 동정 어린 관용을 요구받는다고 해도, 우리가 저지른 잘못의 결과를 변명하진 못할 것이다.

이 문제를 어떻게 처리할 것인가? 당면한 질문이다. 이 질문은 이미 빈민가 공동주택의 삶이 가져온 당연한 부산물, 즉 정치적 무뢰배•의 조소적인 도발을 통해 한차례 제기되었다. 당시엔 법과 질서가 해답을 찾아냈고, 문제를 해결했다. 갑갑한 속박처럼 인구가 폭발적으로 증가하는 상황에서 그때의 해답은 계속 유효한 것일까? 문제를 야기하는 현상황을 얼마나 완벽하게 이해하는가에 달렸다. 최근의 공식 기록에 따르면, 가난으로 고통받는 사람들의 40퍼센트는 과도한 음주 문제에 시달리고 있다. 최초로 법률에 의해 구성된 위원회에서는 이 쓰라린 상처가 예상보다 깊다는 사실을 파악하고 그 근원을 파헤쳤다. 결국 위원회는 "인간의 삶과 거주의 특정한 조건은 다자녀 부모들의 습관과 도덕성을 좌우한다는 결론"을 내고, "모든 사람에게 깨끗하고 편안한 가정을 제공함으로써 과음을 방지하라고" 권고했다. 그로부터 몇 년 후, 한 위생 검사관은 "세입자의 3분의 2가 살고 있는 공동주택 중에서 절반 이상은 주인의 반대로 적절한 조사를 하지 못했다"고 폭로했다. 집주인들은 일정한 임대 수익을 원하고 있었는데, 그 수익이 15퍼센트 이하인 경우는 극히 드문 반면, 30퍼센트를 초과하는 경우는 빈번했다.•• 세입자들 사이에서 도저히 견딜 수 없다는 불평이 들끓었고, 수리와 꼭 필요한 개축을 통해 적절한 주거 환경을 마련해달라는 요청을 해도 돌아오는 유일한 답변은 집세를

• 여기서 정치적 무뢰배는 트위드William Magear Tweed와 그 일파를 지칭한다. 트위드는 '보스Boss' 트위드로 더 널리 알려진 19세기 뉴욕 시와 미국 정가의 거물 정치인이다. 각종 이권에 개입하면서 횡령과 부패를 일삼은 대표적인 인물로, 뉴욕 4구에서 태어나 자랐다 — 옮긴이.

•• 상원 위원회에서 이루어진 증언들에 따르면, 공동주택의 평균 임대 수익률은 40퍼센트였다. 100퍼센트 또는 그 이상이라고 증언한 사례도 있었다.

멀베리 스트리트의 보틀 골목.

내든가 아니면 나가라는 말뿐이었다. 중개인들의 지침은 단순하고도 단호했다. "먼저 집세를 받고, 여의치 않으면 세입자를 퇴거시켜라." 이것이 거름이 되어 지금의 독나무가 자랐다. 그 열매가 달콤할 리 없다. 정당한 호소에 적절한 답이 되어줄 개선책은 대중의 양심에서 나와야 한다. 법도 자선도 근본적인 대책이 될 수는 없다. 지금 할 수만 있다면, 악을 잉태한 자본의 탐욕, 그 자체를 바로잡아야 한다. 집은 노동자를 위해, 그들의 노동을 부리는 고용주들에 의해서 지어져야 한다. 그리고 공동주택을 '좋은 재산'으로 여기는 낡고 냉혹한 개념부터 버려야 한다. '박애와 5퍼센트의 임대 수익'은 요구되는 속죄의 내용이다.

이것이 순전히 경제적 측면에서 본 진실이라면, 기독교적인 견해는 어떤 것일까? 이처럼 계속 늘어만 가는, 그리고 이제는 종종 이방인처럼 보이는 세입자들에게 어떻게 기독교의 감화를 나누어줄 수 있는가를 논의하기 위해 교파를 초월한 대규모 집회가 뉴욕에서 열린 지 얼마 지나지 않았다. 그런데 이 기독교 집회가 한 브루클린 건설업자의 경고에 주의를 기울인 것 같지는 않다. 그 건설업자는 도시 건설에 투자했고 금전적인 이득 그 이상을 얻었으나, 그가 한 다음과 같은 말은 귀담아들을 만하다. "보고 자란 것이 인간의 탐욕뿐인 이들에게 어떻게 신의 사랑을 이해시킬 수 있습니까?"

1890년 뉴욕에서, 제이컵 A. 리스

제1장

공동주택의 기원

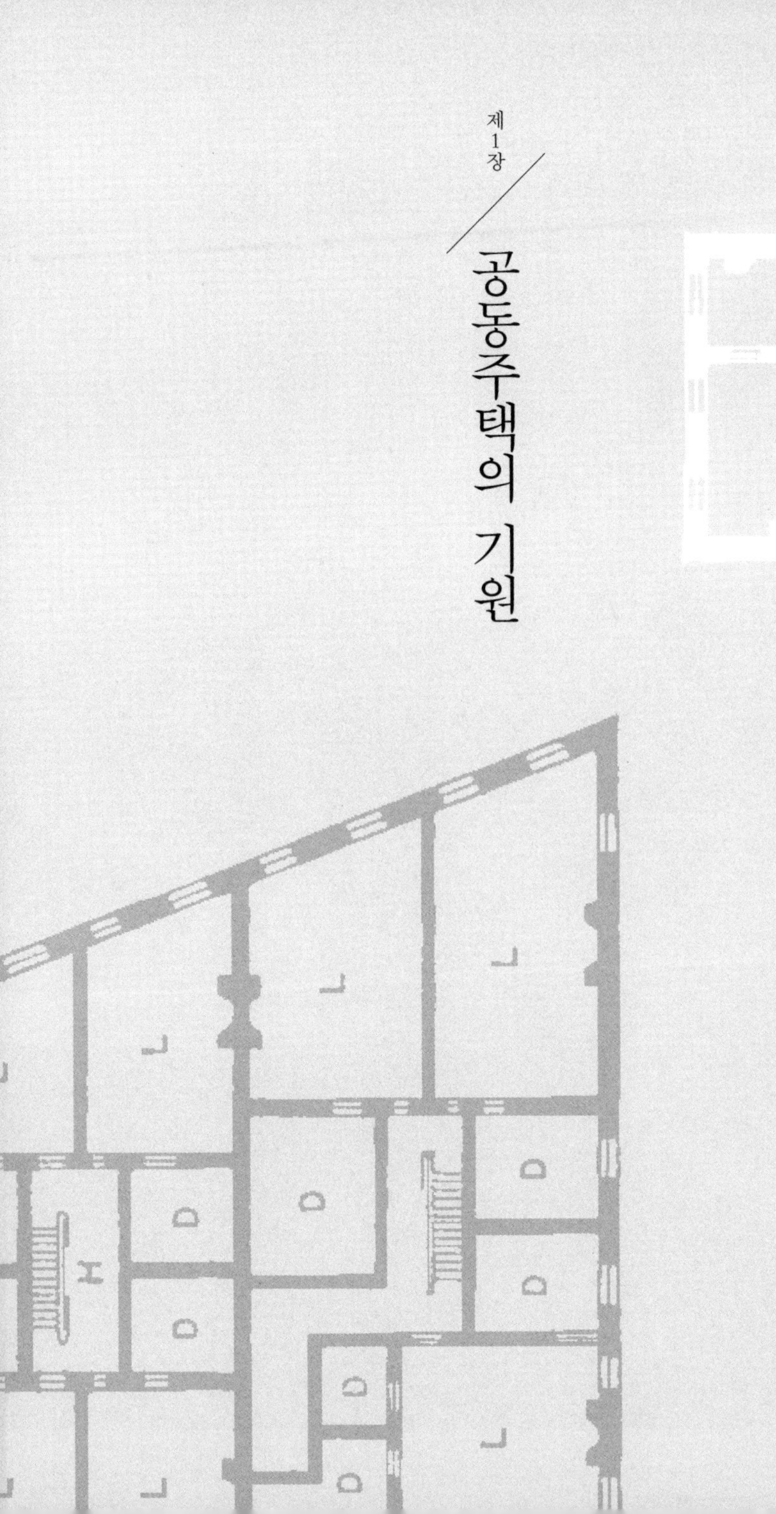

Tenement of 1863,
for twelve families on each flat.*

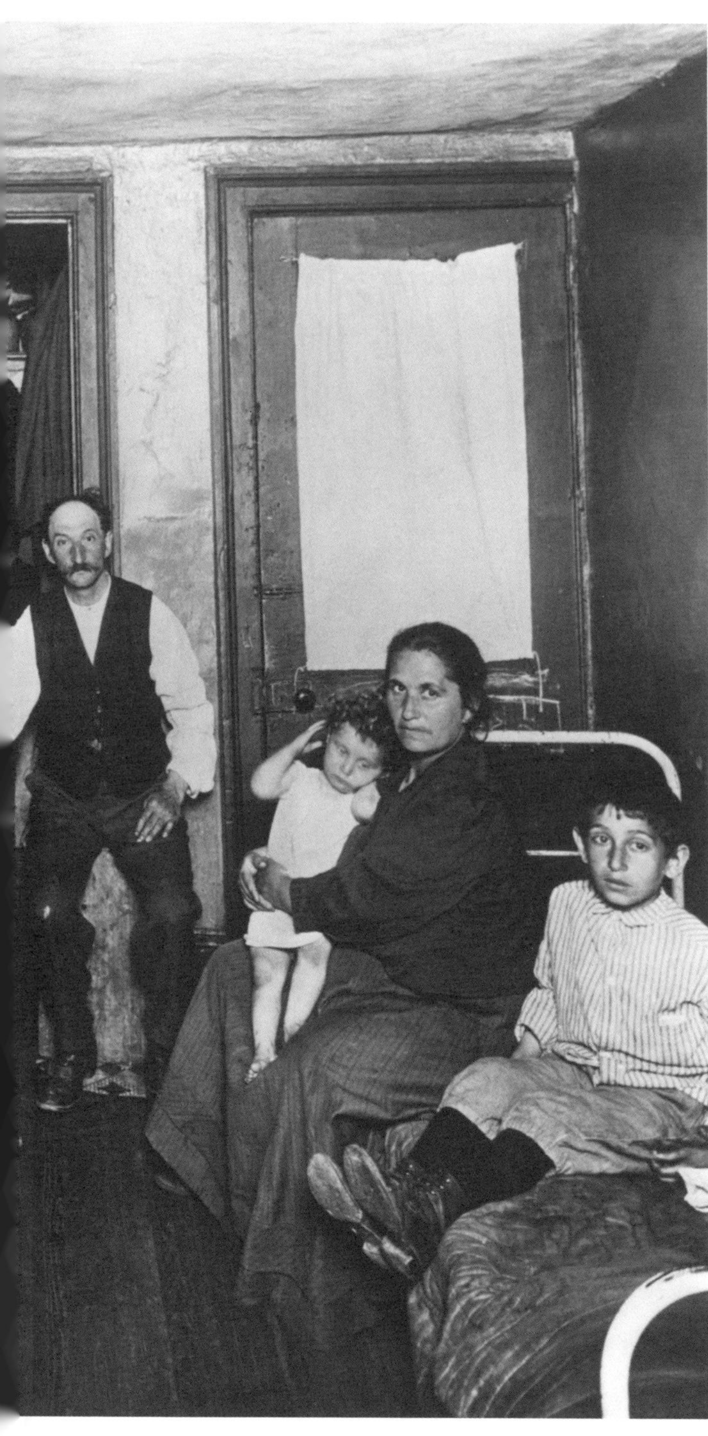

공동주택의 한 셋방(1910)

뉴욕에서 최초의 공동주택은 탄생의 순간부터 카인의 징표를 달고 있었다. 물론 그 의미를 알기까지 한 세대가 지나야 했지만 말이다. 이것이 바로 뉴욕의 역사상 가장 악명 높은 '뒤채rear house'였다. 예전에도 공동주택은 있었으나, 지금의 목적으로 지은 것은 아니었다. 그것을 처음 지은 이들에게는 온갖 사람이 모조리 거기에 거주할 것이라는 생각만큼 충격적인 것도 없었을 터다. 원래 뒤채는 뉴욕 1세대 이주민들에게 격조 있는 가정이자 맨해튼 초창기 주민들의 자부심이었기 때문이다.

사람들을 이동시킨 것은 1812년 전쟁에 이어 유입된 대규모 이민자들과 더불어 활발해진 교역이었다. 10만 명 남짓했던 뉴욕의 인구는 35년 만에 50만 명에 육박했다. 집이 필요한 사람들 때문이었다. 미국의 초대 대통령인 조지 워싱턴이 지나치게 외곽이라 접근성이 떨어지는 체리 힐을 떠나 이사한 일을 아직까지 기억하는 사람들이 있을 것이다. 이제 1세대 거주자들이 워싱턴의 예를 따르고 있다. 그러나 그들이 이주하는 방향과 목적은 제각각이다. 그들의 안락한 거주지는 이스트 리버East River를 따라 한때 번화가였던 거리에 자리잡고 있었지만, 지금은 부동산 중개업자와 하숙집 주인들의 수중에 들어갔다. 그리고 악폐가 생기기 시작한 시점인 1857년, 주 의회에 제출된 보고서는 다음과 같이 적절한 경각심을 일깨우고 있다. "처음에는 공동주택이 근면한 서민층에게 진정한 축복이었다. 당시 이 서민층은 수입이 적어서 지출이 제한적이었고, 직장과 가게 혹은 창고 주변이나 도로와 수로 공사장에서 일하면서 일터 가까이에 거주지를 구해야 했다." 그러나 이들의 축복은 오래가지 않았다. 상업이 번창하고 도시가 급성장하면서 빈민의 필요는 그들보다 부유한 이웃의 기회가 되었다. 낡고 허름한 집이 갑자기 돈벌이의 수단이 된 것이다. "큰 방은 조명이나 환기를 고려하지 않은 채 몇 개의 작은 방으로 분할되었고, 집세는 방의 크기와 층에 따라 달라졌다. 이런 공동주택은 하루 벌어 하루 사는, 도덕적으로 해이하고 앞날을 대비하지 않으며 비속하고 불결하기가 거지와 다름없는 임차인들로 지하부터 꼭대기 방까지 금세 채워졌다." 그 결과, 이루 말할 수 없는 온갖 비행의 온실이 된 어둠의 침실이 등장했다. "이런 공동주택은 기존의 주택보다 질긴 운명을 타고났다." 공동주택의 새로운 역할에 대해 과거의 보고서가 보여준 분노와 고발은 설득력이 있다. "전쟁보다 더욱 파괴적인 해악", "공동주택들은 오래 지속될 목적으로 등장한 것은 아니었다. 집세는 미래가 없는 세입자들이 자행하는 오용과 손상을 보전하고도 남을 만큼 높게 책정되었다. 그리고 세입자들은 머무는 동안 늘 가장 비싼 월세를 내야 했다. 정리정돈, 질서, 청결 등은 해마다 공동주택이 늘어갈수록 당시의 임대 체계에서는 꿈도 꿀 수 없었다. 그러는 동안 불결과 불만, 결핍과 무지를 바로잡는 일은 줄곧 방치되어서 필연적인 결과를 가져왔다. 결국 전 지역에서 공동주택은 황폐화 수준에 이르렀고, 사람이 살고는 있으나 주거지가 아닌, 연기에 그을리고 습기에 썩어가는 지붕과 쥐들이 득시글거리는 지하실의 냉습한 소굴로 변해버렸다." 그런데도 인간의 탐욕은 너무도 비

논리적이어서 나중에 설명이 필요해졌을 때 이런 말이 나왔다. "집주인들은 종종 세입자의 불결한 습관을 셋방 사정의 구실로 들먹였다. 세입자들의 습관을 눈감아준 것이야말로 진짜 악행이며, 그 책임은 오롯이 집주인 본인들에게 있다는 사실을 철저히 망각한 것이다."

여전히 인구 증가의 압박은 완화되지 않았고, 무신경한 네덜란드 이주민이 튤립이나 양배추를 키우던 옛 뜰에 처음에는 대개 2층 목조 형태의 뒤채가 들어섰다. 이후 그 위에 겹겹이 층을 올렸다. 두 가구가 살던 이곳에 열 가구가 이주해 들어왔다. 뒤채의 벽돌 벽이 튼튼하다면 본채도 이런 예를 따르게 마련이었다. 당시의 목격자들이 남긴 불평으로 판단하건대, 옛 건물들이 "토대의 내구성을 고려하지 않고 지나치게 높게 쌓아올리는 비일비재한 상황"에 대한 문제제기가 제때 이루어진 것 같지는 않다. 집주인이 추구하는 것은 임대 수익이었다. 공동주택의 안전이나 안락함에 관한 그 어떤 사항도 계약서에 언급되지 않았다. 마당의 출입문들은 녹슨 돌쩌귀 위에서 더는 열리지 않게 되었고, 조개껍데기가 깔려 있던 길은 뒷골목으로 변했다. 너른 '뜰'이 있었던 4구Fourth Ward 여기저기에 지금까지도 남아 있는 것은 초기에 지은 뒤채 공동주택의 모습이다.

나쁜 상황들이 잇따랐다. "얼마 지나지 않아서 부동산 소유주와 중개인들은 주택과 건물을 바라크(판잣집, 가건물처럼 허름하게 임시로 지은 작은 집) 형태로 바꾸고, 인간의 삶을 네 개의 벽 안에 넣을 수 있는, 최대한 작은 크기로 분할함으로써 더 큰 이득을 얻을 수 있다는 사실을 간

파했다. 건물들은 소유주에 의해 임대되거나 할부로 매각되거나 지분을 나눠 매각되었고, 임차인에 의해 재임대되기도 했다." 지극히 무책임하고 무모하고 막무가내인 브로커의 등장으로 공동주택의 시대는 고섬 코트 같은 곳을 양산하기 시작했다. 깨끗한 주거 지역에서는 찾아보기 어려운 콜레라가 고섬 코트에서 창궐해 인구 1,000명당 195명의 비율로 세입자의 목숨을 앗아갔다. 그 결과, 1815년에 인구 41.83명당 1명이었던 뉴욕의 평균 사망률이 1855년에는(이 해에는 이례적으로 전염병의 영향이 없었는데도) 27.33명당 1명으로 높아짐으로써 보건국의 초창기 직원들은 이렇게 개탄했다. "뉴욕 시의 공공부지, 건물 사이의 마당 등을 전부 포함해 1.7제곱미터 남짓한 면적에 수백 명이 사는 것과 맞먹는 수준의 인구밀도를 보이는 공동주택이 무수히 많다." 당시에 공동주택의 인구는 50만 명으로 늘었고, 중국을 포함해 전 세계에서 가장 과밀한 지역인 이스트사이드의 경우에는 2.6제곱킬로미터당 29만 명이 살고 있는, 전례가 없는 밀도를 보였다. 모든 나라 모든 시대를 막론하고 아무리 탐욕이 극에 달했다 해도 2.6제곱킬로미터에 이스트사이드 인구의 절반(15만 명)을 쑤셔넣은 전례조차 전무했다. 과거 런던에서 가장 과밀했던 시기에도 2.6제곱킬로미터당 17만 5,816명이었다. 이스트사이드에서는 돼지떼가 청소부처럼 쓰레기를 뒤지며 거리와 하수도를 활보했다.• 어느 공동주택에서 발생한 한 아동의 죽음에 대해 인구통계국은 "밀폐된 집의 오염된 공기에 질식사한 것이 확실하다"고 기록했다. 뉴욕의 문제점을 찾기 위해 뉴

• 거주 지역에 돼지를 방치하지 못하도록 하는 조치가 시행된 것은 1867년 겨울이었다.

머서 스트리트와 그린 스트리트의 중간, 블리커 스트리트의 한 후면 부지에 있는 낡은 집.

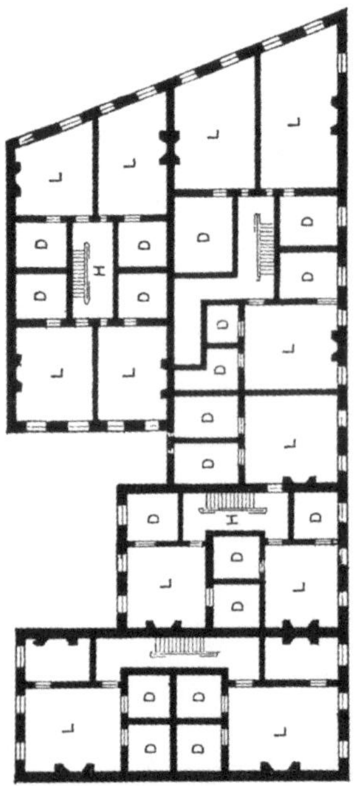

층마다 12가구가 살도록 설계된 1863년의 공동주택(D=어두움, L=밝음, H=홀). 이 '밀폐되고 열이 발생하는 건물 구조'는 준공된 다음해에 신생 조직인 위생협회에 의해 쾌적한 거리에 자리한 이상적인 '복합 주거지'의 견본 주택으로 채택되어 뉴욕시민연합에 소개되었다. 협회의 소개는 다음과 같았다. "12개의 거실과 21개의 침실. 그리고 대부분의 침실은 응접실과 거실을 경유하여 빛이 들어오지 않는 한 완벽히 빛이 차단되며, 다른 곳에서 빛과 공기의 유입 가능성이 있는 침실은 6개에 불과합니다. 완벽하게 어둡고 밀폐되어 환기가 되지 않습니다. 거실은 3.3×3.6미터, 침실은 1.8×2.1미터에 불과합니다."

욕 주의 주도인 올버니에서 내려온 상원의원들은 "해마다 질병과 죽음으로 많은 인구가 줄고, 그만큼 많은 노동자가 빈자리를 메우고 있다"고 보고했다. 그런데도 전문가들의 증언에 따르면, 공동주택 지역의 월세는 하류층 주거지 중 최악의 빈민가에서조차 일반 주택 지역과 비교해 25퍼센트에서 30퍼센트가량 높았다. 이를테면, 시더 스트리트에서 "하숙을 치는 한 가족"은 8~10개의 거름통이 있는 지하실에서 돼지를 길렀다. 혹은 "남녀노소를 포함한 다섯 가족, 도합 20명이 가로세로 3.65×5.79미터의 단칸방에서 사는 경우도 있었는데, 이 방에는 칸막이나 차양, 의자나 탁자는 없고 달랑 두 개의 침대만 있었다". 돼지가 사라졌다고는 하나, 과도한 월세는 현재까지도 문제없이 유지되고 있다.

혹시 이런 폐해가 다행히 과거의 일이니 잊고 넘어가도 좋다고 우쭐하는 혹자가 있을까봐, 필자의 주의를 끌고 있는 최근의 공동주택 사건 세 건을 언급하겠다. 하나는 집주인들을 부자로 만들어준 초기 공동주택의 형태를 띤, 모트 스트리트의 뒤채에서 일어난 화재 사건이다. 이 화재로 그동안 초라하고 비좁은 방에 평균 5달러의 월세를 내고 살았던 열 가구가 집을 잃었다. 그 집주인은 내게 말하길, 1년 임대 수익이 600달러인 반면, 보험금은 **무려** 800달러라고 했다. 그는 자신의 소중한 재산을 잃게 되었으니 마땅히 동정을 받아야 한다고 생각했다. 두번째 사건은 유럽에서 이민 와서 근면하게 살았던 한 젊은 부부에 관한 일이다. 이 부부는 살기에 "지쳐서" 크로스비 스트리트의 공동주택에서 독약을 먹고 자살

했다. 다른 설명은 없었으나, 내가 그들이 살았던 방에 들어섰을 때에는 아무런 설명도 필요치 않았다. 지붕이 경사진 다락방, 하나뿐인 창문은 높이 지붕에 나 있어서 방에 있는 창문 같지가 않았다. 부부가 다달이 선불로 5달러 50센트씩 내야 했던 이 방에서는 몸을 돌리는 것조차 어려웠다. 같은 층에 이런 다락방이 네 개 있었는데, 브루클린의 쾌적한 지역에 있는 작은 집을 본떠 최대한 방을 많이 만든 결과였다. 세번째 사건의 주인공은 웨스트 3번가의 열악한 빈민촌에서 갓난아기와 사는 유색인 부부다. 그들이 사는 맨 위층 단칸방의 월세는 8달러 50센트로, 방이 너무 작아서 방문 밖에 카메라를 세워놓고도 사진에 담을 수 없었다. 방 끝에서 끝까지 짧은 보폭으로 세 걸음이었다.

초기 공동주택을 만든 사람들에게는 딱 한 가지 변명이 있었고, 이들의 상속자들은 그 변명으로 가치 있는 일을 한 것처럼 자신들을 옹호할지도 모르겠다. 공식 보고서에 따르면, "주거시설이 부족한 뉴욕에서 공동주택은 매물이 나오는 즉시 세입자들로 들어찼다". 수천 명이 지하 방에서 살았다. 보건국이 조직된 당시에 뉴욕에는 지하 셋집이 300가구였다. 그보다 15년 전쯤 채텀 스트리트와 이웃한 멀베리 스트리트의 낡은 침례교회가 매각되었고 건물의 뒤쪽 절반이 공동주택으로 개조되었는데, 이곳에 가득했던 세입자의 규모는 지금보다도 무분별했던 당시의 기준에서 봐도 충격적이었다. 이 열악한 건물에 40가구 이상이 살았고, 사망률은 공식적으로 연 7.5퍼센트(1,000명당 75명)였다. 이 세입자들은 극

헬스 키친과 세바스토폴.

재통(1888년경).

단적인 예에 속했다. 당시에 대형 바라크 건물들이 뉴욕 시의 동서로 퍼져갔고, 북쪽의 듬성듬성한 주거 지역까지 파고들어갔다. 이 바라크 건물을 세울 당시에 어떤 명칭으로 불렸는지는 정확하지 않지만, 집세 징수만큼은 확실했다. 공동주택 건물에 손상이 있을 경우, 세입자들이 돈을 모아 변상해야 했다. 재산권 분쟁이 일어나는 사례가 빈번했고, 월세를 징수하는 주체가 둘이나 셋씩 되는 경우도 많았다. 상황이 이렇다보니, "공동주택 개보수는 아예 없었다".

절정이 찾아왔다. 이 상황은 '빈민주거환경개선협회'에서 나온 다음과 같은 말로 요약된다. "주거지로 개조된 붕괴 직전의 노후 건물, 지저분한 마당에 지은 과밀한 뒤채 공동주택, 어둡고 눅눅한 지하실, 물이 새는 다락방, 상점, 헛간, 마구간•은 짐승이 살기에도 적합하지 않았지만, 그럼에도 이 풍요로운 기독교 도시에서 우리의 숱한 동료들이 이런 곳에 살고 있다." 이 협회 소속의 역사가인 마사 램 부인은 수로 공사가 한창이던 1835년에서 1845년까지의 기간을 이렇게 설명했다. "이 시기의 뉴욕은 부랑자들의 종합 수용소였어요. 그런 주거 환경에서는 필연적으로 젊은 부랑자들이 거리마다 넘치게 마련이지요. 청소년 범죄가 해마다 무섭게 증가했어요. '아동보호협회'나 이와 유사한 자선단체들이 아직 등장하지 않은 시기였으나, 전화번호부에서 '흑인교육증진협회'의 주소를 발견할 수 있었어요."

• 마구간의 부지 면적은 12×18미터. 이곳의 총 20개 마구간이 연 15달러의 월세를 받고 주거용으로 임대되었다. 마구간 전체의 감정가는 600달러였다.

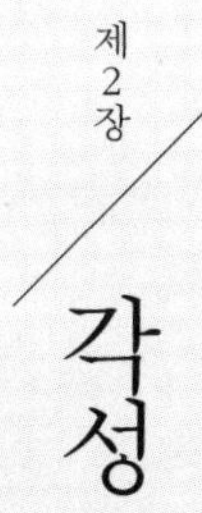

제2장 각성

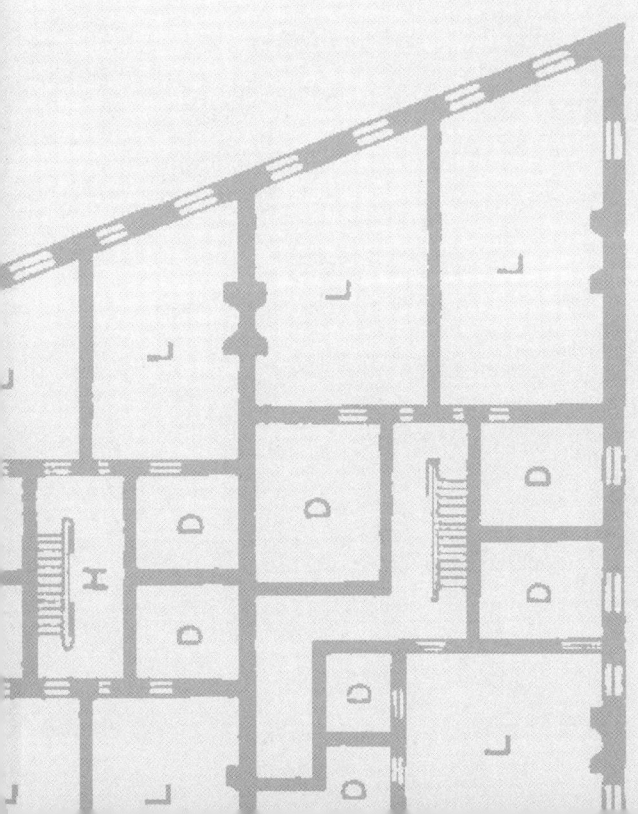

4번가 거리 청소.

종전 직후에 사회의 양심을 행동하게 만든 것은 창궐하는 콜레라에 대한 공포와 뉴욕의 빈민굴이 그 전염병의 온상이라는 죄의식이었다. 시민운동의 결과, 구빈법을 향한 첫걸음인 보건국이 출범했고 공동주택법(1867)이 채택되었다. 공동주택에 대한 정밀조사는 이미 1년 전인 1866년부터 시작되었다. 그러나 처음에는 콜레라, 다음에는 천연두 때문에 작업이 지체되었고, 이로 인해 조사의 필요성은 더더욱 중요해졌다. 그 결과 1869년에는 괄목할 만한 진척이 있었다. 우선, 어두운 침실이 금지되었다. 같은 해에 보건국은 주택 내실에 4만 6,000개 이상의 창문을 내도록 명령했다. 주로 환기를 위해서였고 빛이 아예 없거나 거의 없는 어두운 복도를 위한 것이었다. 환기구에 대한 조치가 있었는지는 알려진 바 없다. 여름 내내 공사가 진행되었다. 가을 초순까지 보건국의 명령이 100퍼센트 가까이 이행되었다. 반대가 없었던 것은 아니다. 한쪽에선 공동주택의 소유주들이 공무를 방해했으니, 이들은 개보수나 청소에 관련된 보건국의 시정 명령을 자신들의 임대 수익을 축소하는 추가 경비의 요인으로 간주했다. 또다른 방해 요인은 세입자 자신들이었다. 한 세대에 걸쳐 소용없는 항의를 제기해왔던 세입자들은 결국 환경에 매몰되어 현 주거지에 그냥 머물러 있는 데 만족하게 되었다. 공동주택은 네메시스Nemesis(복수의 여신) 즉 대중의 잘못에 언제든지 복수할 준비와 능력을 갖춘 프롤레타리아트를 낳았다. 이미 교도소와 자선단체를 지원하기 위해 막대한 시 예산이 투입되고 있었다. 반대의 이유는 흥미롭게도 양극단에서 동일했다. 요컨대, 건물주와 세입자 모두 공적인 개입을 사적 권리에 대한 침해이자 억압으로 여겼다. 밀실의 구석까지 미치는 일조권의 요구가 설득력을 갖기까지 지난하고 고단한 노력이 필요했다. 5년이 지나서야 보건국은 휴스턴 스트리트 남쪽의 '동굴 거주자들'을 퇴거시키고 550채의 지하실을 폐쇄했다. 주거용으로 사용되어온 이 지하실 상당수는 해안지대 밑에 있었다. 경찰이 무력으로 세입자들을 끌어내야 했던 경우가 비일비재했다.

공사는 계속되었다. 그러나 노력하면 할수록 공사의 필요성은 더 커졌다. 위생학자들은 진압되지 않고 오로지 전진하는 불길처럼 그들을 앞서가는 악을 힘겹게 뒤쫓았다. 1879년 교회 몇 곳에서 열람된 공식 보고서는 젊은 범죄자들을 "정신과 육체 모두 어두운 분위기"에서 양육된, 수

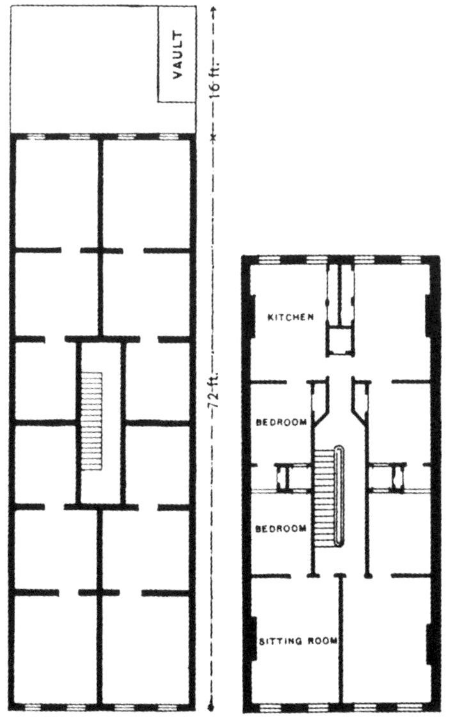

구식 공동주택. 환기구의 탄생.

준 이하의 환경과 건강에 유해한 과밀 공동주택의 희생자로 간주했다. 이 보고서는 10년에 걸쳐서 어두운 구석구석 공사가 한창 진행된 뒤에 나온 결과물이었다. 한 저명한 의사는 이렇게 말했다. "공동주택에서 이 불쌍한 사람들이 숨쉬는 공기를 우리가 눈으로 직접 볼 수 있다면, 아마 도랑의 진흙보다도 더 더러울 겁니다." 모든 공사가 마무리되었음에도 불구하고 개선은 거의 눈에 띄지 않았다. 한 공무원은 이런 판단을 내렸다. "비교적 최근의 신축 공동주택들은 대개 어둡고 건강에 나쁜 방과 종종 축축한 천장 등 기존의 공동주택처럼 열악하게 설계되었고, 초과밀 상태를 보였다." 이런 형태의 주택들이 오늘날에도 과거의 가장 나쁜 전통을 영속화시킬 뿐 아니라 그 수가 무수히 많았다. 파이브 포인츠의 경우에 바로 인접 지역까지는 청결해졌으나, 돌을 던지면 닿을 거리인 멀베리 스트리트 벤드의 불결은 도저히 지울 수 없었다. 게다가 부패의 새로운 중심지들이 계속해서 생겨나서 한순간이라도 경계심이 느슨해지면 여지없이 세력을 확장해나갔다. 못된 학생 하나가 학급 전체를 망치는 것처럼 최악의 주택들이 나머지 주택 전체에 하향 평준화의 영향을 미치는 것은 공동주택 시스템의 저주 가운데 하나다. 위생위원회의 점잖은 논평에 따르면, "빈민들을 방치한 결과" 악이 생겨났고, 이는 빈민들이 저절로 복수하는 방식이었다.

이 시기에 시작된 결연한 노력, 요컨대 공동주택 건축업자들에게 강력한 조치를 취함으로써 문제를 해결하려는 노력은 근래 수년 동안 보건

플랫의 확장 공간으로 사용되는 공동주택의 전형적인 화재 대피 시설, 앨런 스트리트.

브룸 스트리트의 제화공(1890년대 초).

국의 주요 업무였다. 환기구의 시대는 빈민의 주거 문제를 해결하지 못했으나, 제한된 기회를 잘 활용해왔다. 신축 주택에 대해서는 위생법이 철저히 적용되었다. 그러나 기존의 주택은 그대로였다. 극단적인 사례를 제외하고 당국이 기존 주택들에 대해 당장 철거 명령을 내릴 수는 없었다. 심각한 과밀 상태도 그대로 남았다. 이것이 공동주택의 특징이다. 공동주택의 꼬리표이자 전형적인 조건인 가난, 이것이 과밀을 야기하고 강요한다. 과밀을 줄이려는 모든 시도는 일시적인 감소 효과만 가져온다. 공동주택이 존재하는 한, 과밀 또한 공존할 것이다. 그리고 공동주택은 뉴욕에서 영원히 존재할 것이다.

오늘날, 공동주택이란 무엇인가? 법 규정에 따르면 공동주택은 "세 가구 이상이 독립적으로 생활하고 취사를 하는 집, 또는 한 개 층에 두 가구 이상이 독립적으로 생활하고 취사를 하며 홀, 계단, 마당 등을 함께 사용할 권한을 지닌 집"이다. 이는 법적인 의미이고, 이 책의 주제와는 상관없는 플랫flat과 아파트까지 포함하고 있다. 가장 최근에 통용되고 있는 기준으로 범위를 좁혀서 일반적인 공동주택을 기술한다면, "대개 길가에 4층에서 6층 높이로 지은 벽돌 건물로, 종종 1층에 술집이 있고 세입자의 편의를 위해 또 일요일 휴업령을 피하기 위해 옆문이 있다. 층마다 네 가구가 살고, 가구마다 침실로 사용하는 어둡고 작은 방 하나 혹은 두 개와 3.6×3미터가량의 거실 하나가 있다. 건물 중앙의 계단은 매우 어두운 경우가 다반사이고, 직접적인 통풍은 불가능하다. 가구마다 칸막이로 분리되어 있다. 종종 이 건물 뒤쪽에 3층짜리 다른 건물이 있는데, 이곳엔 층마다 두 가구가 거주한다." 이 설명은 10년 전이나 지금이나 거의 다르지 않고, 앞으로도 오랫동안 변하지 않을 것이다. 환기구로 들어온 희미한 빛이 그 어느 때보다도 많은 사람을 비춘다. 공동주택은 여전히 '좋은 재산'이고, 빈자들은 가난 때문에 파멸한다. 가난 때문에 **살 수밖에 없는** 도심의 바라크는 할렘의 버젓한 플랫보다 임대료가 세 배 더 비싸다. 한 공동주택에 70명에서 80명의 아이들이 살고 있다는 진술이 한때 큰 반향을 일으켰다. 그런데 위생 경찰이 크로스비 스트리트에서 동시에 지어진 쌍둥이 건물 중 한 동에만 101명의 성인과 91명의 어린이가 있다고 보고했을 때에는 스치는 주목조차 더이상 받지 못했다. 필자가 착각한 것이 아니라면, 다른 동에 사는 어린이는 89명으로, 두 공동주택에 총 180명의 어린이가 살고 있다. 멀베리 스트리트의 야간 조사에서는 두 건물의 지저분한 바닥에 150명의 '숙박인'들이 자고 있었다. 브라운스톤 마감재, 고급 판유리와 모자이크로 장식한 현관에도 불구하고 여름에는 2층만 올라가도 수돗물을 끌어올리지 못하는 반면, 맥주는 밤샘 야유회가 벌어지는 지붕까지 일사천리로 올라간다. 옆문이 있는 술집과 건물주들이 부를 나누어가지고, 세입자들은 침울한 복종 속에서 그 비용을 부담한다.

오늘날의 공동주택은 어디에 있는가? 아니, 이렇게 질문하는 것이 낫겠다. 오늘날 공동주택이 없는 곳은 어디인가? 50년에 걸쳐 공동주택은

4구의 빈민가와 파이브 포인츠에서 시작해 맨해튼 섬 전체에 야금야금 퍼졌고, 아넥스드 지구annexed district(오늘날의 웨스트 브롱크스West Bronx—옮긴이)와 웨스트체스터 경계까지 오염시켰다. 공동주택은 사업의 여지만 있다면 어느 곳이든 로어 맨해튼 지역 전체를 잠식해들어갔다. 그리하여 불안정하고 음울한 군중으로 할렘을 채웠고, 뉴욕의 부와 사업을 손에 잡히는 거리에 두면서 사람들을 군중 지배와 분노의 시대로 몰아넣었다. 재무성 분국의 방탄 덧문, 다량의 수류탄, 개틀링 기관총은 예상되는 통제 불능의 힘의 현실과 수준을 암묵적으로 시인한 결과였다. 뉴욕 인구의 4분의 3이 거주하는 현재의 공동주택, 이 자체가 바로 뉴욕이다. 또 한 세대가 뉴욕의 인구를 두 배로 늘리고, 어마어마한 노동자의 수를 더욱 불리면서 가난에 사로잡힐 때, 집이라는 명칭은 분명 쓰디쓴 조롱이 될 것인데, 그 결과는 과연 무엇일까?

제3장

뒤섞인 군중

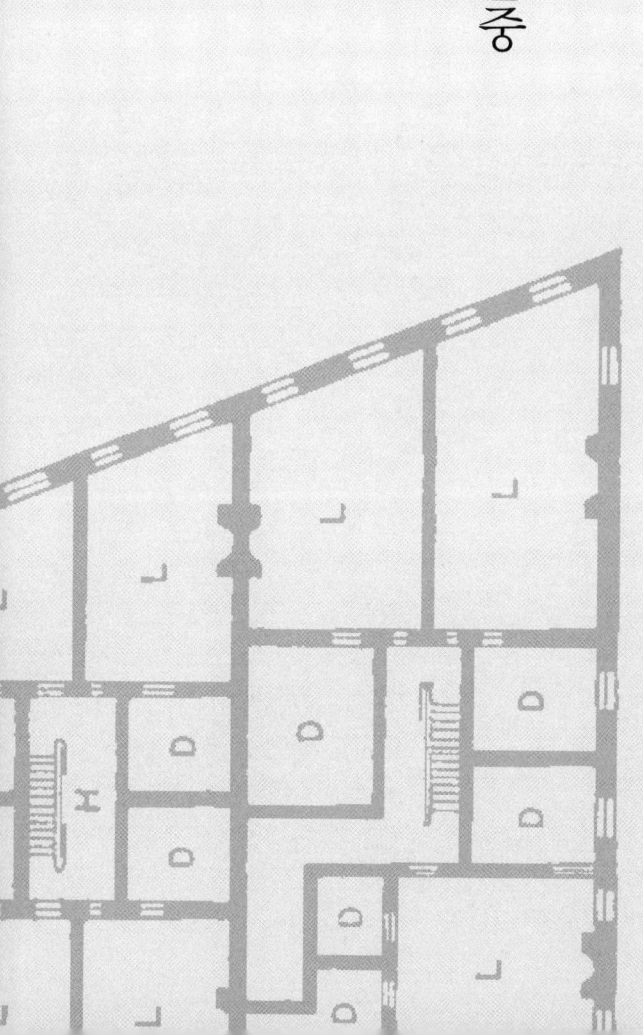

Tenement of 1863, for twelve families on each flat.*

뉴욕에 살았던 아메리카 인디언의 일족인 이로쿼이족의 '산독수리Mountain Eagle'와 그의 가족.

언젠가 내가 악명 높은 4구 골목의 중개업자에게 이곳에 얼마나 많은 사람이 살고 있냐고 물었을 때, 돌아온 답변은 이랬다. 140가구, 그중 100가구는 아일랜드인, 38가구는 이탈리아인, 2가구는 독일인. 중개업자는 스스로 말을 삼가면서, 이 지역에 미국인 토박이는 없다고 했다. 이 대답은 골목에서 마당까지 어디를 막론하고 로어 뉴욕lower New York의 국제성을 특징짓는다. 우리는 이탈리아인, 독일인, 프랑스인, 아프리카인, 스페인인, 체코인, 러시아인, 스칸디나비아인, 유대인 그리고 중국인 지역을 찾아낼 수 있다. 심지어 예루살렘에서 직수입한 물건인 양 배터리 스트리트의 '성지'에서 행상을 하고 있는 아랍인들까지도 워싱턴 스트리트의 남쪽 끝자락에 자신들만의 배타적인 영역을 갖고 있다. 우리가 미국의 주요 도시인 여기 뉴욕에서 물어봐야 소용없는 한 가지는 미국인 거주지에 대한 것이다. 없다. 공동주택 사이에는 분명히 없다. 토박이 미국인들은 어디로 간 것일까? 나는 그 수를 제대로 짐작할 만한 사람에게 질문을 던졌다. 내가 그리 생각한 이유는 그가 신문 광고란에서 "아일랜드인 지원 불가"라는 말이 익숙한 시대에 "좋았던 옛 시절"을 떠올리며 한숨짓는 것을 봤기 때문이었다. 그는 당황한 기색으로 나를 쳐다보며 이렇게 말했다. "모르죠. 나도 알고 싶어요. 일부는 1849년에 캘리포니아로 갔고, 일부는 참전했다가 돌아오지 않았죠. 나머지는 아마 하늘나라 아니면 어딘가로 갔겠죠. 이 주변에서 보지 못했으니까요."

이 선량한 남자의 추측에 얼마나 타당성이 있는지는 모르겠으나, 그의 눈빛에서 속내가 드러났다. 미국인들은 여기 없다. 그들의 자리에 이질적인 요소의 기묘한 집단이 들어와 유리잔 속의 위스키와 물처럼 싸우고 일하는데, 그 결과 또한 위스키와 물의 혼합과 같다. 즉, 위스키가 우세한 최종 혼합물 말이다. 한때 환영받지 못했던 아일랜드인에 이어 이탈리아인, 러시아계 유대인, 중국인들이 들어왔다. 아일랜드인은 자신들보다 나중에 온 이민자 집단과 지극히 모질고도 지극히 비효율적으로 대립했다. 나머지 집단들은 어디서든 거리와 지역 전체를 그들의 득시글거리는 무리로 채우면서 수적인 우위를 앞세워 아일랜드인을 몰아냈다. 그러나 아일랜드인의 복수는 완벽하다. 그들은 자신들을 몰아낸 근래의 집단뿐 아니라 그들의 이주를 반대했던, 시기적으로 더 오래전의 적대자들을 상대해 지고도 이기는 방식으로 정치권에 영향력을 행사하는 한편, 공무원들을 자기편으로 끌어들였다. 그와 동시에 술집을 운영해 번 돈으로 사들인 집에 이탈리아인들을 세입자로 들여서 월세를 받는다. 집주인으로서 아일랜드인은 개성이 강한 독재자다. 이 대목을 쓰고 있는 동안, 아일랜드인의 방식 중에서 유쾌한 사례 하나가 눈에 띄었다. 보건국 조사관이 한 이탈리아인 가족과 만났는데, 이 가족은 허물어질 듯한 뒤채 공동주택에서 작은 방 세 개를 쓰면서 아일랜드인 남자에게 25달러의 월세를 내고 있었다. 조사관이 시세보다 두 배나 높은 월세에 놀라면서 무지한 노동자인 이탈리아 출신 세입자에게 물었다. 세입자는 언젠가 집주인에게 월세를 깎아달라고 요구한 적이 있지만 거절당했다고 말했다.

"허허! 집주인이 뭐라고 하던가요?" 조사관이 물었다.

세입자가 집주인의 말을 그대로 옮겼다. "빌어먹을, 어이! 나한테 그런 말 할 거면, 당신하고 당신 물건들을 길바닥에 내던져버릴 거야." 그래서 겁이 난 이탈리아인은 월세를 지불했다.

이 아일랜드인 집주인의 입장에서 공평하게 말하자면, 그가 영리한 학생처럼 배운 것을 그대로 써먹었을 뿐이라고 해야 할 것이다. 즉, 자신이 겪은 공동주택의 전술을 재현한 것이다. 한 가지 놀라운 것이 있다면 그의 솔직함이다. 아일랜드인은 특유의 융통성으로 빠르게 환경에 스스로를 적응시킬 뿐이지, 원래는 공동주택의 삶에 호의적이지 않다. 그럼에도 불구하고 아일랜드인이 최상의 결과를 얻어내는 수단은 폭력이고, 바로 이 폭력 때문에 빠르게 타락한다. 그 결과 뉴욕 빈민가에 한 세대 이상 타락의 앙금이 쌓여왔다. 이렇게 타락한 아일랜드인은 자신의 동포와도 뚜렷이 구별되어, 공동주택 거주자의 밑바닥 삶을 살면서 소위 '비천한 아일랜드인'으로 전락한다.

물론 공동주택에 사는 사람들 전부를 습관적이고 애매하게 '빈민'으로 칭하거나 더욱 빈번하게는 거지나 다름없이 가난하다거나 타락한 부류라고 말하는 것을 당연시해선 안 된다.

뉴욕의 월급쟁이들로서는 달리 살 곳이 없으니 딱한 일이다. 이들에게는 더 좋은 집이 없고, 실제로 가난하다. 이들이 땅에 얽매인 농노처럼 날로 치솟는 부당한 월세에 얽매여 있는 동안 이들의 지갑은 점점 더 얇아진다. 이상한 점은 이런 환경에 의해 이들이 전부 그것도 빠르게 타락하지는 않는다는 사실이다. 오히려 이 사실은 실망보다는 꾸준한 노력이 수반된다면, 빈민가의 앙금과 위협이 계속 쌓이지 않는다면, 세상은 결국 퇴보하는 것이 아니라 발전한다는 낙관주의자의 믿음에 강한 지지가 될 것이다. 발전하기 위한 자극은 분명히 있다. 30년 전에 후발주자인 이탈리아인만큼이나 더없이 비천했던 독일인 넝마주이는 현재 검소한 상인이나 성공한 농부로 변해 있다.•

현재의 이탈리아인 넝마주이들은 빠른 속도로 모퉁이 과일 가게의 독점권을 쥐어왔고, 이들의 (눈동자가 검은) 자식들은 침입자로 간주된 지 수년 만에 구두닦이 업계를 독점하고 있다. 아일랜드인 벽돌 인부 2세대들은 거주 지역의 시의원이나 벽돌공이 된 반면, 중국인 인부는 세탁업을 거의 독점하다시피 하고 있다. 이유는 분명하다. 가장 가난한 이민자들은 더 나은 삶을 살겠다는 목적과 야망을 품고 이곳에 왔고, 자신에게 주어진 희박한 기회를 최대한 활용했을 터다. 이민자들이 지저분한 집에서 사는 걸 더 좋아한다는 그릇된 설명을 하는 한, 더 나은 해답을 찾을 길은 없다. 사실 그들은 희박한 기회마저 너무 오래 기다렸고, 나쁜 결과에 대해서는 부당하게 비난받았다.

위도를 따라 동에서 서로 이민이 이루어짐에 따라, 뉴욕으로 유입된 외국인도 뚜렷한 선들을 따라 분포한다. 이 선들이 희미해지고 끊기는 경우는 이민자 집단 중에서도 군집 성향이 강한 인종의 압박이 있거나

• 오래전에 사라진 셰리프 스트리트의 넝마주이 구역이 좋은 예다. 검소한 독일인들은 비천하고 참담한 가난 속에서도 근면히 일해 돈을 모았고, 이 돈으로 미국 서부의 타운십township(공유토지 분할 제도)을 구입했다. 그리고 독일인과 이들의 주거지 전체가 그쪽으로 이동했다. 그곳에서 그들이 성공적인 삶을 살았다는 것은 의심의 여지가 없다.

고섬 코트의 그리스인 아이들.

가차없는 사업에 잠식되는 경우뿐이다. 서로에 대한 의존감은 언어와 관습이 낯선 외지의 이방인들에게는 자연스러우며, 이 의존감도 인종 분포를 충분히 설명해주는 요소다.

아일랜드인은 진정한 국제 이민자다. 어디에나 퍼져 있으면서 더없이 공평하게 자신의 셋방을 이탈리아인, 그리스인, 네덜란드인과 공유한다. 아일랜드인은 다수라는 일방적인 힘에만 굴복하는 동시에 그 힘에 항거한다. 거주자의 국적을 각기 다른 색으로 표시한 뉴욕 지도를 보면 얼룩말보다 줄무늬가 더 많고, 무지개보다도 더 형형색색이다. 이런 지도에서 뉴욕은 크게 두 부분으로 나뉘어, 초록색은 웨스트사이드 공동주택 지역에 퍼져 있는 아일랜드인, 파란색은 이스트사이드의 독일인을 가리키고 있다. 그러나 이 두 개의 바탕색과 뒤섞여 있는 나머지 다양한 색 때문에 전체적으로 아주 정신 사나운 누비이불의 모습을 띤다. 선조들이 구릉의 물을 뺐던 (지금은 사라지고 없는) 컬렉트 폰드Collect Pond 자리의 6구에서 이탈리아인의 붉은색이 멀베리 스트리트를 따라 서북쪽으로 블리커 스트리트의 자주색 프랑스인 지역까지 밀어붙이다가 슬며시 사라지는데, 수 킬로미터를 건너뛰어 다시 나타난 곳은 세컨드 애비뉴의 동쪽, 즉 할렘의 '리틀 이탈리아' 지역이다. 눈에 확연한 붉은색의 진격은 아넥스드 지구를 관통하고 북쪽으로 도시의 경계선에까지 이른다. 붉은색은 웨스트사이드 방면에서 톰프슨 스트리트의 옛 아프리카인 지역을 점령한다. 이 기세에 흑인의 검은색은 고지대로 쫓겨가는데, 흑인들이 쏟아내는 불만은 무기력할 뿐, 그들의 집과 교회와 사업체 모든 것이 무자비하리만큼 공평하게 이탈리아인의 차지가 되고 만다. 멀베리 스트리트에는 두 세대 동안 이민의 이정표처럼 교회 하나가 자리잡고 있었다. 원래는 '구가舊家' 출신의 착실한 뉴요커들을 위한 예배 공간으로 지어진 이 교회는 징병 폭동Draft Riot으로 흑인들이 체리 스트리트와 파이브 포인츠 외곽으로 쫓겨났을 때 붉은색 물결에 점령당했다. 10년 만에 이탈리아인의 진격 물결이 이 교회에 닿았고, 지금은 교회 현관에 통일 이탈리아의 문장이 장식되어 있다. 흑인들은 7번가와 8번가를 따라 몇 곳에서 버티기도 했으나, 전체적으로는 여전히 이탈리아인이라는 적들에게 쫓겨 이동중이다. 현재 검은색 표시는 흑인들이 최근에 정착한 100번가를 중심으로 이스트사이드의 많은 블록을 물들이고 있다.

이탈리아인만큼이나 공격적인 러시아계, 폴란드계 유대인은 바우어리 스트리트의 동쪽, 리빙턴 스트리트와 디비전 스트리트 사이를 꽉꽉 메우면서 강변의 옛 7구 공동주택을 채워가는 동시에 멀베리 스트리트의 빈민가에 조금의 공간만 있어도 이탈리아인과 다툼을 벌이고 있다. 이 두 인종은 많은 점에서 전혀 다르면서도 공통점이 있다. 이들이 가는 곳이면 어디든, 제지를 받지 않는 한 빈민굴을 몰고 다닌다. 리틀 이탈리아는 이미 불결함에 있어서 부모 세대격인 '벤드Bend'와 경쟁을 벌이고 있다. 다른 국적의 이민자들은 이미 꽉 찬 사다리를 이제야 밑바닥부터 오르고 있다. 다행히 유대인과 이탈리아인은 각각 랍비와 민법에 의해 통제

굳은 빵을 파는 노점상.

캣 골목의 바니 노인.

가능하다. 지도에서 유대인이 제일 좋아하는 칙칙한 회색과 이탈리아의 붉은색 사이에 쥐어짜듯 칠해진 노란색의 가는 줄은 차이나타운의 협소한 경계선을 이룬다. 독일인 인구와 절묘하게 균형을 이루는, 가난하지만 근면한 체코인은 그들의 철학과 삶처럼 음울한 색으로 표현될 수 있을 텐데, 이들은 이스트사이드의 거대한 인간 벌집 속에서 고군분투하고 있다. 체코인의 거주지는 쿠퍼 유니언 대학 아래로 5킬로미터 이상의 긴 간격을 두고 북쪽으로 뻗어 있다. 이 도시에 사는 같은 인종 중에서, 한 사람의 예외도 없이 생계를 위해 열심히 일하면서도 공동주택의 한계를 넘어선 사람 또한 없는 유일한 이민자 집단, 그들이 바로 체코인이다.

배터리 스트리트 아래쪽에서 가까운 웨스트사이드의 초록색은 흡묵지에 떨어진 잉크 방울처럼 빠르게 번지는 하나의 지저분한 얼룩에 의해 더럽혀진다. 이 얼룩이 바로 아랍 민족의 본거지인데, 12명이었던 아랍인이 1년 만에 1,200명으로 늘었다. 이들은 누구나 장사에 혈안이 되어 있다. 여기저기 색칠된 점과 선은 핀란드 선원들이 그들의 유말라(하늘의 신)를 숭배하고, 그리스인 행상들이 그들의 옛 명성을 추억하며, 스위스인들이 번영의 여신을 기리고 있음을 보여준다. 이렇게 하여 공동주택의 괴로운 족쇄 속에서 모두가 한데 뒤엉켜 아등바등하는, 기다란 명부의 끝에 이른다. 여기서 제기된 의문은 누가 평생을 바쳐 싸우는가, 요컨대 누가 이 평준화 추세에 가장 완강하게 저항하는가 — 누가 바라크일지라도 집이라는 이상적인 수준까지 조금이나마 끌고 가는 방법을 아는가 —

이다. 주저 없이 말하자면, 그 승자는 독일인이다. 이탈리아인과 불행한 유대인은 강요에 의해서만 저항한다. 중국인은 전혀 저항하지 않는다. 그저 고국에서처럼 이곳에서도 정적으로 남아 있다. 아일랜드인의 비범한 능력은 가정보다는 공적인 일에서 두각을 나타낸다. 그들이 대규모로 모일 때는 여지없이 술집이 정치 활동의 근사한 중심지다. 독일인은 요령을 배우기 위해 노력했지만 허사였다. 그들의 게르만 민족 특유의 위트는 지나치게 진지하고, 술집에서 들어올린 정치의 사다리는 대개 원하는 목적을 달성하기에는 너무 짧거나 투박하다. 그들의 삶에서 최상의 시간은 집에서 지낼 때이고, 그들은 주변 환경과 분리된 가정이라는 공간을 스스로 만들어낸다. 그래서 그들은 공동주택에서 빈곤과 과음이 자연스럽게 생겨난다는 말, 불행히도 사회적 진실로 받아들여지는 그 말을 거짓으로 치부한다. 공동주택을 최대한 활용하고, 웬만큼 돈을 모으면 그 즉시 공동주택을 나가서 다시는 돌아오지 않는다.

제4장 도심 빈민가

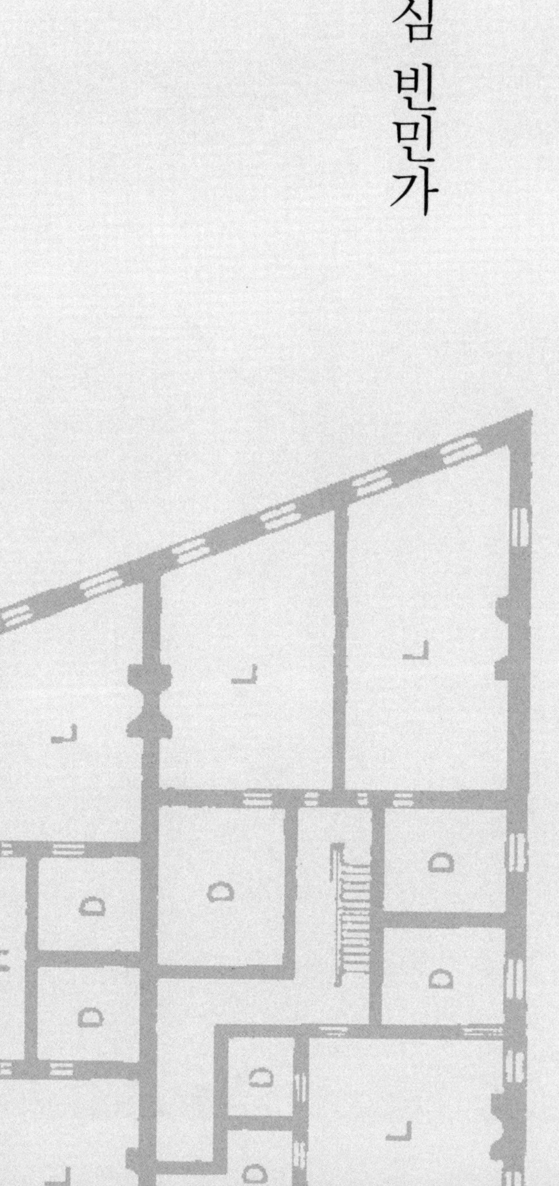

Tenement of 1863,
for twelve families on each flat.*

저지 스트리트의 공동주택.

허름한 4구에서 초기 공동주택들이 늘어서 있는 채텀 스퀘어, 이곳의 아래쪽으로 뉴욕의 나머지 절반이 집이라고 부르는 곳에 가정을 꾸리고 있다. 물론 전부 집이라고 부를 수 있는 것은 아니고, 대단히 전형적인 군집 다시 말해 공동주택 초창기의 가장 나쁜 전통을 대변한다. 두려워할 것은 없다. 요컨대, 이 대도시에는 남의 일에 참견하지 않는 제정신의 이방인이 낮이든 밤이든 안전하게 다니지 못할 공공 도로는 없다. 그 이방인이 무단결석 학생 지도원으로 의심받지 않는다면, 크게 이목을 끌지는 않을 것이다. 이 경우에는 아동 인구의 부족으로 미국인 혈통이 사라지고 있다는 실상을 발견하고 새삼 놀랄 것이다. 그리고 발길질당할 의심과 위험에서 벗어난다면, 또는 어디서나 눈에 띄거나 눈에 띄지 않게 어디엔가 있다가 위험의 낌새를 채고 나타난 청소년 무리에게 쫓겨 다니지 않는다면, 자신이 발견한 사실을 부인할 만한 이유를 찾아내지 못할 것이다. 창가나 열려 있는 문간에서 아이들이 노는 모습을 지켜보고 있는 부모들의 모습을 목도한다면, 토착 미국인이 없다는 사실을 곧 확신하게 될 것이다.

프랭클린 스퀘어에서 고가철로가 브루클린 다리 밑으로 쑥 내려가는 지점을 벗어나 열 걸음 정도 가면, 우리가 가려는 목적지가 나온다. 질주하는 전차의 굉음이 여전히 귓가에 메아리치는 가운데 우리는 모퉁이를 돌아 번영에서 빈곤으로 들어선다. 공동주택 지역이다. 거대한 석조 교각의 그늘 속에 낡은 네덜란드인 이민자 주택들이 사라진 시절의 유령처럼 머물고 있다. 체리 스트리트—한때 자부심 강하고 유행의 중심이었던 체리 힐—의 구불구불한 비탈 아래로 공동주택의 넓은 계단, 경사진 지붕, 지붕창이 쉽게 눈에 띈다. 공동주택을 양쪽으로 밀치고 늘어선 흉물스러운 바라크와 대조되어 더더욱 눈에 확 들어온다. 최소 비용으로 몸을 누이고 집세를 쥐어짤 수 있는 최대 인원을 수용한다는 목적 외에는 없는 주택. 이것은 부주의한 시대의 나쁜 꿍꿍이가 낳은 결과물이었다. 세월은 이 낡은 주택에 영예롭지 않은 시기를 건네주었고, 시대와 엇나간 불평투성이의 두번째 유년을 선사했다. 부서진 바닥과 삐걱거리는 계단에 발을 디딜 때마다 성마른 항의의 표시로 주택의 세입자와 그 이웃들 그리고 그들과 우리를 향해 오는 아우성이 있다. 이 성마름에는 타당한 이유가 있다. 외관이 닳아 해지고 지붕을 빈약하게 이은 이 주택 어딘가에 빨갛게 타오르던 난로와 행복에 겨운 아이들이 한때나마 자리했을까? 무거운 발걸음, 바로 옆에 있는—이 빈민가에서 술집이 바로 옆에 없는 곳이 과연 있을까?—술집 때문에 휘청거리기 일쑤인 발길에 브라운스톤 계단은 닳아왔다. 출입문의 부서진 기둥들은 토대까지 삭고 있다. 근사한 쇠시리(나무의 모서리나 표면을 도드라지거나 오목하게 깎아 모양을 낸 것—옮긴이) 장식 중에서 흔적이나마 남아 있는 것은 거의 없다. 오물과 황폐함이 너른 현관을 지배하고, 위험이 계단에 도사리고 있다. 투박한 소나무 판자로 난로 주변에 쳐놓은 울타리, 이곳엔 1톤에 12달러씩 하는 석탄을 담아온 들통 하나 놓을 공간이 없다. 아치형의 관문은

초기 공동주택. 체리 힐에 있는 한 구식 주거지의 출입구.

줄달음치는 강물의 제방에 있던—노곤한 잠과 백일몽을 부르던—그늘진 정자로 더는 이끌지 않는다. 그 대신에 높은 벽돌 벽에 갇혀서 이곳에 사는 주민들의 삶만큼이나 쓸쓸한, 어둡고 이름 없는 골목이 나온다. 악몽 속에서 늑대가 이 골목으로 이어진 문을 두드리듯, 하루의 근심이 메아리친다. 한 무리의 지저분한 아이들이 물이 뚝뚝 떨어지는 소화전 주변에서 놀고 있다. 이 골목에서 유일한 물건인 소화전이 최대한 활용되고 있다는 생각이 든다. 소화전이 줄 수 있는 최상의 효과다. 이 아이들은 공동주택에 사는, 늘어나는 빈민가 세대다. 여기가 이 아이들의 집이다. 두 대도시의 삶의 물결이 약동하는 저 위 고속도로에서 돌멩이를 떨어뜨리면 이 골목의 여섯 곳이 사정권에 들어간다.

길 바로 건너에서 한 사람이 하품을 한다. 그리 늘어지게 한 것이 아니니 책잡을 것은 아니다. 올드 게이트웨이의 건축업자들은 이곳이 앞으로 공공 도로가 되리라고는 꿈에도 생각하지 못했다. 일단 관문 안으로 들어서면 길이 넓어지는데, 그래봐야 커다란 상자 같은 공동주택 한 채가 달랑 들어갈 수 있는 크기다. 닳아빠지고 음침한 분위기는 이 허름한 공동주택 건물의 외관뿐 아니라 거기 사는 세입자들에게도, 심지어 아이들과 근처 건축부지에서 뛰노는 유기견에게도 낙인처럼 찍혀 있다. 유기견은 놀다보면 뼈다귀 하나 나오겠지 기대했다가 실망한 것 같다. 바랄 걸 바라야지! 깨끗하게 발라먹은 지 얼마 지나지 않은 고기 뼈는 4구의 여느 뒷마당에서처럼 '맹인 골목Blind Man's Alley'에서도 눈에 띄지 않는다. 아이들의 외침이 마치 방해한 것을 사과하듯 지붕 너머로 잠잠해진다. 몇몇 쾌활한 소음이 이 허름한 골목에 메아리친다. 아침과 저녁에 이 골목에는 길을 더듬는 맹인의 지팡이 소리가 나직이 메아리친다. '맹인 골목'으로 불리는 데는 그럴 만한 이유가 있다. 1년 전까지만 해도 이 어두운 은신처는 맹인 거지들이 맹인 집주인의 공동주택에 세 들어 살았던 보금자리였다. 이 지역 아이들 중에서 미국 대통령의 이름은 몰라도 장님 집주인인 대니얼 머피 노인을 모르는 아이는 없었다. '댄 영감'은 큰 재산을 모았다. 일전에 내게 말하길, 자신이 소유한 골목과 인근 공동주택을 발판으로 40만 달러를 벌었다고 했다. 아주 지긋한 나이에 점점 더 눈이 멀어서 눈먼 빈민들과 가장 큰 어려움을 공유하고 있었으나, 자신의 부를 더 늘릴 수도 있는 공동주택 부지의 개선에 대해서는 한사코 거부했다. 심지어 보건국이 노인의 낡은 건물 중에서 가장 심각한 몇 곳에 수리 보수와 청소 작업을 강제하면서 세입자들을 내쫓고 건물을 폐쇄하겠다고 으름장을 놓았으나, 작업이 마무리될 때까지 노인은 격분하며 항의를 멈추지 않았다. 그는 자신의 건물 문제가 불거지기에 앞서 보건국에 들러서 다음과 같이 독특한 주장을 펴기도 했다.

"나는 유언장을 작성해뒀어. 골고다 언덕에 묘비까지 세워뒀다고. 난 오늘내일하는데다 장님이고 기력이라곤 없어. 그런데 지금 (이 대목에서 딱한 하소연은 갑작스러운 격분에 휩싸였다) 나더러 집을 다시 짓고 알거지가 되라는 거야? 알거지, 어? 저 사람들한테 좋은 집은 어울리지 않아.

'맹인 골목'에 있는 공동주택 2층.

저 사람들은 제 갈 데로 가라 그러고, 내 집은 그대로 놔두란 말이야."

하소연의 괴로움이 진심이었음에도 불구하고, 노인의 분노가 세입자들에게 쓸데없이 호사를 베푼다는 염려가 아니라 그 자신의 동종업자, 즉 건축업자들에 대한 불신에서 기인했다는 점은 솔직히 말해서 흥미롭다. 노인은 무슨 일이 벌어질지 직관적으로 알고 있었다. 결과적으로 머피 씨가 자신의 세입자들을 제대로 평가했음이 입증되었다. 정화 작업은 골목에서 집의 느낌을 없애버렸다. 맹인 중에서 상당수가 떠났고 돌아오지 않았다. 그래도 일부는 남았고, 그렇게 이 골목의 명칭이 붙었다.

이런 빈민가에서 보건상의 '정화'가 무엇을 의미하는지, 그 단서를 내가 맞닥뜨린 재난에서 찾을 수 있을 것 같다. 당시 나는 공동주택 한 곳에서 맹인 거지 한 무리를 플래시 촬영 사진으로 찍고 있었다. 내 서툰 손길이 그만 불을 내고 말았다. 플래시의 눈부신 섬광이 사라진 뒤, 나는 또다른 섬광, 그러니까 여기저기 벽지와 누더기옷에서 이글이글 타오르는 불빛을 봤다. 나까지 여섯 명, 다섯 명의 맹인 남녀는 위험에 빠진 것을 전혀 몰랐다. 거리로 나가려면 낡고 구불구불한 10여 개의 계단을 내려가야 하는 다락방에서 나 또한 맹인 세입자들만큼이나 속수무책이었다. 이런 생각이 들었다. 이 사람들이 과연 집밖으로 나간 적은 있는 걸까? 벽을 기어오르는 화염을 볼 때 피가 얼어붙었다. 처음엔 거리로 뛰어나가 소리쳐 도움을 청하려고 했다. 곧 내가 직접 불을 꺼야 한다는 생각이 들었고, 실행에 옮겼다. 굉장히 힘든 일이었다. 나중에 거리로 나왔을 때, 친한 경찰관에게 내가 겪은 곤경을 얘기했다. 무슨 이유에서인지 경찰관은 재밌는 농담으로 받아들였고, 내가 부서진 벽 속에 아직 남아 있는 불씨가 번져서 건물 전체를 태워버릴지도 모른다고 걱정했을 때는 다짜고짜 웃음을 터뜨렸다. 그는 웃음을 멈추고 한숨 돌리면서 그 이유를 말해주었다. "허, 저 집이 더티 스푼이라는 걸 몰랐어? 지난겨울에만 여섯 번이나 불이 났는데 타지 않았거든. 벽마다 먼지가 너무 두껍게 껴서 그 덕에 불이 꺼진다니까!" 그 말이 사실이라면, 보통은 조화되지 않는 물과 먼지가 이 건물의 경우엔 보험 회사를 위해 협력한 셈이다.

맹인 골목이 어둡고 쓸쓸하긴 하나 이곳에는 다른 빈민가 사람들이 언감생심 꿈도 꾸지 못하는 것이 있다. 봉급날(임시 수입을 얻는 날)이다. 과거에도 현재에도 1년에 한 번, 이 고독한 사람들의 삶에 햇볕이 든다. 6월이 오면, 시설 외 빈민 감독관이 1년에 한 번씩 시에서 위탁한 2만 달러를 가난한 맹인들에게 나누어준다. 돈을 주지 않으면 그들이 사회에서 도태될 것이란 무성의한 인식 때문이다. 맹인 골목 사람들은 이날을 휴일로 정하고 블레이크 씨를 '만나러' 간다. 이날 밤은 이례적인 흥겨움으로 떠들썩하다. 어두운 방에서 낑낑 바이올린 켜는 소리가 들리고, 나이 든 쉰 목소리가 잊힌 옛 노래를 부른다. 맹인 집주인마저 기뻐하는데, 그 이유는 맹인들이 받은 돈의 상당 부분이 집주인의 금고 속으로 들어가기 때문이다.

서까래 사이에 파묻힌 다락방에서 갤러거 부인의 맹인 세입자들은 돌

골목 풍경.

을 던지면 닿을 거리보다 더 가까운 고섬 코트에서 24시간 순찰중인 경찰관의 발소리를 들을 수 있다. 블록 한 곳, 그중에서도 일부분에 불과한 구역이지만, 대규모의 경찰대가 순찰하는 것처럼 아주 활기가 넘친다. 한 지붕 아래 다닥다닥 붙은 5층짜리 공동주택이 2열 횡대로 거리에서 뒤쪽으로 70여 미터까지 뻗어 있다. 분리 벽의 통로는 창살로 막혀 있어서 세입자들은 계단에서 서로 볼 수는 있지만 왕래할 수는 없다. 늘어서 있는 이 5층짜리 공동주택이 고섬 코트를 형성한다. 골목—하나가 0.5~1미터 정도로 넓어서 싱글 앨리와 더블 앨리라는 구분이 생긴 두 개의 골목—들이 이 바라크 건물을 양쪽에서 둘러싸고 있다. 간단히 말해 이 공동주택이야말로 지난 40년 동안 이 도시에서 어떤 공동주택보다도 대중의 관심을 많이 받아왔고, 공중위생법령의 권위를 시험해온 장본인이다. 이 건물군의 명칭은 도시 명부에는 나오지 않지만, 여러 공공기록물에는 조금도 부럽지 않은 장소로서 그 지위를 유지하고 있다. 최근에 대규모 콜레라가 돌았을 때, 거주민 1,000명당 195명이라는 전례 없이 높은 사망률이 나온 곳이 바로 이 공동주택이었다. 최악의 시절에도 이 고섬 코트에 1,000명까지 들어차지는 않았다. (그렇다고 그보다 훨씬 적다고 하기도 어렵지만) 심지어 실용적인 열정과 친절 그리고 분별로 오명의 상당 부분을 회복하게 해준 양식 있는 사람들과 킹스 도터King's Daughter라는 단체가 위탁 관리하고 있는 현재에도 이 건물 세입자의 수는 웬만한 마을의 인구보다도 많다. 지금은 켈트인과 이탈리아인으로 엇 비슷하게 이등분된 주민 구성은 창살과 경찰의 존재를 설명하고 있다. 한 명성이 자자한 아일랜드인의 의견에 따르자면, 특히 경찰이 순찰하는 이유는 "늘 말썽을 피우는" 두 독일인 가족 때문이다. 골목의 철문을 바삐 지나가다가 내게서 질문을 받은 한 중국인은 이 문제를 다른 시각으로 보았다. "아일랜드 사람 아주 나빠." 고섬 코트는 최근까지도 4구에서 발판을 마련하지 못한 이탈리아인들로서는 박혀 있는 쐐기와 같다. 그러나 이탈리아인들은 끝없이 인구가 증가중인 '벤드'의 본거지로부터 채텀 스트리트를 가로질러, 그들의 관습에 따라 최하 수준의 환경을 찾아 서서히 이동중이다.

이 블록을 가리키는 악명 높은 명칭은 아주 오랫동안 지독히도 나쁜 모든 것과 동의어로 사용되었는데, 원래는 한 자애로운 퀘이커 교도가 오싹한 '까마귀숲rookery'에 사는 빈민들을 구하고자 (1851년에) 이 건물을 지었다는 사실을 알고 보면 흥미롭다. 이 건물이 얼마나 오랫동안 공동주택의 모델이 되었는지는 기록에 없다. 그러나 그리 오랜 기간은 아니었던 것 같다. 건물이 완공된 지 10년이 지난 1862년에 이미 한 위생 공무원은 이 공동주택에서 천연두를 비롯한 "온갖 종류의 전염병을 포함해" 146건의 질병이 발생했다고 보고했다. 이 공동주택에서 태어난 3세 이하의 영유아 138명 중에서 61명이 대부분 한 살이 되기 전에 사망했다. 7년 뒤 이 지역 조사관이 보건국에 보고한 내용에 따르면, "이 공동주택의 거주자 중에서 10퍼센트가량이 매년 공립병원으로 보내지고 있다." 마침내 당국이 이 거주지에 관여해서, 재건축의 첫 단계로서 거주자 전원을 경찰력을 동원해 강제 퇴거한 후 개수 공사의 일환으로 하수구에 쇠창살 따위를 설치했다. 이 과정을 다룬 공식 기록에 따르면, 열려 있는 하수구와 지하실로 들어가 "은신처로 삼곤 하는 사람들의 진입을 막기 위한" 끈기와 인내의 공사였다. 실상은 커다란 아치형의 하수도들이 오래전부터 도둑들—특히 19세기 중엽 뉴욕 강가에서 활동한 범죄 조직인 수렁의 천사들Swamp Angels—의 통로로 사용되어, 경찰에 쫓길 때는 용이한 탈출로가 됐을 뿐 아니라 절도품 창고가 되기도 했다. 하수도는 지금도 그대로 있다. 사실 두 개의 골목은 이 거대한 터널의 지붕이나 마찬가지다. 이 하수도들을 통해 성인 남자가—재미를 원하고 쥐떼를 무서워하지 않는다면—몸을 쭉 펴고 블록 전체를 걸어다닐 수 있고, 체리 스트리트의 하수도로 들어갈 수도 있다. 이 커다란 하수도와 이 음침한 벽들이 기막힌 얘기를 많이 해줄는지도 모르겠다. 그러나 하수도와 벽들은 퍽 과묵해서 그것들이 들려줄 수도 있을 비밀들도 대부분 침묵에 잠겨 있다. 체리 스트리트 중심부와 연결된 수로들은 이제 배수할 때를 제외하곤 닫혀 있다. 당시에는 수문들이 없었고, 기록에 의하면 고섬 코트의 거주자들이 체리 스트리트의 맨홀 근처나 하수도 라인 인근에 볼일이 있을 때마다 이 하수도들을 지름길로 택하곤 했다. 더블 앨리 밑을 이리저리 들쑤시고 다니는 우리를 지켜보던 주름진 노파 하나가 이렇게 말했다. "내 남편 지미는 매일 아침 체리 스트리트를 따라 일하러 갔

공동주택의 마당.

다가 밤이면 같은 길로 돌아오곤 했다우." 노파의 회상은 유쾌한 뉘앙스를 띤 게 분명했다. 어쩌면 '지미'라는 사람 자체가 그 풍광의 일부였는지도 모르겠다.

이 더블 앨리에 있는 길의 중간 뒤쪽에 서쪽의 본관을 마주보고 있는 공동주택이 있는데, 원래는 이 고섬 코트의 일부가 아니었다. 이 공동주택은 죽어서도 쓰디쓴 열매를 영속화하는 증오의 힘을 생생히 보여주는 삽화로서 한 퀘이커 교도의 복수를 기리는 이상한 묘비처럼 거기서 있다. 이 공동주택의 부지는 고섬 코트를 세운 사일러스 우드와 형제지간인 존 우드의 소유였다. 존 우드는 체리 스트리트 앞쪽을 한 남자에게 팔았고, 이 남자는 이 부지에다 거리 쪽 출입구 하나만 있는 공동주택을 지었다. 우드 씨는 나중에 이 이웃 남자이자 시의원이었던 멀린스와 토지 경계선을 놓고 언쟁을 벌였다. 멀린스가 고섬 코트를 모방해 지은 공동주택은 기다란 바라크식 건물이었다. 언쟁중에 시의원 멀린스가 우드를 때려눕혔다. 일설에 따르면, 혼자 힘으로 일어선 퀘이커 교도(우드)는 조용히 이렇게 말하고는 자리를 떴다. "시의원 양반, 기필코 복수를 해주겠어." 복수의 방법은 체리 스트리트 34번지 뒤쪽에 커다란 건물을 지으면서 멀린스의 공동주택 창문들을 바로 앞에서 가려버리는—사실상 빛과 공기 흐름을 차단하는—거대한 담장을 세운 것이었다. 그러나 이 건물에서 길가로 나가는 통로가 없었기 때문에 건물 전체가 오랫동안 빈 채로 방치되다가 고섬 부동산 관리하에 들어갔다. 멀린스의 공동주택은 아직 남아 있고, 퀘이커 교도가 복수를 위해 세운 담장도 무고한 다수의 삶에 저주를 드리우면서 남아 있다. 담장 끝에서 골목길은 폭이 60센티미터 정도로 좁아진다. 이 길을 지나가기는 녹록지 않지만 구태여 그렇게 하려는 사람은 거의 없다. 이 좁은 길은 오크 스트리트 경찰서의 유치장으로 이어져서 이 지역의 젊은 사람들에겐 인기가 없기 때문이다.

우리가 지나갈 때, 시의원이 소유한 건물 출입문에 상장喪章이 달려 있었고 공동주택의 위층 어딘가에서 초상 치를 준비를 하고 있었다. 지난 일요일, 한 남자가 이 골목에서 벌어진 술판에서 난도질당해 병원에 누워 있었다. 주류제조판매 규제법은 이 후미진 골목들까지는 미치지 않았다. 설령 법의 효력이 미쳤다고 해서 크게 달라지지도 않았을 것이다. 비밀 샛길들이 있고, 그중 굳이 비밀이라고 할 것도 없는 길들을 따라서 '그라울러growler(맥주를 담는 통)'들이 사시사철 24시간 거리낌없이 돌아다닌다. 살인이 벌어진 그날도 이 그라울러가 너무 오랫동안 너무 자주 계단을 오르내렸다. 체리 스트리트에서는 이상할 것도 없고 '소란'이랄 것도 없는 일이다. 불과 일주일 전, 두세 블록 떨어진 곳에서 경찰은 인근의 소동을 막기 위해 새벽 두시에 이런 술판 중 한 곳에 개입할 필요성을 느꼈다. 그런데 경찰의 개입이 전면전 양상을 띠었고, 이 과정에서 술꾼 하나가 지붕에서 떨어져 사망했다. 일상적인 경야經夜(죽은 사람을 장사 지내기 전에 가까운 친척이나 친구들이 관 옆에서 밤을 새워 지키

고섬 코트

는 일—옮긴이)가 있었고, 그 밖에 별다른 말은 들려오지 않았다. 솔직히 무슨 할말이 있겠는가?

우리는 시의원의 건물을 빠져나오다가, 출입문에 '만세반석萬世磐石, Rock of Ages'이라는 간판을 달고서 다른 골목으로 가는 통로를 막아선 싸구려 술집을 보았다. 그 어느 곳보다 쓸쓸하고 황량했다. 만세반석, 이것은 '뉴욕 최고의 악당'•이 근처 길모퉁이에 살면서 자신의 별명을 자랑스러워하던 그 행복했던 옛 시절부터 전해지는 농담처럼 들린다. 체리 스트리트에서 조금만 이동해도 범죄에 관한 한 앞으로도 유례를 찾아보기 어려울 과거 또는 현재의 걸출한 잔재들과 마주친다. 체리 스트리트의 불량배들은 어디에나 있다. 오크 스트리트 경찰서장인 머리는 7개월 동안 절도, 강도, 살인 혐의로 체포한 범죄자들의 형량이 도합 징역 530년에 달하고, 4구에서만 그것도 최근 20년간 뉴욕 다른 지역을 전부 합친 것보다도 범죄자가 많다고 친절히 알려줄 것이다.

'수렁의 천사들'은 사라졌으나, 이들의 후계자들이 대담하게는 아닐지라도 성공적으로 옛날 방식에 따라 사업을 지속하고 있다. 한때 절도 세계에서 밝게 빛나던 사람도 사라졌다. 그 사람은 이후로 개심했다고 전해진다. 대도인 트위드Tweed는 정계에 입문하기 전에는 브러시 상점에서 일하면서 성실하게 생계를 꾸렸다. 좁은 거리를 지나는 동안, 앞쪽의 낮고 낡은 건물과 뒤쪽의 고층 공동주택들이 자아내는 기묘한 대조가 점점 더 강해졌다. 아마도 우리가 그 점을 예상하고 보려고 했기 때문일 것

• 존 앨런John Allen(1823~1870)을 가리킨다. 19세기 초반에서 중반까지 뉴욕에서 술집을 운영한 지하 세계의 인물이다. 뉴욕에서 가장 악랄한 범죄자 중 하나였다—옮긴이.

루스벨트 스트리트의 오래된 뒤채 공동주택.

이다. 3층짜리 건물 뒤에 7층 건물이 서 있다. 이곳 루스벨트 스트리트의 골목. 보폭 하나 정도의 너비로 한쪽엔 5층 건물이 이 비좁은 골목을 통해—참으로 딱한 모조품처럼—공기와 빛을 받아들이고 있다. 이 건물 반대편에는 창문 하나 없는, 그야말로 맨 벽이다. 이 맨 벽에 화재 대피용 비상계단이 설치되어 있다. 그러나 일출의 빛도 일몰의 빛도 한낮의 빛도 결코 이 건물에 닿지 않는다. 악마가 설계하고 인간이 지은 이후 이 골목엔 햇빛이 들지 않았다. 한 영국인 의사가 군대 막사에서 실험한 결과, 햇빛이 전혀 들지 않는 쪽 막사에서는 햇빛이 잘 드는 반대쪽 막사보다 사망률이 두 배나 높았다. 그러나 실험 당시만 해도 군인들은 대단하진 않더라도 어느 정도 지위를 인정받았다. 여기 공동주택에 사는 사람들은 그렇지 않다. 오물 수레를 끄는 말과 이 수레를 채우고 비우는 일꾼들 중에서 고용주가 더 가치를 두는 쪽은 말이다. 고용주에게 직접 물어보라. 말이 조금이라도 쓸모가 있다면 부정하지 않을 것이다. 일꾼들도 그걸 알고 있다. 말 주인은 자신의 성공을 즐기다가도 이따금씩 심란해질 때가 있으니, 모든 인간은 동등하게 태어났다는 사상을 떠올릴 때다.

뉴요커들의 뇌리에 박혀 있는 매디슨 스트리트의 충격적인 사건, 그것은 남자들이 일터로 나간 어느 날 아침에 좁은 계단을 휩쓸고 여자와 아이 열 명의 목숨을 앗아간 화재였다. 물론 화재 대피용 비상구가 있었다! 그러나 너무 난잡해서 접근이 불가능했다. 소방관들은 비상구를 찾아내기까지 몇 번을 확인해야 했는데, 건장한 남자는 빠져나갈 수도 없는 크기였다. 화재 당시에 이루어진 대단히 영웅적인 구조의 일부분은 인접한 공동주택에 사는 사람들에 의해 이루어졌다. 위험과 곤경— 관심도 동정도 불러일으키지 않는 일상이 아니라 긴급한 상황— 이 보통 사람들에게서 영웅의 기질을 끌어낸 것이다. 결국에 누더기옷을 입은 사람과 부유한 이웃을 구분 짓는 간극은 어쩌면 공동주택 하나뿐일지도 모르겠다. 하지만 그 하나가 얼마나 커다란 간극인가! 우리가 매디슨 스트리트를 따라 걷고 있는 동안, 인부들이 새로 짓는 어느 고층 공동주택의 정면에 브라운스톤 마감공사를 하느라 분주하게 일하고 있었다. 이 공동주택은 어쩌면 아파트로 불릴지도 모르겠다. 한 무리의 아이들이 감탄의 눈빛으로 입을 벌리고 쳐다보는 가운데 인부들은 돌에 고대 그리스 신화에서 숲의 신인 사티로스의 머리를 새기고 있었다. 이 건물 옆으로 역시나 정면이 브라운스톤으로 된 멋들어진 공동주택이 두 동 더 있다. 아이들 중에서 가장 어린 꼬맹이들도 사람이 살기에 적합하지 않다면서 위생 공무원들이 세입자들을 공동주택에서 쫓아냈던 일을 기억하지 못할 정도로 어리지는 않았다. 당시에 공동주택의 건물주는 '지역사회의 명망가'이자 돈 많은 건설업자였다. 돌에 새겨진 사티로스의 얼굴이 아주 냉소적으로 던지는 곁눈질은 단지 우리의 상상일까? 아니면 자기성찰적인 미소일까? 신축 건물이 그 돈 많은 건설업자의 것인지는 물어보지 않을 것이다. 그 사람도 개심했을지 모르잖은가.

우리는 7구의 경계를 넘었다. 체리 스트리트의 한 블록에 붙은 암시적인 명칭, 즉 교도소 길Penitentiary Row이 나타났다. 최근 몇 년 동안 이곳은 인근의 유대인 거주지에서 쏟아져나온 유대인 행상인과 재봉사로 붐볐다. 이곳의 집집마다 현관에 "행상인 출입금지"라는 문구가 붙기 시작한 것이 그리 오래전이 아니라니 묘하다. 검소한 유대인들은 한때 배타적이었던 이 공동주택 지역으로 몰려들었을 뿐 아니라 부동산을 사들였다. 유대인들은 거래를 성사시키기에 충분한 돈을 모으는 즉시 부동산에 뛰어든다. 낡은 주택이 허물어지는 속도처럼 빠르게 신축 건물이 들어서는데, 그 건축주들을 알고 보면 바로 유대인들이다. 블록 전체가 이 침입자들을 본떠 '유대인 골목'이라는 별칭으로 불리는 곳이 있다. 그러나 욕설과 비웃음은 신의 선민을 상대하는 무기가 되지 못한다. 유대인은 모욕을 묵묵히 참아내면서 때를 기다린다. 그들은 달콤한 경험과 쓰디쓴 경험을 통해 자신들을 핍박하는 사람들의 집과 땅을 포함해 무엇이든 참고 기다리면 손에 넣을 수 있다는 것을 알고 있다.

비록 말 한 필이 끄는 마차는 쓰레기 운반 수레지만, 거리의 다른 이들처럼 쾌활하기만 하다. 아버지가 다리가 갈색인 아이 하나도 태운 채 마차를 몰고 있다. 마차에 올라탄 아버지와 아들이 어찌나 의기양양하고 행복해 보이던지! 마차가 멈춘 곳은 '배The Ship'라는 이름의 기묘한 건물 앞이다. 이 건물은 50년 동안 더없이 이상한 사람들로 가득한, 금방이라도 무너질 것 같은 공동주택으로 유명하다. 한때 강물이 이곳에서 해밀턴 스트리트까지 닿아서 배들이 줄지어 정박했다는 말이 전해지긴 하

'배The Ship'의 복도(1890년대 초).

나, 이곳을 왜 '배'라고 부르는지는 아무도 모른다. 어쩌면 건물 내부가 낡아빠진 배의 내부처럼 복잡한 계단과 움푹 파인 함정으로 정신이 사납기 때문이라는 것이 더 그럴듯한 이유일지 모르겠다. 그러나 해밀턴 스트리트도 워터 스트리트처럼 예전의 모습이 아니다. 어디에나 퍼져 있는 무허가 술집과 조악한 공동주택들, 이것들보다 더 최악은 없다.

술집과 공동주택은 사방에 넘쳐난다. 한 곳 골라 안으로 들어가보는 건 어떨까? 글쎄, 여긴 체리 스트리트다. 약간은 조심하시길! 어두운 홀에서 동전 던지기 놀이를 하는 아이들과 부딪힐 수 있다. 조심하라고 한 것은 아이들이 다칠까봐 걱정해서가 아니다. 아이들은 차고 때리는 것을 밥 먹듯이 한다. 그것 말고는 할 게 없다. 홀이 꺾이고 어둠이 칠흑처럼 짙어지는 곳에 하나둘 계단과 계단참이 있다. 앞이 보이지 않는다면 더듬어 갈 순 있다. 갑갑하냐고? 물론! 갑갑하지 않을 수 있겠는가? 그 계단으로 들어오는 공기라고는 끝없이 쾅쾅 열렸다 닫혔다 하는 건물 출입문을 통해 들어오는 것이 전부다. 우리가 방금 전에 지나친 수돗가에서 한 여자가 물통을 채우고 있다. 수챗구멍은 복도에 있어서 세입자 모두가 사용할 수 있는데, 모두가 여름철 악취에 시달린다. 급수 펌프의 끽끽거림! 셋방 젖먹이들의 자장가다. 수많은 마른 목구멍이 시원한 물 한 모금을 간절히 바라는 여름, 급수 펌프는 역부족이다. 그러나 문이 열려 있는 술집은 언제나 곁에 있다. 술집의 냄새가 사람들을 따라 올라온다. 문 하나가 나타난다. 쉿! 발작적인 마른기침, 작고 힘없는 울음, 이 소리들은 무슨 의미일까? 아! 슬픈 가족의 사연이다. 아이는 홍역으로 죽어가고 있다. 아이가 살아날 실낱같은 희망, 아니 그마저도 없다. 그 어두운 방이 아이를 죽이고 있다.

"갑자기 이렇게 됐어요." 아이 엄마는 떨리는 손으로 바르작거리는 어린 몸뚱이를 어루만지면서 말한다. 창가에 앉아서 꺼져가는 어린 생명을 바라보던 심각한 표정의 남자가 거친 목소리로 불쑥 던진 말, 그것은 비정하기보다 참담하다. "그만해, 메리! 이 어린 것을 지켜주지도 못하면서 우리 주제에 무슨 불평이야?"

우리 주제에! 이 말이 귓가에서 한동안 맴돌았다. 더듬더듬 계단을 오르내리며 층마다 닫힌 문 너머의 소음—말다툼 혹은 거친 노랫소리 그리고 더욱 빈번하게 들려오는 욕설—에 귀를 기울이는 동안에도 그랬다. 그 말은 사실이다. 고통과 함께 여름의 폭염이 시작되면, 그 말은 단어로는 표현할 수 없는 섬뜩한 의미를 가진다. 이리 와보시라. 여기 있는 갓난아기에게 한 발 조심스럽게 다가와보시라. 철교 아래서 넝마에 휘감겨 있고 때가 꼬질꼬질해도 갓난아기다. 여기서 말한 철교는 화재 대피 장치인데, 소방관들의 부단한 감시에도 불구하고 부서진 가재도구, 세탁대야와 통 같은 것들로 들어차서 아무도 화재를 피해 이 철교에 오를 수 없다. 지저분한 벽돌 벽 사이 공간은 마당이다. 잿빛의 조각하늘, 그것이 이곳 사람들의 천국이다. 천국이란 말을 들으면 혹시 사람들이 교회에 가지 않을까? 이 갓난아기의 부모는 여기 뒤채 공동주택에서 살고 있다.

백스터 스트리트의 넝마주이 길.

갓난아기는 우리가 올라가고 있는 계단만큼만 깨끗하다. 50명 정도가 살고 있는 공동주택은 아주 많다. 이 공동주택은 우리가 방금 지나온 앞 공동주택과 매우 유사하다. 다만 더 지저분하고 더 갑갑하고 더 어둡다. 이보다 더 음울할 수 없다. 음울하다는 말은 차라리 냉소다. 지난 한 해 뉴욕에서 1만 명이 뒤채 공동주택에 거주했다. 이곳의 방은 다른 어느 곳보다 청결하다. 뚱뚱한 가정주부가 세탁 대야 앞에서 근심스러운 표정으로 빨래를 하고 있다. "아이들을 돌보려고 애쓰고 있어요." 여자는 절망적인 눈빛으로 주위를 흘깃하면서 미안하다는 듯이 말한다. 이미 공기 중에 스멀거리는 양배추 삶는 냄새와 온갖 불결한 악취에 뜨거운 비눗물 냄새까지 보태졌다. 이렇게 혼합된 냄새는 굉장히 강했다. 목요일이지만 창가에서 늘어뜨린 도르래 줄에는 헝겊을 대고 기운 리넨 류가 널려 있다. 이 공동주택에는 월요일 세탁이라는 것이 없다. 빈민들 사이에선 옷을 갈아입는 일이 드물기 때문에 일주일 가운데 아무 날이나 세탁한다. 언제나 누더기들이 널려 있는 이 빨랫줄은 직업적인 세탁부의 간판이 아니라 가난의 정직한 배지다. 구빈법 대상자와 정직한 가난 사이에 늘어져 있는 진짜 줄이 바로 이 빨랫줄이다. 깨끗해지려는 노력은 정직해지려는 욕구의 첫번째이자 가장 좋은 증거다.

"삶은 살아갈 가치가 있는가?" 공동주택의 거주민들이 이런 질문을 받는다면 과연 뭐라고 대답할까? 고된 일만큼이나 긴 명칭을 지닌 '빈민주거환경개선협회'의 최근 보고서에서 발췌한 다음과 같은 대목이 그 대답에 관한 실마리를 제공할지도 모르겠다. "본 협회는 한겨울에 체리 스트리트의 한 비참한 공동주택 다락방에 사는 신교도 가족을 주목했다. 이 가족의 생활은 참담하기 그지없었다. 부모와 세 명의 아이들이 지붕 틈으로 무자비한 겨울바람이 들이닥치는 한 칸짜리 다락방에서 떨고 있었다. 방안에 가구라고는 거의 없었다. 부모는 바닥에서, 두 아이는 상자 속에서 그리고 갓난아기는 해먹처럼 줄로 매달아놓은 헌 외투 속에서 잠들었다. 가장은 선원이었으나 폐병에 걸려 일을 그만둬야 했기에 자신의 몇 안 되는 식구를 위해 먹을 것도 난방 수단도 제공할 수 없었다."

이 가족의 상황은 몇 달 전에 나의 주목을 끌었던 7구 공동주택의 일을 제외하면 예외적인 사건으로 기록될 만하다. 그 7구 공동주택의 경우, 아홉 식구였다. 남편과 아내, 고령의 할머니, 여섯 아이들. 정직하고 근면한 이 독일인들은 흠잡을 데 없을 정도로 깨끗했으나 가난했다. 아홉 명이 두 개의 방에서 생활했는데, 방 하나는 1제곱미터의 크기로 응접실과 침실과 식당을 겸했고, 나머지 하나는 주방 용도의 작은 방이었다. 월세는 7달러 50센트로 이 금액은 가족 중에서 유일하게 생계를 책임지고 있던 남편이자 아버지의 일주일 치 벌이보다 많았다. 사건 당일에 어머니가 창밖으로 몸을 던졌고, 거리에서 즉사한 채 집안으로 옮겨졌다. 같은 건물에 사는 이웃 여자들이 고인의 아이들을 돌보러 왔고, 그들로부터 고인이 '낙심한' 상태였다는 말이 나왔다. 한편, 가게에서 일하는 가장에게 아내가 죽었다는 소식이 전해졌다. 죽은 여성에 대한 측은 한 감정에도 불구하고 사람들은 무덤덤하게 각자 맡은 일을 해나갔다. 이 건물의 다른 세입자 가족들과 달리, 이 여성이 삶을 냉정하게 살아내지 못한 것은 분명히 잘못이었다. 세입자 중에서 한 가족이 하숙을 치고 문제를 일으키기 전까지는 서로 잘 지냈다. 낙천적인 내 친구의 지론에 따르자면, 냉담함은 공동주택에 자연스럽게 자리잡는다. 그곳에 사는 사람들은 죽음에 대해 우리와는 다른 방식으로, 즉 그리 진지하지 않은 것으로 받아들인다는 이야기다. 그 친구는 공동주택의 삶이 견디기 어려운 것은 아니라는 자신의 지론과 죽음을 대하는 방식이 어떻게 합치되는지에 대해서는 나중에도 설명할 기회를 갖지 못했다. 친구의 이런 슬럼 철학과는 맞지 않게 일상의 괴로움에서 벗어나는 피난처로서 술집들은 언제든 어디서든 쉽게 접근할 수 있고, 그렇게 음주는 습관이 되어버린다.

제5장 뉴욕의 이탈리아인

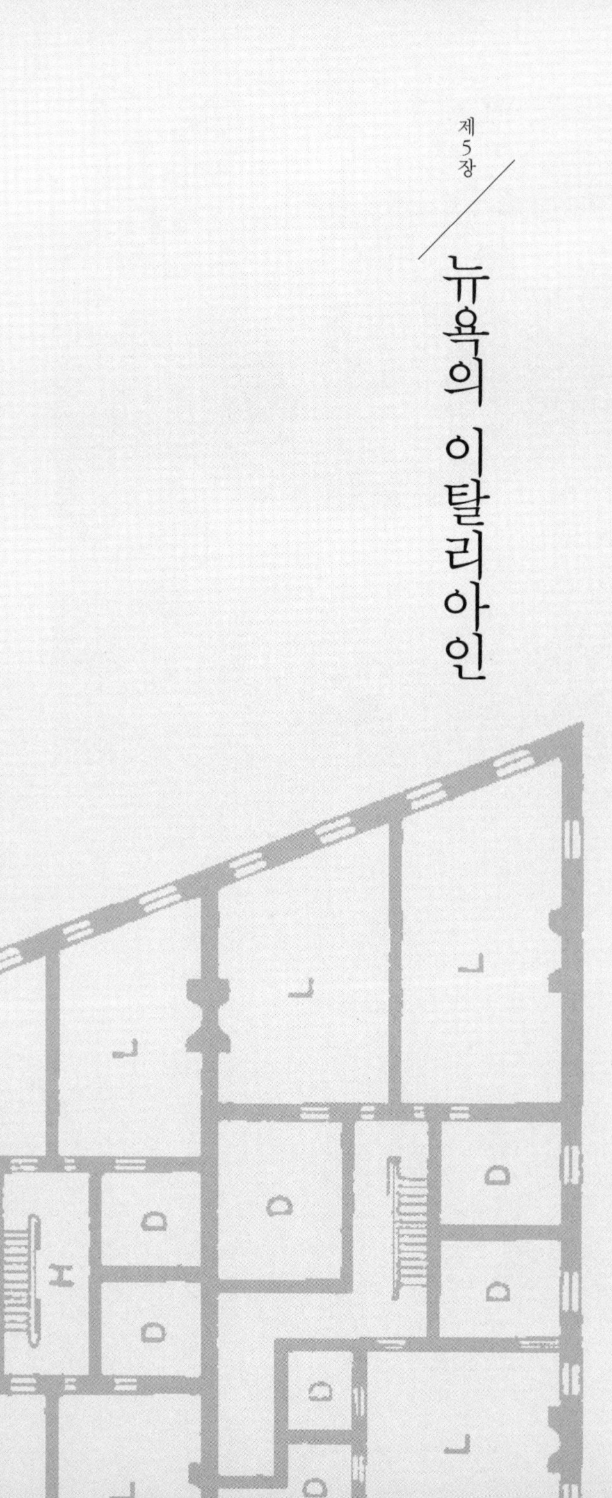

Tenement of 1863,
for twelve families on each flat.*

멀베리 스트리트, '범죄자 소굴'의 성 로코 축일.

대중의 큰 주목을 받았던 '지원받은' 이탈리아 이민자들은 썩 깔끔하진 않더라도 상당히 생동감 넘치는 요소를 이민자 집단에 추가했다. 이탈리아인들이 주목을 받게 된 부분적인 이유는 수적으로 어마어마한 이민 규모 때문이었으나, 주된 이유는 뉴욕과 그 인근을 본거지로 선택하고 곧바로 이곳에서 지중해식 충만함의 틀 속에 자리잡은 빈곤과 무질서를 재생산해냈기 때문이다. 이는 예술가에게는 즐거움이겠지만, 미국 사회 내에서는 위협과 비난의 대상이 되었다. 이런 재생산은 뉴욕에서 더 쉽게 이루어졌으니, 그 이유는 즉시 가용할 수 있는 재료들이 최악의 빈민가 공동주택에서 발견되었기 때문이다. 설령 재료가 없더라도 이탈리아인들은 찾아낸 것을 타고난 기질에 맞춰 금세 자신들의 수준으로 격하시켰다.• 이탈리아 이민자들이 뉴욕의 밑바닥층으로 유입되고, 그보다 앞서서 바다를 건너온 그들의 동포 세대 또한 계속해서 그 수준에 머물러 있다. 빈민가에서 이탈리아인들은 "비교적 말썽이 적은", 이를테면 입씨름을 즐기는 아일랜드인이나 질서 의식이 강한 독일인에 비해 문제를 덜 일으키는 세입자로 환영받았다. 돼지우리 같은 허름한 집에서도 묵묵히 생활했고, 날강도 같은 월세징수원에게 집세를 낼 때도 불평하지 않았다. 바로 이 순종성은 그들을 단호하고 영리하게 다룰 때는 더없이 관리하기 좋은 이상적인 세입자로 만들었다. 그러나 한편으로는 그들이 스스로를 위해 이곳에 온 목적과는 또다른 호의를 종종 베푸는데, 그 결과는 그들을 배신한다. 이 호의는 그들로부터 단돈 1센트라도 쥐어

• 이 과정은 할렘(리틀 이탈리아)의 이탈리아인 공동주택에서 목격된다. 할렘의 공동주택들은 이탈리아인들이 사용하면서부터 점차 슬럼 수준으로 몰락했다.

짜낼 수 있는 한은 그들을 놓아주려 하지 않는다.

최근 의회의 여러 조사에 따르면, 이탈리아인들이 탐욕스러운 증기선 운송업자들과 은행가들로부터 받았다는 '지원'의 실체가 무엇인지 밝혀졌다. 이탈리아인들은 감언이설에 속아 집과 얼마 안 되는 재산도 모자라 몇 달 치 월급까지 담보로 잡힌 채 고임금 직장이 즐비하다는 미국행 배표를 손에 넣었다. 은행업자처럼 도중에 10퍼센트를 가져간 증기선 선장은 뉴욕에 도착해서는 자신의 동포 이민자들을 월급쟁이이자 월세 세입자로 만든다. 이탈리아 이민자들은 고립무원의 상황 속에서 무조건적으로 신뢰했던 이 파렴치한 동포의 배만 불려주는 꼴이다. 이민자들이 어찌나 우둔했던지, 이들을 착취한 사기꾼들의 입장에서는 "사기를 치지 않는 것이 오히려 죄가 될" 정도였다. 이민자들의 무지와 낯선 이에 대한 맹목적인 의심이 그들 스스로 구덩이를 파게 만들었다. 영어를 못하는 것은 물론, 배우는 데 필요한 기본 지식도 없었다. 자기 나라 말을 글로 쓸 수 있는 경우마저 드물었다. 이 땅에 도착한 날부터 의무로서 영어를 배우기 시작한 독일인이나 투자라고 생각하고 되도록 빨리 영어를 익힌 폴란드계 유대인과는 달리, 이탈리아인들은 설령 배우더라도 그 과정이 더디었다. 심지어 이 땅에서 태어난 자식들마저 모국어를 사용하는 예가 흔했다. 결국 이탈리아 이민자들은 매번 좋은 급여를 받게 해주는 브로커에게 의존해야 했다. 브로커들은 이탈리아인을 철도 건설업에 취직시켜준 뒤 고용주와 이민자 양쪽으로부터 수수료를 그것도 다달이 받아

챙겼고, 심지어 마음대로 해고까지 일삼았다. 시내에서는 이민자와 숙박 계약을 맺고 최악의 셋방을 아주 비싼 월세를 받고 제공했고, 이런 행태를 모방하는 예가 많았다. 이탈리아인들은 '고임금' 대신에 온갖 고난과 일당 1달러와 냉혹한 브로커의 저당권이라는 현실과 맞닥뜨린다. 더 나쁜 조건의 임금을 받더라도 상황을 당연하게 받아들이고, "부자를 만드는 것은 얼마를 버느냐가 아니라 얼마를 아끼느냐에 달렸다"는 격언을 되새긴다. 이렇게 거리의 오물을 금의 보고로 바꾸면서 가까스로 번 돈을 가지고 고국으로 돌아가거나 같은 일을 해 돈을 벌자며 다른 가족까지 데려오기도 한다.

뉴욕의 재통ash-barrel 속에 돈이 있다는 것을 간파한 사람은 초기 이민자들이었으나, 이 완벽한 자원을 이탈리아 이민자의 독점적인 사업 영역으로 개발한 것은 브로커의 천재성이었다. 넝마주이가 산만하고 무책임한 방식으로 이루어지고, 시에서 재통을 바다에 비우기 전 단계로 재 운반선의 적재물을 평탄화하는 데 일단의 남자를 고용한 것이 불과 수년 전이다. 이 평탄화는 짐차에서 퍼내린 쓰레기를 거룻배에 골고루 평평하게 골라 적재하는 작업이었다. 인부들은 1달러 50센트의 일당을 받았고, 쓰레기 더미 속에서 쓸 만한 것들을 찾아 챙겼다. 쓰레기 처리장 주변에서 어슬렁거리는 이탈리아인 무리는 알아서 이 중노동에 뛰어들어서 물건들을 찾아 가졌다. 오늘날 이탈리아인들은 최고 입찰가의 막대한 돈을 지불하고 이 사업권을 따내고 있다. 뉴욕 시는 이 독점 사업권을 매각하는 조건으로 지난해에 최소 8만 달러를 받았고, 사업권을 산 도급업자들은 잿더미 속에서 발견되는 각종 뼈, 넝마, 깡통과 그 밖의 쓰레기들을 분류한 뒤 팔아 주수입원으로 충당하는 이탈리아 동포들에게 추가로 임금을 지급한다. 그 결과, 브로커와 그의 협력자인 도급업자의 세력이 막강해졌다. 이들은 예전부터 이탈리아인들이 독립적인 '업자'로 일해온 하나의 산업을 완전히 장악함으로써 이 업자들을 쓰레기 매립장 수준으로 전락시켰다. 점검을 나왔던 위생 경찰이 돌아갈 때마다 이탈리아인들은 자기들이 날마다 일하고 자고 먹는, 이루 말할 수 없는 섬뜩함으로 가득한 이 쓰레기 더미를 집으로 삼을 것이다. 이탈리아인들이 재통을 기반으로 생계를 꾸려나갈 수 있는 한, 쓰레기 매립장의 무단 정착민들에 대한 대대적인 단속이 주기적으로 이루어지는 한, 시에서는 그들의 주거 문제에 개입하지 않았다. 월세를 내지 않아도 된다는 유혹은 엄청나게 강해서, 한 쓰레기장에서 쫓겨나도 강을 따라 위 혹은 아래로 불과 몇 블록 떨어진 또다른 쓰레기장에서 숙소를 찾아내면 그만이었다. 경쟁관계인 도급업자들이 쓰레기 매립장의 보호권을 놓고 벌이는 싸움은 더없이 격렬하다. 패한 쪽은 물리적인 공격으로 진 것을 전략으로 만회해 보려고 시도한다. 이 경쟁자들이 시의 법령을 강화하는 데 한 번 이상 영향을 미쳤다는 사실은 뉴욕 자치 체제에서 보여준 이탈리아인들의 확고한 적응력을 확인해준다. 물론 법령의 강화는 외견상 재통이나 쓰레기를 놓고 싸우는 것을 막겠다는 좋은 취지였다.

저지 스트리트의 이탈리아인 넝마주이의 집에서.

저지 스트리트, 글을 배우는 피에트로.

이탈리아인들이 때에 따라서 정치적 요인에 기꺼이 적응했듯이 법제도에도 그랬더라면, 불필요한 곤경의 상당 부분을 미연에 막았을 터다. 카드 게임을 하면서 자신의 나쁜 열정을 모조리 발산하는 일요일만 제외한다면, 이탈리아인들은 시 당국에 매우 협조적이다. 그들도 중국인들처럼 타고난 도박꾼이다. 카드가 탁자에 놓이는 순간부터 이탈리아인의 영혼은 도박 속으로 빠져드는데, 판이 끝나기 전에 칼이 개입하는 경우도 비일비재하다. '벤드'가 나폴리의 근교로 변한 이후 일요일에는 반드시 한두 건 이상의 잔인한 난투극이 경찰의 주의를 환기시킨다. 승부가 기운 도박판에서 벌어지는 난투극은 대부분 죽거나 아니면 신속한 외과적 수술이 필요한 중상으로 끝난다. 한편 현행범으로 체포하지 못할 경우, 향후에 범인을 잡을 확률은 매우 희박해진다. 난투극의 부상자를 설득한대도 십중팔구는 가해자의 신원을 밝히지 않는다. 부상자는 아무리 경찰의 심문을 받아도 "내가 놈을 직접 손보겠다"는 살기 어린 말만 하고, 결국 이 문제는 그가 죽느냐 회복하느냐에 따라 달라진다. 후자의 경우라면, 이 동네에 얼마 후에 또다른 이탈리아인의 난투극 소식이 들려올 것인데, 이 싸움에서 칼에 찔린 사람이 죽거나 죽어감으로써 경찰은 결국 '그'가 손을 보고 원한을 갚았다는 것을 알게 된다.

명백한 허물에도 불구하고 가무잡잡한 이탈리아 이민자들은 자신들의 결점을 상쇄할 만한 특성을 지니고 있다. 다혈질인 만큼 정직하다. 범인사진대장에 이탈리아인 강도는 없다. 과거 도적이었던 사람들이 지금 미국 땅에서는 곡괭이와 삽을 들고 근면하고 평화롭게 일한다. 이따금씩 이민자의 아이들이 6구 빈민가의 불량배들과 어울리다가 소매치기가 되는 경우가 있다. 아버지 세대가 살인을 제외하고 때때로 도움을 주는 유일한 범죄가 바로 사기다. 모은 재산을 가지고 고국으로 돌아가는 동포 중에서 남을 잘 믿는 사람들이 그 제물이 된다. 이탈리아 여성들은 정숙한 아내이고 헌신적인 어머니다. 그들의 화사하고 보기 좋은 옷차림은 빈민가의 칙칙한 단조로움에 색감을 입힌다. 이탈리아인들은 명랑 쾌활하고, 화를 돋우지만 않는다면 아이처럼 무해하다. 이들의 가장 나쁜 위법성은 김빠진 맥줏집을 운영하는 것이다. 이들의 중심 지역인 멀베리 스트리트 벤드에는 이런 악의 소굴들이 타락한 인간성의 가장 낮은 비탈에서, 속수무책으로 망가지고 파멸한 그 밑바닥 군상들 주변에서 번성하고 있다. 사람들의 불행을 이용해 돈을 버는 것이다.

제6장

벤드

Tenement of 1863,
for twelve families on each flat.*

'벤드'

파이브 포인츠의 오래된 부패의 영향권 안에서 멀베리 스트리트가 팔꿈치처럼 굽어지는 곳, 이곳이 바로 뉴욕 빈민가의 불결한 중심, '벤드the Bend'다. 오래전에는 소떼가 이곳의 언덕길을 지나 목초지와 집을 오갔다. 워낭소리 같은 딸랑거림이 아직 메아리치고 있긴 한데, 그렇다고 푸른 초원과 여름 들판의 기억을 불러내는 것은 아니다. 이 메아리가 알리는 것은 집으로 돌아오는 넝마주이 수레들이다. 사람들의 기억 속에서 소가 다니던 옛길은 사람들이 사는 거대한 가축우리에 지나지 않았다. 이 세상에서 벤드는 딱 하나, 그것으로 족하다. 위생을 개선하려는 10년간의 노력과 성난 항의에 움직이기 시작한 시 당국은 벤드의 과밀이 심각한 수준이기 때문에 해결해야 한다고 판단했다. 또하나의 패러다이스 파크가 이 자리를 차지하게 될 것이고, 그 결과 파이브 포인츠에서처럼 변화의 햇빛과 공기를 불어넣을 것이다. 변화는 언제나 절실함에 미치진 못한다. 벤드를 에워싼 공동주택 단지들은 보건국의 낙관주의자들마저도 나쁘다고 낙인찍은 곳이다. 쉬지 않고 단속을 펼쳐도 집을 구해서 이곳으로 찾아오는 인구를 줄이지 못했다. 월세 징수원만이 길을 잃지 않고 갈 수 있는 수십 개의 뒷골목, 지저분한 셋집 골목, 비밀 샛길에서 사람들은 뉴욕 시의 쓰레기 처리장과 재통에서 훔쳐온 온갖 혐오를 수용할 수 있는 허름한 건물들을 보금자리로 공유하고 있다. 이곳에는 또 양지를 피해 부정직한 나태라는 불결한 짐승이 도사리고 있다. 벤드는 넝마주이뿐 아니라 부랑자들의 보금자리다.

벤드 지역의 인구주택총조사를 통해 609채의 공동주택 가운데 양호한 가구는 고작 24채에 불과하다는 결과가 나온 지 20년이 조금 지났다. 총조사 당시에 '블러디 6구'의 인구 중에서 4분의 3은 아일랜드인이었다. 남북전쟁이 끝나고 군대를 해산한 이후부터 성장해 이탈리아인의 유입과 맞물려 수를 늘려온 부랑자 부대는 영속적인 개선을 위한 온갖 노력에 완고한 장벽이 되어왔다. 더 많은 개선이 이루어질수록, 실제적인 성과는 오히려 줄어드는 것 같았다. 결국 완전한 해체가 아니고는 가시적인 혜택을 증명할 수 없다는 점이 분명해졌다. 전체 지역이 비좁은데다 종종 예기치 못한 통로들이 미로처럼 얽혀 있다. 땅이 있는 곳이면 어디든 불건전한 군중으로 우글거리는 공동주택들이 두셋 혹은 네댓 동씩 들어서 있으니 당연한 결과다. 벤드의 조감도를 본다면 판독하기 어려운 암호를 보는 것 같을 터다. 화창한 날에 베이야드 스트리트에서 바라본 벤드의 일상적인 모습, 그것은 뉴욕의 풍경 중 하나다.

베이야드 스트리트는 바우어리 건너, 끝에서 끝까지 이스라엘의 전진기지인 유대인 거주지로 가는 큰길이다. 히브리인의 얼굴들, 히브리 문자의 간판들, 이스트사이드에서 히브리어로 간주되는 기묘하고 생경한 말의 끝없는 수다 그리고 멀베리 스트리트의 모퉁이까지 이어지는 별난 행인들. 그러나 행인들이 모퉁이를 도는 순간 풍경은 급변한다. 앞에 펼쳐져 있는 것은 주택만 제외한다면 뉴욕의 거리라기보다 남부 이탈리아의 마을 시장에 가깝다. 이곳의 주택은 여전히 매력 없는 구식 공동주택이다. 그러나 이번만큼은 공동주택이 이 미국 대도시의 빈민가 풍경에서 도드라지지 않는다. 이목을 잡아끄는 것은 공동주택이 아니라 거리에 있는 것이 유리하지 않을 때, 요컨대 비가 오거나 아플 때에만 이탈리아인들이 그러하듯 유대인들이 숨어드는 군중이다. 해가 빛날 때, 찌는 더위로 인해 그냥 집안에 틀어박혀 있고 싶은 충동과는 정반대로 폴란드계 유대인들은 전부 거리로 나와서 집안일을 하거나 거래를 하거나 애정 행각을 일삼기도 하고, 이도 저도 할 일이 없을 땐 그냥 빈둥거린다. 보도의 연석을 따라 여자들이 젊은 여자건 노파건 하나 같이 패드인지 터번인지 모를 이상한—노예의 상징, 즉 살아 있는 한 지고 가야 하는 짐처럼—머리덮개를 쓰고 줄줄이 앉아서 곰팡내 나는 담뱃잎이며 정체 모를 야채며 신선하지 않은 토마토 그리고 오렌지 같은 과일 따위를 담은 바구니를 놓고 옥신각신하고 있다. 여자들은 재통을 계산대로 사용하는데, 종종 재를 수거하러 수레들이 올 때마다 재통이 비워질 때까지 장사가 잠시 중단된다. 소상인과 행상인들의 수레가 저절로 두 줄의 노점을 형성하고, 공동주택을 따라서는 또 한 줄의 노점까지 가세해 벤드 외에는 미국 땅 어디서도 볼 수 없는 기묘한 특산물들을 그것도 대단히 활력 넘치게 팔곤 한다. 거리에서 노숙하는 두 명의 노파는 보통 빵덩어리라기보다 비대해진 도넛처럼 커다란 화환 모양으로 구운 딱딱한 빵을 지저분한 시트커버로 만든 자루에서 꺼내놓았다. 사실을 호도해도 소용없다. 다시 말해, 이 빵 자루들은 원래 낡은 시트커버였다가 장사가 정신없이 바빠지면서 자루 만드는 데 사용된 것 같다. 이 굳은 빵에 대해 시장을 불시에 단속하는 위생 공무원들은 언젠가 "건강에 유해하진 않음"이라고 보고한 적이 있다. 그냥 역겨웠다고만 했다. 한쪽에서는 소매는 팔꿈치 위까지 걷어올리고 입에는 사기 파이프를 문, 건장한 푸주한이 갈고리에 매달린 새끼 염소의 가죽을 벗기고 있다. 엘리자베스 스트리트 경찰서에 가보면 한바탕 웃음소리와 함께 이런 얘기를 듣게 될 것이다. 죽은 염소가 펠 스트리트에 널브러져 있다는 신고를 받고 공무원들이 처리하러 가보니, 염소의 사체가 감쪽같이 사라지고 없더라고 말이다. 결국 한 이탈리아인이 빈민가에서 경야나 잔치에 쓸 요량으로 염소의 사체를 자루에 넣어 가져간 것으로 밝혀졌다.

'범죄자 소굴Bandit's Roost'의 초입 양쪽으로 벤드에서도 악명이 자자한, 요컨대 "필요는 발명의 어머니"라는 속담의 적절한 예에 해당하는 상점이 있다. 많은 사람을 받으려고 트럭과 재통까지 동원해 만든 가게들은 보험 지도에는 나오지 않고, 이것으로도 부족하다. 그래서 건물 현관까지 가게로 만든다. 가로 90센티미터, 세로 120센티미터인 가게 내부는 딱 한 사람, 즉 가게 주인만 들어갈 수 있는 크기다. 주인은 가게 안에서 한때 현관문이었던 자리에 걸쳐놓은 판자 위에 물건들을 올려놓고 장사를 한다. 독특한 상점의 뒷벽 깊숙이 현관에서 골목으로 구멍 하나가 뚫려 있는데, 세입자들은 이 구멍을 이용해 다닌다. '담배 판매국'도 이런 가게 중에 하나인데, 가게라기보다는 재통 하나가 계산대 역할을 하는

'범죄자 소굴'

게 전부다. 생선 가게에는 미끈거리고 이상하게 생긴 생선과 고둥들이 진열되어 있는데, 이 어패류들은 미국의 강에서는 한 번도 헤엄을 쳐본 적이 없는 것 같고, 설령 그렇다고 해도 미국인의 생선 가게에서는 찾아볼 수 없는 그런 종류다. 또 식료품 가게 문간에는 보기에도 거북하고 전혀 식욕을 돋우지도 않는 대형 소시지가 매달려서, 이렇게 기다리고 있으니 잊지 말고 사가라는 듯이 손님들의 머리를 때리곤 한다. 나는 소시지를 무엇으로 만들었냐고 물어볼 엄두를 한 번도 내지 못했다. 거리를 따라 한 무리의 여자들이 머리에는 엄청난 양의 장작더미를 이고 앞치마에는 시장 마차에서 긁어모은 썩은 야채 한 무더기를 싸서 가져오는데, 가슴팍으로는 떨어지지 않게 삼각건 같은 것으로 지탱한 갓난아기까지 보듬고 있다. 벤드에서는 여자들이 무엇이든 나르고 무슨 일이든 다 한다. 남자들은 길거리에 앉거나 서서 혹은 트럭에 탄 채로 혹은 술집의 열린 문간에서 검은색 사기 파이프를 물고서 금방이라도 난투극을 벌일 것처럼 손짓 발짓 해가며 떠들어댄다. 이 중에서 유난히 떠들썩한 무리 가까이, 황갈색 구슬 띠로 아무렇게나 흑발을 동여맨 굉장히 아리따운 아가씨가 외바퀴 수레에 헌 스타킹과 무명실을 싣고와 팔고 있는 노파와 한참을 성심껏 흥정하고 있다. 노파는 자기 물건이 좋다고 극구 자랑하는 동안에도 스타킹에 난 커다란 구멍들을 부지런히 꿰매고 있다. 무례하고 촌스러운 무리 중에서 여기저기 기운 작업복 바지의 밑단을 부츠에 쑤셔 넣은—아가씨가 몇 번이나 곁눈질해 쳐다봤던—한 청년이 앞으로 나서더니 용감하게 가장 괜찮은 스타킹 한 짝을 골라 아가씨에게 건넨다. 아가씨는 웃으면서 저리 가라며 청년을 밀치지만, 청년은 그것을 그냥 있어달라는 의미로 해석한다. 노파에게는 흡족한 결과였는데, 아가씨가 눈치채지 못하게 청년에게 스타킹 값을 50퍼센트나 올려 받았으니 말이다.

커다란 붉은색 스카프와 노란 손수건이 어디서나 눈에 띈다. 모퉁이 가까이 있는 러시아계 유대인의 거칠고 쉰 목소리보다는 훨씬 더 감미로운 이탈리아인의 말소리도 어디서나 들려온다. 셀 수 없이 많은 '파스콸레 레스토랑'도 그렇다. 벤드의 주민 절반은 세례명이 파스콸레이거나 아니면 다른 방식으로 그 이름을 얻는다. 경찰이 도주한 살인자의 이름을 모를 때, 파스콸레라는 추정 이름으로 위험 경보를 발령하는데, 열에 아홉은 범인의 실명과 일치한다. 사방에서 유혹의 미끼처럼 '은행'들이 간판을 뻗고 있다. 한 블록에만 증기선 대리소, 인력사무소, 저축은행을 한꺼번에 운영하는 업체가 여섯 곳이다. 아장아장 걸어다니는 (절반은 오다리인) 아이들도 어디서나 눈에 띄고, 끝없이 나오는 엄마—현재의 엄마와 미래의 엄마 모두—들도 많은데, 이 중에는 십대도 적지 않다. 거리에 나와 있지 않은 사람들은 창문으로 몸을 내밀고 아래쪽 누군가에게 소리를 치고 있다. 해가 뜨면 벤드의 주민 전부, 아니면 적어도 절반 이상은 밖에 나와 있다.

빗자루가 동원되는 거리에서는 최소한의 청결을 위한 노력이 엿보인다. 넝마주이들이 살고 있는 건물과 골목에서 생기는 오물들이 언젠간

멀베리 벤드의 서남쪽 모퉁이(파이브 포인츠의 초창기 중 한 곳, 출처: 보건국).

손을 쓸 수 없게 될 것이다. 이런 지역을 무더운 날에 돌아다니려면 보통 이상의 용기가 필요하다. 장의사들은 필요에 따라 이런 용기를 내야 하고, 경찰들은 언제나 그래야 한다. 경찰은 바로 이 거리의 동쪽 공동주택에서 모진 학대의 피해 아동인 안토니아 칸디아를 발견했다. 아동학대방지협회의 기록에 따르면, 이 아동은 "온몸에 멍이 들어 있었고, 머리칼은 마른 피로 엉켜 있었다". 학대는 벤드에서 평범한 일상이고, 살인은 그 결과물이다. 그렇다고 이곳의 세입자들이 전부 범죄자는 아니다. 최근 공동주택협회에 따르면, 베이야드 스트리트, 파크 스트리트, 멀베리 스트리트, 백스터 스트리트 사이에 있는 이곳 벤드의 일부 블록에서 조사를 실시한 1882년에만 155명의 아동•이 숨졌다. 이 지역의 아동 사망률은 68.28퍼센트, 뉴욕 시 전체 평균은 46.20퍼센트다. 어느 도시, 어느 지역에서나 영아 사망률을 전체 사망률과 비교해보는 것은 전반적인 위생 상태를 측정하는 데 좋은 지표로 간주된다. '범죄자 소굴' 옆에 있는 공동주택 59 1/2번지에서 같은 조사가 이루어진 해에 14명이 사망했고, 이 중에서 아동의 수는 11명이었다. 61번지에선 11명이 사망했는데, 이 중에서 5세 미만은 8명이었다. 인구통계청의 기록에 따르면, 1888년에 59 1/2번지의 거주민 수는 39명에 불과했고, 이 중에서 9명이 영유아였다. 이 건물에서 같은 해에 5건의 영아 장례식이 있었다. 59번지 골목 전체에서 1888년에 9건의 장례식이 있었고, 이 중에서 5개의 관이 영아용이었다. 위 표는 같은 해 이 블록 전체의 기록으로, 통계청 소속의 로저스

• 사망자 표에서 아동이라고 칭한 대상은 5세 미만이다. 5세 이상은 표에서 성인으로 간주한다.

파크 스트리트와 베이야드 스트리트 사이,
백스터 스트리트와 멀베리 스트리트의 1888년도 사망자 수와 사망률

	인구			사망자			사망률		
	5세 이상	5세 미만	계	5세 이상	5세 미만	계	5세 이상	5세 미만	전체
백스터 스트리트	1,918	315	2,233	26	46	72	13.56	146.02	32.24
멀베리 스트리트	2,788	629	3,417	44	86	130	15.78	136.70	38.05
계	4,706	944	5,650	70	132	202	14.87	139.83	35.75

S. 트레이시 박사가 작성했다.

해당 연도의 뉴욕 전체의 사망률은 26.27퍼센트였다.

반면 맞은편의 모범 공동주택, 요컨대 같은 계층의 사람들이 더 과밀한 상태(기록에 의하면 161명)로 살고 있는 48번지와 50번지의 경우, 적절한 관리와 살기 좋은 주변 환경 덕분에 같은 해 사망자는 단 2명, 이 중에 영아가 1명이었다. 이 공동주택을 지은 기독교도들의 대리인은 이탈리아인들이 훌륭한 세입자라고 말하는 반면, 실소유주는 이탈리아인들이 최악의 인간 말종이라며 건물의 개보수 요구를 모조리 묵살하고 있다. 입장이 서로 다른 양쪽의 주장은 둘 다 옳다. 이런 입장이 차이를 만들고 세입자를 만든다.

보틀 골목은 백스터 스트리트에서 모퉁이 근방에 있다. 그러나 어디에 지어지든 보틀 골목은 동종 주거지의 표본이다. 이런 주택 아무 곳이나 들여다보면, 예외 없이 넝마와 악취 나는 뼈와 곰팡이 핀 종이 더미가 사방에 쌓여 있다. 그런데 위생 경찰은 이 모든 것을 쓰레기 매립지와 창고에다 치워버렸다고 자화자찬한다. 주택 구조는 '플랫식 거실'과 함께 침실이라 불리는 캄캄한 닭장 같은 방이 두 개 있다. 실상은 침대 하나 들어가면 방에 남는 공간이 없다. 스토브 위에 놓여 있는 가족의 찻주전자는 한동안 세탁용 솥 구실을 한다. 밤이 되면 찻주전자는 원래의 용도로 쓰이는데, 이는 벤드의 빈민들이 얼마나 근근이 살아가고 있는지를 보여주는 실례일 것이다. 침대가 하나, 둘, 세 개다. 낡은 상자와 지저분한 지푸라기를 쌓아놓은 것을 침대라고 부를 수 있다면 말이다. 망가진 스토브에 설치된 연통은 연결 부위마다 연기를 뿜어내고, 상자 위에 투박한 널빤지를 올려 만든 탁자가 하나 있고, 구석에는 쓰레기가 쌓여 있다. 갑갑함과 악취가 견딜 수 없을 정도다. 여기서 몇 명이나 잠을 자는 걸까? 붉은색의 커다란 스카프를 걸친 아주머니는 부루퉁하게 고개를 저었으나, 맨발의 여자아이가 환한 표정으로 손가락을 꼽는다. 다섯, 여섯!

"여섯이오!" 여섯 명의 어른과 다섯 명의 아이.

"애들은 다섯밖에 없어요." 아주머니가 씩 웃으면서 무릎에 갓난아기 하나를 헝겊에 싸서 올려놓고 말한다. 요람에 갓난아기가 또 있다. 그렇다면 월세는 얼마일까?

"9달러 50센트. 그런데 선생님, 그 사람은 벽지를 새로 해주려고 하지

보틀 골목.

않아요."

"그 사람"은 집주인이다. '벽지'는 곰팡이 피고 찢어진 채로 벽에서 흘러내리고 있다.

수은주가 30도를 웃돌던 7월의 어느 날, 나는 이 공동주택을 방문한 위생 검사관의 일을 생생히 기억하고 있다. 여섯 명이 씻고 요리하고 넝마를 분류하는 이 오싹한 방, 스토브 옆에 죽어가는 갓난아기를 뉘어놓은 이 방에서 위생 검사관의 온도계는 46도까지 치솟았다! 이 거대한 자선의 도시에서 신선한 공기 한 모금을 마시지 못해 죽어가다니! 프레시 에어 펀드Fresh Air Fund(비영리기관으로 뉴욕 시에서 저소득층을 위한 무료 여름캠프를 운영한다—옮긴이)의 운영자가 한 이탈리아 교회의 목사에게 "이탈리아인 아이들을 불러주는 사람은 아무도 없습니다"라는 편지를 쓴 것이 바로 지난해다.• 그런데도 아직까지 운영자는 이탈리아인 아이를 한 명도 캠프에 보내지 못한 것일까?

멀베리 스트리트를 따라 여섯 개 블록을 올라가면, 벤드의 잉여물 같은 넝마주이 부락 하나가 예전의 불결함을 그대로 간직한 채 지금까지 남아 있다. 원래는 다섯 가구가 살도록 지은, 다락방이 있는 2.5층의 낡은 건물 다섯 채에 마흔 가구 정도가 빽빽하게 입주해 있고, 그 마당에 있는 (온갖 낡은 판자로 얼기설기 지어져 이탈리아인 세입자들의 건조대로 사용된) 헛간에도 최근까지 세입자들이 바글거렸다. 이 글을 쓰는 동안 이 넝마주이 부락을 방문해보니 텅 빈 상태였다. 마지막까지 남아 있던 두

• 『시티 미션 리포트City Mission Report』, 1890년 2월, 77쪽.

세입자가 얼마 전에 떠났다. 그들의 운명은 독특했다. 스토브 옆에 간신히 몸을 숙일 수 있는 크기의 구석방에서 살았던 노인, 잠잘 공간조차 없었던 그는 노령으로 인해 몸집이 방에 맞게 구부러지지 않았더라면 정신병원에 갔어야 했을 터였다. 그리고 그 옆방에서 수년간 살았던 여자는 홀연히 종적을 감추었다. 부동산 중개인과 다른 세입자들은 그녀를 어쩌면 루스벨트 아일랜드에서 찾을 수 있을지 모른다고 '짐작'만 할 뿐, 류머티즘으로 쇠약해지고 "썩 좋지 않은" 상태라고 했다. 구태여 그녀의 행방을 수소문하는 사람은 없었다. 모두 자기 일에 바빴고 오른 집세를 내야 했다. 당연하다. 민망할 정도로 망가지고 낡은 건물에서 거실과 '침실' 두 개에 10달러, 뒷방 한 개와 침실 한 개에 9달러, 다락방은 크기에 따라서 3.75달러에서 5.50달러의 월세를 내야 하니 말이다.

직업적인 위생 전문가—여기서 내가 가리키는 것은 위생 공무원—와 무보수 개선운동가 사이에서 과밀 공동주택의 위생 개선 문제를 놓고 언쟁이 벌어지고 있다. 한쪽은 공동주택의 수를 다소 애매하게 400채 또는 500채라고 주장하는 반면, 다른 한쪽은 2년 전에 실시된 인구조사에서 괜찮은 형태의 플랫을 제외하고도 공동주택으로 분류된 수가 3만 2,000채라고 주장한다. 어느 쪽이 옳은가는 이 문제를 바라보는 사람들의 시각에 달려 있다. 과밀이라는 용어는 상대적인 것이고, 공식적인 통계는 편의에 따라 가변적이다. 이탈리아인의 유입에 따른 과밀의 압박 아래에서 위생 공무원들은 성인이 숨쉬는 데 필요한 공간을 56제곱미터

벤드에 있는 한 주택.

에서 37제곱미터로 그 기준을 낮추었다. 공무원들의 구실은 '상황의 필요성'인데, 이 때문에 개선운동가의 입장에선 논의를 더 진전시킬 수 없었다.

위생 공무원이 그 400이라는 수치의 대부분을 발견한 곳이 벤드였고, 개선운동가는 절망 속에서 일을 포기했다. 인구조사는 상당수의 집 없는 노숙자들을 포함하지 않았다. 노숙자들은 본능적으로 밝은 곳을 피해 다니는데다 통계에 잡힐 정도로 한곳에 오래 머물지 않았다. 하지만 주택의 경우는 늘 통계를 잡을 수 있었고, 최근의 조사에 따르면 브로드웨이, 바우어리, 캐널, 채텀 스트리트 사이 그리고 벤드 지역에 있는 총 4,367채의 '아파트' 중에서 조사 당시 비어 있는 집은 불과 9채였다. 반면에 올드 '아프리카' 즉 브로드웨이 서쪽은 멀베리 스트리트로부터 인구가 과잉 유입되면서 지역 특성이 빠르게 변해갔고, "입석 외 만원"이라는 알림 표지가 심심찮게 눈에 띄었다. 이곳에선 빈방 하나도 구할 수 없었다. 인근의 멀베리 스트리트 공동주택 두 동에서 150명 가까운 '숙박인'들이 쫓겨났는데, 인구조사 당시에 이 두 동의 공동주택 중에서 한 동은 '지옥의 집House of Blazes'으로 불렸다. 이 형편없는 집들이 얼마나 불결하고 타락했는지 위생 공무원들은 잘 알고 있다. 긴 여름 내내 공무원들은 벤드를 순찰하면서 거리와 골목길, 하수구와 지하실, 부랑자들이 숨어 지내는 비밀 헛간에 소독제를 뿌린다. 자정부터 새벽까지 경찰이 불법 과밀의 증거를 수집하기 위해 "아프리 포르트Apri port(문 열어)!"

라고 엄하게 명령하면서 잠긴 문을 거세게 두드린다. 마지못해 문이 열리고, 세입자들은 영어를 전혀 몰라도 경찰의 명령이 심각한 사안임을 알고 있다. 이런 장면들은 사진으로 촬영되기도 한다. 당시에 사진은 플래시를 사용해 촬영하는 식이었다. 가로세로 4미터가 채 되지 않는 방에 12명의 남녀가 잠들어 있는데, 두세 명은 벽감 같은 곳에 있는 침상에, 나머지는 바닥에 누워 있었다. 이 섬뜩한 분위기 속에서 희미하게 밝혀진 등유 램프 한 개는 자정이 막 넘은 시간을 감안할 때 늦게 들어오는 사람을 '잠자리'까지 안내하기 위한 것 같았다. 역시나 어두운, 바로 옆 식당에서 갓난아기의 보채는 울음소리가 들리기에 가보니, 누워 있는 세 명의 그림자가 어른거렸다. 우리가 들어가본 이 '아파트'는 맞붙은 두 건물에 있는 세 개 중 하나로, 30분이 지나지 않아서 먼저 잠든 사람들과 비슷한 수가 또 들어와 내부는 초만원이 되었다. 이들 대부분은 잠만 자는 조건으로 하룻밤에 6센트씩 지불하고 있었다.

맨 위층의 또다른 방, 이틀 전에 이미 야간조사를 한 적이 있는 이 방은 상대적으로 한산했다. 남자 둘, 할머니, 여자아이 이렇게 4명뿐이었다. 선선히 방문을 열어준 집주인은 법을 지키기 위해 개인적 이득을 포기한 자신의 희생에 의기양양한 모습이었다. 그는 우리의 방문조사를 예상하고 있었다. 경찰은 방문이 열리자마자 그냥 돌아섰다.

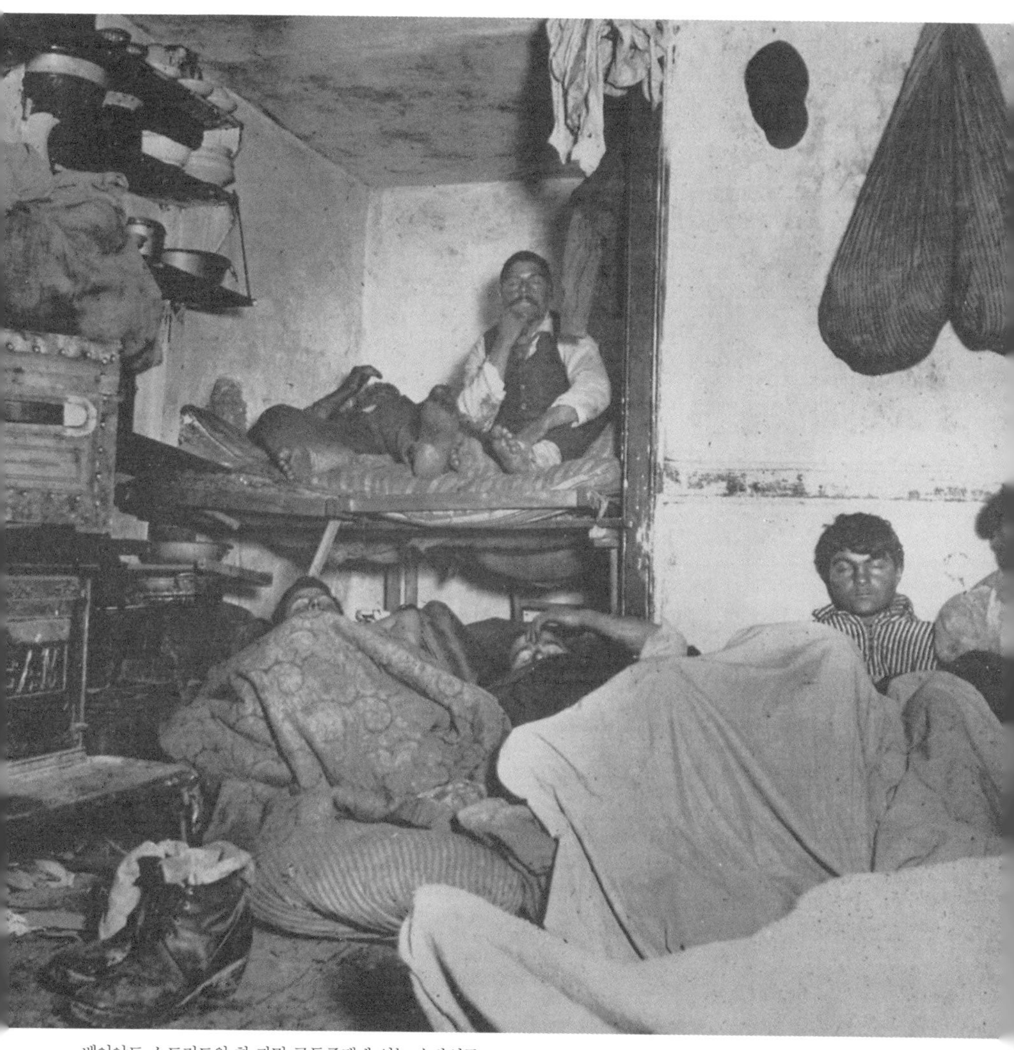

베이야드 스트리트의 한 과밀 공동주택에 있는 숙박인들.

제7장

김빠진 맥줏집 습격

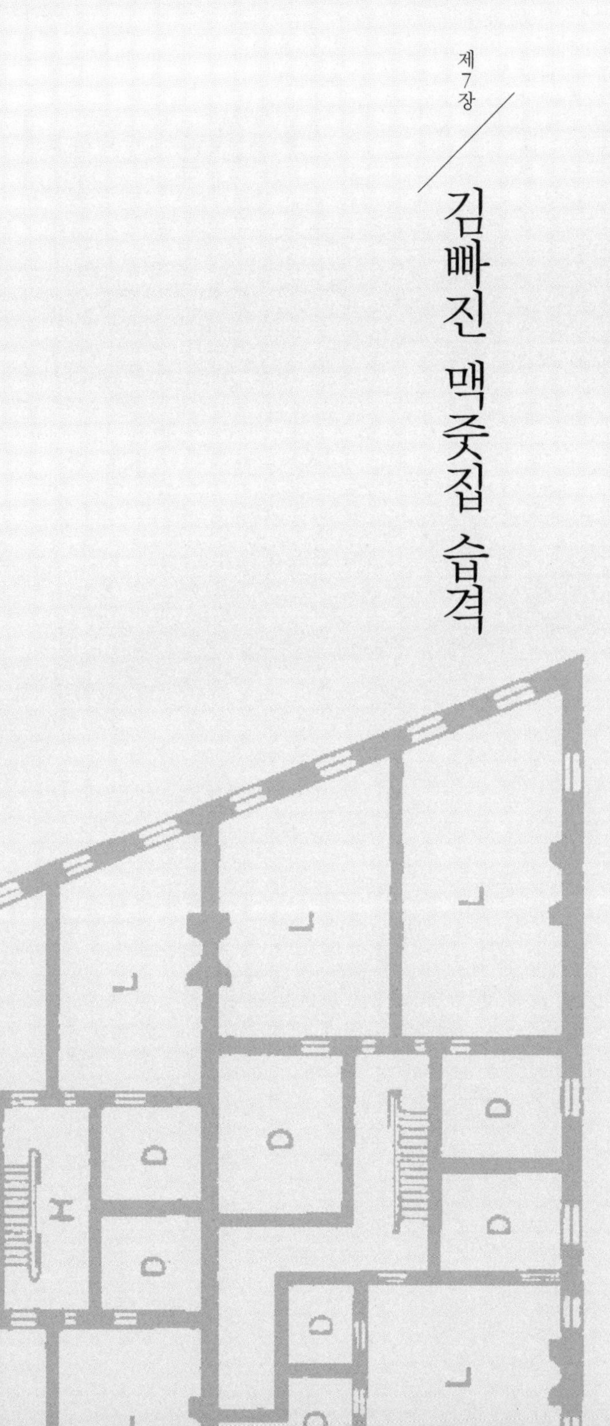

Tenement of 1863,
for twelve families on each flat.

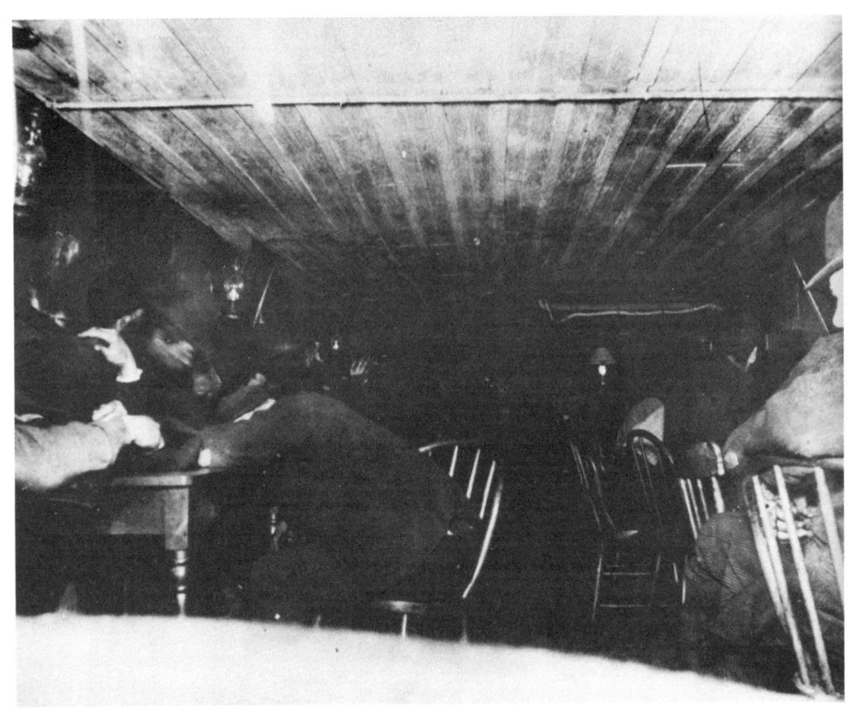

벤드에서 밤새 운영하는 2센트 레스토랑(새벽 3시, 플래시 촬영).

엘리자베스 스트리트 경찰서에서 밤 12시 점호가 끝났으나, 예비 경찰 병력은 작전 대기중이었다. 작전 명령은 도보 급습, 그러나 그 대상이 중국인의 팬탠fan tan, 番攤 도박장인지, 모트 스트리트와 펠 스트리트의 비밀 마약굴인지 아니면 이보다 더 나쁜 소굴인지에 대해서는 짐작만 오갔다. 마지막 순찰조가 근무를 마치고 돌아왔을 때, "벤드로 출발"이라는 간결한 명령으로 그간의 의구심과 추측은 단번에 사라졌다. 김빠진 맥줏집들이 급습 대상이었다. 경찰은 허리띠를 단단히 고쳐 매면서 멀베리 스트리트 쪽으로 가야 한다는 것에 불만을 토로했다. 모트 스트리트의 이교도 성지를 지나—이 성지를 급습한다면 퍽 흥미로운 결과가 있을 터인데—경찰대는 벤드로 진입했다. 여기저기서 부랑자들이 겁에 질려서 종종걸음으로 도망쳤다. 경찰대가 멈춰선 곳은 숨겨진 어느 골목의 초입이었다. 경찰대는 몇 개 조로 나뉘어 이 블록에서 알려져 있는 모든 부랑자 소굴을 동시다발적으로 급습하기로 했다. 내가 종군기자처럼 따라나선 가운데 경찰들은 경사의 지휘 아래 미끈거리는 벽 사이의 비좁은 틈을 따라 일렬로 길을 더듬어 후면 부지에 있는 공동주택을 향해 나아갔다. 이 과정에서 두 차례 부랑자에게 발부리가 걸렸는데, 둘 다 통로에서 잠들어 있던 여자였다. 경찰들은 무차별적인 막대질과 주먹질을 받으면서도 묵묵히 후면 부지 쪽으로 빠져나갔고, 군대의 선발대처럼 목표 지점으로 향했다. 어둠 속을 800미터쯤 더듬어갔을까, 마침내 목적지인 통로로 들어섰다. 닫힌 덧문들의 틈새로 불빛이 새어나와서 허물어질 듯한 공동주택 세 채의 윤곽을 식별할 수 있었다. 이때부터 보이지 않는 어딘가에서 음탕한 노랫소리와 거친 웃음소리가 들려왔다.

"한 무리가 안에 있군." 우리가 닳아빠진 지하실 계단을 주춤거리며 내려가는 동안, 경사가 무덤덤하게 말했다. 경사의 구두 굽에 걷어차인 출입문이 안으로 확 열렸다.

넓이가 1.1제곱미터 정도인 방에는 한때 깨끗했을지 모르는 벽과 천장이 있었으나, 바닥은 짓이겨진 진흙 말고는 이렇다 할 바닥재라도 깔려 있었는지 기억하는 사람은 없을 터였다. 지금은 갈색 부스러기로 뒤덮여 있는 바닥을 누군가 경찰봉 끝으로 건드리자 벌레들이 득시글거리며 나타났고, 그 밑으로 더 시커먼 오물이 드러났다. 망가진 의자에 놓여 있는 맥주통 하나를 중심으로 누추한 남녀 무리들이 상자와 벤치와 걸상에 의지해 모여 있었다. 맥주통에 가득 들어 있는 토마토캔이 사람들 사이로 오간다. 사람들 한가운데에 흙빛의 주름진, 이 향연의 주최자로 보이는 노파 하나가 그 오싹한 물건을 나눠주고 있었다. 노파의 앞치마에서 땡그랑거리는 동전들, 그것은 그날 오후에 사람들이 그녀에게 축복과 함께 적선한 돈이었다. "가족이 굶어죽지 않도록" 한푼만 도와달라고 늘 우는소리를 해대는 거지들 중에 익숙한 얼굴이 있듯이 이곳의 여자들 중에도 익숙한 얼굴들이 있다. 그들의 푸념과 떠들썩한 흥이 한꺼번에 잠잠해졌다. 그들은 앞으로 벌어질 일을 알고 있다는 듯이 시무룩이 움츠리고 앉아 있었다. 열린 문으로 경찰 제복을 힐끔 쳐다본 일부—전과자로 짐작되는 사람들 — 는 경찰관의 눈을 피해 고개를 돌렸고, 이런 일에 익숙지 않은 몇몇은 도전적으로 눈을 부릅뜨고 있었다.

경사는 큰 걸음 한 번으로 방 한복판까지 들어갔다. 그가 휘두르는 경찰봉이 맥주통에 달린 꼭지와 우두머리 노파의 손에 들린, 절반만 찬 깡통에 부딪혔다. 맥주통과 깡통에 들어 있던 내용물이 바닥으로 쏟아졌고, 무리 중에서 여섯 명이 갑자기 머리를 보호하기 위해 어깨를 웅크리고서 출입문으로 달려갔다. 밖에 대기중인 경찰들을 생각하지 못한 것이다. 잠시 실랑이 속에 두세 번 쿵 소리가 들리더니 도망자들은 동료들이 완강한 침묵 속에서 웅크리고 있는 방으로 도로 끌려 들어왔다.

"열셋!" 경사가 수색을 끝내고 소리쳤다. "다 끌어내. 섬에 육 개월은 가 있어야 할 거야. 몽땅 다." 넉넉잡아도 스무 살이 채 넘지 않은, 얼굴에 탈진한 표정이 역력한 청소년 한 명은 예외였다. 그는 나머지 사람들에 비해 덜 무덤덤해 보였고, 그것을 상쇄하려고 제 딴에는 센 척을 하고 있었다. "빨리." 경사가 경찰봉으로 그를 밀치면서 말했다. "어서 나가. 이런 상태로 오래 버티지 못해. 이곳은 사람들을 서서히 죽이고 있으니까."

지하실 계단 꼭대기에 이르렀을 때, 골목 더 깊숙한 곳에서 나오는 비슷한 행렬과 마주쳤다. 또다른 무리가 경찰서로 가기 위해 대오를 갖추고 있었다. 거리 저쪽에선 이미 잘 다져진 길을 따라 출발한 사람들의 발소리가 들려왔다. 옆에 있는 김빠진 맥줏집 골목에서 새로운 볼멘소리들도 들려왔다. 이곳의 지하실 한 군데에만 네 개의 술집이 있었다. 불결함과 악취가 정말이지 견디기 어려웠다. 경사마저도 경찰봉으로 무리를 흩어지게 하여 문밖으로 내보낸 뒤에는 곧 돌아서버렸다. 이 골목의 강아지들도 숨막히는 지하실보다는 차가운 길바닥을 더 좋아했다. 개 한 마리가 밖에 누워 있었다. 75명의 남녀 부랑자들이 네 개의 작은 방에서 체포되었다. 그중에서도 공기가 어찌나 탁한지 칼로 자르면 자를 수 있을 것 같은 방에서는 산모 한 명이 신생아와 함께 더러운 짚더미 위에 누워 있었다. 그녀는 잠든 상태였고, 구급차가 와서 병원으로 실려갈 때까지 그대로 잠들어 있었다.

일단의 무리와 함께 경찰서로 돌아와보니, 10월의 차가운 바람에도 불구하고 모든 창문이 활짝 열려 있었고, 경사가 내려간 지하실에서 체포된 사람들은 실내를 환기시키는 조건으로 아주 독한 시가를 얻어 피우고 있었다. 아침에 부랑죄로 즉결심판소로 보내지기 위해 275명의 부랑자가 유치장에 빽빽이 입감되었는데, 대부분 '섬'에서의 6개월형을 받을 것으로 예상되었다. 적어도 징역형은 확실했다. 다만 경험 많은 접수계 경찰은 중요한 선거가 한 달이 채 남지 않아서 형량에 대해서는 회의적이었다. 부랑자들이 자신의 투표권을 마음대로 할 수 있다면, 이들의 표는 푼돈을 받고 팔리기 마련이다.

절도에 대한 신념도 투철하지 않으면서 일말의 양심도 없이 자칭 투기업자로 행세하고 싶어하는 도둑처럼 빈민굴의 진정한 특산물인 김빠진 맥줏집은 벤드 인근에서 '2센트 레스토랑'이라는 좀더 우아한 명칭으

방면을 기다리는 경찰서 숙박인들.

로 알려져 있다. 이런 맥줏집은 대부분 뒷골목으로 통하는 지하실에 있다. 무허가 혼합 맥주는 이곳의 값싼 상품이다. 종종 '커피' 한 잔과 딱딱해진 롤빵 한 덩이를 2센트에 살 수 있다. 남자들은 외상을 진다. 여자들은—이 암시만으로도 이루 말할 수 없이 섬뜩한데—무료다. 맥주는 술집 주인이 보도에 통들을 놓아두고 양조마차가 오기를 기다렸다가 받아오는데, 이 과정에서 거품을 내기 위한 약물이 들어간다. 의자에 앉아 밤을 새우거나 테이블 위나 불룩한 통 속에서 잠드는 특권은 술잔이 돌 때마다 달라진다. 맥줏집을 '운영'하는 사람은 대부분 이탈리아인이고 가끔씩 흑인이거나 드물게는 여자일 때도 있다. 손님은 집도 희망도 없이 완전히 밑바닥에 떨어진 이들과 별반 다르지 않은 상습 부랑자들뿐이다. 가장 보잘것없는 도둑도 이 김빠진 맥줏집 단계보다는 훨씬 위에 있다. 이 바닥까지 떨어지고 나면 탈출구가 없다. 더 떨어질 곳이 없다. 그렇다. 위로 올라갈 수 있는 것도 아니다. 김빠진 맥줏집에서 하룻밤을 보낸다는 것은 늙은 부랑자의 버려진 누더기옷을 입는 것, 다시 말해 카스트의 신분제 옷을 입는 것과 같다. 일단 이 작은 길로 들어서면 다시 돌아나갈 길은 없다. 게다가 나락의 길이 길다는 속설과는 반대로 이 길은 그리 길지도 않다.

이탈리아인 부랑자들의 이동과 함께 술집 주인들이 웨스트사이드에 있는 흑인의 옛 본거지 쪽으로 몰리면서 김빠진 맥줏집의 시끌벅적함도 벤드를 떠났다. 그러나 부랑자들의 실제적인 고향인 맥줏집 본점들은 앞으로도 영원히 벤드에 남을 것이다. 진짜 부랑자들은 낮에 구걸을 위해서만 14번가라는 경계선을 넘고 밤에는 얼씬도 하지 않는다. 불쾌한 사업인 만큼 이탈리아인 술집 주인들이 벌어들이는 수입은 어마어마하다. 맥주찌끼에 '생기'를 불어넣는 재료에 지출하는 약간의 비용을 제외하고 나머지는 전부 순수익이다. 은행가들은 이탈리아인 거주지를 혐오하면서도 김빠진 맥줏집 같은 사업에는 직접 관여한다. 이 은행가들 중에서 한 사람은 한때 악명 높은 맥줏집의 운영자이자 여러 다른 맥줏집의 실질적인 물주로 경찰에 알려져 있었다. 그런데 현재는 대규모 마카로니 공장의 소유주로서 몇 채의 대형 공동주택과 기타 부동산을 보유하고 있는데, 여기에 들어간 자금은 전부 왕년의 사업에서 벌어들인 것이라고 한다. 그럴 가능성이 아주 높다.

무더운 여름밤에 벤드에서 최악의 공동주택을 탐사하다보면, 복도를 점거한 '착석자sitter'들을 심심찮게 볼 수 있다. 이들은 게으름 또는 불운 때문에 일당을 벌지 못해 김빠진 맥줏집의 입장료를 지불할 수 없을 뿐 아니라 경찰서에서 호의로 제공하는 숙박실을 거절해야 하는 이유가 있는 부랑자들이다. 오싹한 몰골로 서로 뒤엉킨 채 밤새 앉아 있거나, 끈질기게 탐문중인 경찰관이 멀베리 스트리트에서는 늘 제멋대로인 이 회합의 산통을 깨기 전까지 앉아 있다. 여름은 여성 부랑자들이 '착석자'들의 공간 대부분을 차지하는 계절이다. 남자들은 철로변으로 이동해 따뜻한 밤이 지속되는 동안 노숙을 하다가 가을에는 다시 이 도시를 먹이 삼아

부랑자(멀베리 스트리트의 어느 마당).

서 태만과 무능과 불운을 구실로 원래의 자리를 차지하려고 돌아온다. 벤드는 더러운 천연 자석처럼 부랑자들이 아무리 멀리서 방랑해도 다시금 끌어들이곤 한다. 부랑자들이 게으름 다음으로 좋아하는 것이 럼주이기 때문이고, 럼주 다음으로 좋아하는 것이 빈민굴에서 럼주와 대등한 김빠진 맥주이기 때문이다. 게다가 게으름과 김빠진 맥주는 찰떡궁합이다.

'착석자'들은 추운 겨울밤이면 간혹 채텀 스트리트와 펄 스트리트 근방의 여러 술집에서 일거리를 얻기도 한다. 이때는 공동주택의 복도가 쓸모없어지고, '착석자'들은 이따금씩 술 한 잔과 드물게는 샌드위치 한 조각까지 얻어먹는다. 술집 주인은 이들에게 난로 주변에 앉아서 덜덜 떠는 방법으로 뜨내기손님들의 동정심을 살 수 있게 허락한다. 이런 수작은 꽤 효과적이어서, 특히 크리스마스와 선거 때는 '착석자'들도 술집 주인이 제공하는 편의를 안락하게 또 최대한 이용할 수 있다. 그러나 불쌍하게 보이기 위해서는 깨어 있어야 한다. 불가에서 조용히 잠들어 있는 부랑자는 연민의 대상이 아닐 것이다. 부랑자들을 계속 깨어 있게 하기 위해 교활한 술집 주인은 그들이 발 하나를 시계추처럼 계속 흔들면서 앉아 있게 만든다. 발이 멈추면 이 나태한 '착석자'는 발길질과 함께 '해고'당한다. 나중에는 요령이 생겨서 잠이 많은 부랑자들과 늙은 주정뱅이들은 잠든 것을 들키지 않고 손이나 발을 흔들 수 있게 된다. 일부 술집에서는 성수기에 매 시간마다 새로운 '착석자' 무리가 교체

매디슨 스트리트의 경찰서 숙박인들.

투입되기도 한다.

내가 몇 차례 벤드를 방문하는 과정에서 한번은 유난히 몰골이 추레하고 흉한 부랑자와 마주친 적이 있다. 그는 주변에서 10여 명의 넝마주이들이 전부 부산하게 움직이는 가운데 혼자만 사다리에 걸터앉아서 초연하고 흡족한 표정으로 파이프 담배를 피우고 있었다. 나는 그 사람에게 사진을 찍게 포즈를 취해달라면서 그 조건으로 10센트를 주겠다고 제안했다. 고개를 살짝 끄덕여 제안을 받아들인 그는 사다리에 앉은 채로 내가 촬영 준비를 하는 동안 참을성 있게 지켜보았다. 준비가 끝나자 그는 입에 물고 있던 파이프를 호주머니 속에 집어넣고는 파이프 담배는 계약 조건에 포함되지 않으니 사진으로 찍고 싶으면 25센트를 더 달라고 태연하게 말하는 것이었다. 그것은 1센트에 두 개씩 파는 점토 파이프였다. 그러나 나는 달라는 대로 줄 수밖에 없었다. 기껏해야 10초 남짓, 그것도 그냥 앉아 있는 일이건만, 그는 전문가로서 자신의 뜻을 관철할 때까지 사진 촬영을 거부했다. 그는 자신의 권리와 '일'의 가치를 잘 알고 있었고, 어느 쪽에서도 속임을 당하지 않은 셈이다.

이 부랑자들은 어디서 왔고, 왜 정처 없이 살아가는가? 답을 구하기 어려운 질문이다. 잘못된 자선과 나태, 이것이 어디서 그리고 왜라는 두 가지 질문을 동시에 만족시키는 답이 될는지도 모르겠다. 일단 부랑자 생활을 시작하면, 비할 바 없는 그 나태함 때문에 이 생활을 지속한다. 부랑자와 불량배는 동일한 원칙, 다시 말해 사회로부터 도움받는 것이 당연하다는 원칙을 주장하지만, 그 목적을 이루기 위한 방법에서는 차이를 보인다. 불량배는 늙어서 극도로 쇠약해지더라도 예외적인 경우가 아니면 부랑자가 되지 않는다. 이때조차도 대개는 스스로 생계를 꾸린다. 악마는 자신을 돌보기 위한 다양한 방법을 알고 있으니까. 어디서도 부랑자들을 채용하지 않는다. 부랑자가 상실한 자신의 사회적 지위를 회복하는 경우는 드물다. 날로 초라해지는 의복과 떨어져가는 자존감에 맞춰 점진적인 변화를 겪다가 결국은 벤드의 밑바닥까지 이른다.

사회로부터 도움을 받는 것이 당연하다는 주의는 불량배를 도둑으로 만들고, 부랑자를 겁쟁이로 만든다. 부랑자가 힘없는 여성들을 상대할 때를 제외하고 용기를 내는 유일한 경우는 수적으로 많을 때다. 뉴욕의 경찰은 부랑자들을 잘 이해해주는 편이다. 여성 부랑자들은 밤을 보낸 경찰서 숙박실에서 간혹 아무도 보지 않을 때 청결을 위해 비치해둔 빨랫줄과 들통과 수세미 따위를 훔치곤 한다. 또다시 부랑자와 불량배 무리가 경찰서로 몰려들고 있다. 한겨울의 가장 추운 밤, 위생 경찰들은 경찰서 숙박시설에서 욕을 하면서 몸부림치는 부랑자들에게 예방접종을 실시한다. 경찰서는 알곡과 쭉정이를 분리하는 체의 역할을 한다. 나와 친분이 있는 경사의 말에 따르면, 경찰서 숙박실의 딱딱한 바닥에서 밤을 보낸 사람은 출항기선 선원이 되거나 인력사무소를 찾거나 정직한 일이면 무엇이건 하러 가거나 아니면 "악마와 동일어인 김빠진 맥줏집으로 가거나" 한다.

제8장

싸구려 숙박업소

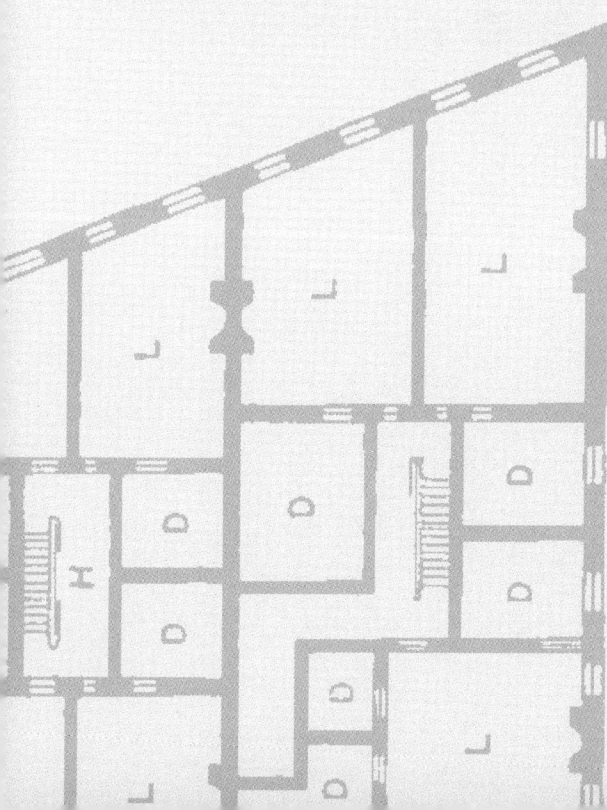

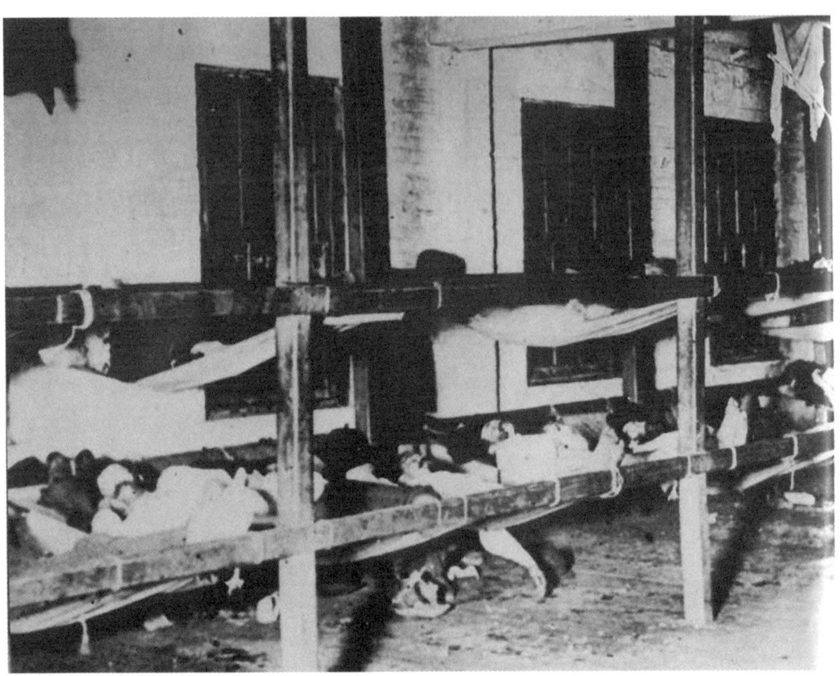

7센트 숙박업소에서.

이 부랑자들의 수를 묻는 질문에 관한 한, 심각한 의미를 지닌 또다른 요소, 즉 싸구려 숙박업소가 고려되어야 한다. 채텀 스트리트와 바우어리 스트리트를 따라 늘어선 대형 여관에는 한 번화한 마을의 인구만큼이나 많은 사람이 밤마다 투숙한다. 부랑자와 도둑은 가정에서 양산된 결과물인 셈인데, 이들은 점점 더 경찰의 주의를 끌고, 선교사들에게 (대부분의 사람은 하찮게 여길 만한) 활동 무대를 제공한다. 이 숙박업소들은 1년도 지나지 않아서 한 비밀경찰관에 의해 범죄—특히 나태를 토양으로 성장해 언제든 치명적인 범죄로 빠져들 수 있는 형태—의 온상으로 낙인찍혔다.• 같은 취지에서 즉결심판소의 한 판사는 자신의 오랜 경험을 이렇게 평했다. "10센트짜리 여관은 도서실과 강연 같은 개선 노력들이 거둔 성과를 무너뜨립니다. 이런 여관들은 내가 아는 어떤 요소보다 더 많은 빈곤과 빈민과 범죄를 유발합니다." 이 문제에 조금이라도 익숙한 사람이라면 판사가 사실을 왜곡하지 않았다는 것을 충분히 알 것이다. 그런데 이 두 공직자는 두 등급의 숙박업소에 대해 언급했다. 등급의 차이를 만드는 것은 하룻밤 숙박료다. 이 '호텔'—전부 호텔이라고 부르는—의 차이는, 다시 말해 침대를 구비하고 25센트를 받거나 10센트를 받는 차이는 정규 호텔의 가장 싼 객실과 신혼부부 전용 객실의 차이보다도 더 크다.

이 대도시는 많은 사람에게 나방 앞의 촛불 같은 곳이다. 해마다 이곳에서 잘 해낼 수 있을 거라고 막연히 생각하는 사람들을 무더기로 유인

• 「번스 경위의 숙박업소 조사Inspector Byrnes on Lodging Houses」, 『노스 아메리칸 리뷰North American Review』, 1889년 9월.

한다. 거의 다 생활이 불안정한 젊은이들이고, 이 중에서 상당수—어쩌면 대부분—는 좋은 가정을 이제 막 떠나서 이 도시를 출발점으로 자수성가하겠다는 희망을 품고 있다. 이들 중에서 탐색 기간 동안 많은 돈을 쓸 수 있는 사람은 극히 드물어서 저렴한 숙소를 찾아다닌다. 뉴욕에 대해 또 이 도시의 함정에 대해 조금이라도 알고 있는 사람은 더더욱 드물다. 이들은 군중과 '인생'을 찾아다니다가 자연스럽게 이 도시에서 거대한 빈민의 고속도로인 바우어리로 이끌리고, 이곳의 25센트짜리 여관들이 이들을 받아들인다. 이 거대한 바라크 건물의 독서실처럼 생긴 공간은 200~300명에서 최대 400명까지 수용하는데, 이곳에서 사람들은 차이가 뚜렷한 세 부류를 만난다. 첫째, 그들 자신처럼 무엇인가 나타나기를 기다리고 있는 다수의 모험가들. 둘째, 이들보다 수적으로 훨씬 적지만 근사해 보이는 사무원이나 기계공. 이들은 혼자 가정을 꾸리기에는 너무 가난하거나 외로워서 한두 해 이런 생활을 이어간다. 그리고 마지막 부류는 신참을 찾아서 절도질에 끌어들이려는 도둑들이다. 바우어리에서 젊은 이방인이 날마다 목격하는 광경과 지속적으로 접촉하는 사람들, 이 두 가지는 그가 집을 떠나올 때 지니고 있었을 윤리 의식을 강화하는 그런 것은 아니다. 아직 일자리를 얻지 못했고 돈은 떨어져버린 시점, 그는 한 계단, 기다란 한 계단을 내려가 15센트짜리 여관으로 들어감으로써 그곳에서 그를 기다리고 있는 악마에게 쉽게 유혹당한다. 그리고 강도나 절도로 형기를 마치고 돌아온 전과자 무리에 의해 이 유혹은 더욱 강화된다. 그가 기다려온 뭔가가 바로 이때 나타난다. 경찰의 통계는 이렇다. "이런 젊은이 가운데 열에 아홉은 절도범 아니면 강도가 됩니다. 그리고 머잖아 살인자가 됩니다." 번스 경위의 말이다. 사실상 최근에 일어난 가장 잔인한 살인 사건 중에서 상당수는 이런 숙박업소에서 출발한 강도 만들기의 결과다. 게다가 숙박업소 절도범들의 범죄가 너무 빈번하고 대담해, 경찰 당국은 경찰 규정에 제약을 받아도 좋으니 좀더 효율적인 법제도를 제정해달라고 여론을 환기하는 실정이다.

번스 경위의 관찰에 따르면, 최근 2~3년 동안 400명 이상의 청년이 이런 숙박업소에서 비롯된 경범죄로 체포되었고, 이것이 이들 대다수의 첫번째 범죄 이력이었다. 경위는 법정에서 경범죄 유죄 판결을 받은 청년들의 4분의 3이 초라한 옷차림과 무일푼의 20세 미만이라는 사실을 추가로 증언한다. 이 증언의 취지는 분명하다. 유명한 절도범 가운데 한 명은 바우어리에서 널리 알려진 윈저 여관에서 살았는데, 석방됐을 때는 홍수가 끝난 존스타운으로 이동해 그곳에서 시신의 물건을 훔치다가 총에 맞아 죽었다.

비행이 가미된 타락의 이 독특한 체계는 어떻게 작동하는 것일까? 이 해답은 어쩌면 '뉴욕의 패긴'(찰스 디킨스의 소설 『올리버 트위스트』에 등장하는 인물로, 고아들을 데려다가 소매치기를 시키는 늙은 악당—옮긴이)으로 통했던 데이비드 스미스의 이야기에서 유추해볼 수 있을 것이다. 데이비드 스미스는 아동학대방지협회의 개입 덕분에 유죄를 선고 받고 교도소에 수감되었다. 그의 범죄 사실은 협회의 최근 보고서에 나와 있다.

"14세의 에드워드 멀헌은 뉴욕에 가면 일자리와 친구를 찾을 수 있으리라 생각하고 저지시티의 집에서 가출했다. 에드워드는 약간 거친 편이었던 것 같다. 바우어리에서 스미스를 만났고, 서로 친해졌다고 여겼다. 스미스가 저녁식사와 잠자리를 제공했을 때 에드워드는 고맙게만 여기고 선뜻 받아들였다. 스미스는 이 소년을 데리고 바우어리의 한 사악한 숙박업소로 갔고, 이곳에서 자신의 '친구'들에게 소년을 소개하면서 일주일 안에 남자로 만들어주겠다고 장담했다. 다음날 그는 조금도 의심하지 않는 에드워드를 데리고 바우어리 스트리트와 그랜드 스트리트 곳곳을 돌아다니며 구경을 시켜주었다. 이 과정에서 별일 아니라는 듯이 에드워드를 여성들 쪽으로 데려가더니 그들의 가방과 지갑을 손에 넣는 건 쉬운 일이라고 말했다. 그리고 에드워드에게 한번 시도해보라고 부추겼다. 에드워드는 시키는 대로 했고, 성공했다. 3달러를 벌어 넉넉해졌다. 쉬운 일 같았다. '당연히 쉽지.' 스미스가 말했다. 이때부터 스미스는 숱한 절도 현장에 에드워드를 데려갔으나, 실력이 전혀 느는 것 같지 않아서 매번 망을 봐주고 도와줘야 했다. 에드워드 혼자 나가는 날에는 대부분 빈손으로 돌아왔다. 스미스는 마음에 들지 않았다. 이 어설픈 꼬맹이 도둑을 뛰어난 거지로 바꿔봐야겠다고 생각한 것은 이때였다. 스미스는 자기 방으로 데려간 소년의 팔을 뜨거운 다리미로 지졌다. 소년이 비명을 지르면서 애원했으나 소용없었다. 이 무자비한 악당은 소년의 여린 살

펠 스트리트의 7센트 숙박업소에 있는 침상들.

을 다리미로 꾹 눌렀고 나중에는 상처에 염산을 바르기까지 했다.

이렇게 짓무르고 붓고 아픈 팔로 준비를 끝낸 에드워드는 이 악마에 의해 매일 앵벌이를 나갔고, 한순간도 이 악마의 감시망을 벗어날 수 없었다. 에드워드는 충분한 돈을 구걸해오지 않으면 팔을 불태워 잘라버리겠다는 협박을 받았다. 팔에 난 상처는 일을 하다가 염산이 떨어져서 그렇게 된 것이라고 말하라고 시켰다. 에드워드가 저항하거나 불복하기에는 스미스의 영향력이 너무 컸다. 에드워드는 열심히 구걸했고 그 돈을 고스란히 스미스에게 갖다바쳤다. 그 보답은 형편없는 음식과 푸대접이었다."

이 철면피에 대한 심판은 자식을 찾아서 바우어리까지 온 에드워드의 아버지를 만나면서 시작되었다. 스미스는 단순히 에드워드의 행방뿐 아니라 그 이상을 알고 있다는 의혹을 샀다. 스미스는 자신의 소굴에서 에드워드가 그날 앵벌이해온 돈으로 패거리 여섯 명과 흥청망청하는 상태로 발견되었다.

25센트짜리 여관은 머리 높이의 칸막이로 둘러싸인 공간에 간이침대 하나와 의자 하나가 달랑 들어가고 성인 남자가 간신히 옷을 갈아입을 수 있는 크기지만, 그래도 침실을 흉내낸 방들로 이루어져 있다. 15센트짜리 잠자리는 칸막이도 없는 방에 누런 시트와 더러운 담요가 있는 침상으로 가득하다. 그리고 10센트 수준에서는 숙박인의 옷을 넣어두는 라커도 없다. 사실 라커가 필요 없다. 부랑자들은 가진 것이 없기 때문이다. 일반적인 숙박인들과는 달리 분실을 방지하기 위해 잠그고 보관할 것이 없다. 대개 10센트짜리와 7센트짜리는 둘 다 혐오스럽지만 차이가 있다. 매트리스와 담요가 전부인 이름뿐인 침대, 이 10센트짜리 잠자리는 운 좋게 동냥에 성공한 어느 부랑자에게는 빈 상자나 재통 대신에 '호텔'의 질 좋은 바닥에서 잘 수 있는, 귀족도 부럽지 않은 선택에 해당한다. 반면에 투박한 대들보 사이에 매단 범포는—따로 덮을 이불도 없는—시뻘건 난로 옆자리의 의심스러운 편안함보다는 김빠진 맥줏집의 떠들썩함을 더 좋아하는 7센트짜리 투숙객을 위한 침상이다. 이것이 세상에서 가장 안전한 잠자리는 아니다. 불안한 투숙객들은 몇 번씩 굴러 떨어지지만, 옆 침상에 닿을 정도까지 구르지는 않는다. 이런 소동은 숙박소 주인과 그의 몽둥이로 금세 잠잠해진다. 추운 겨울밤, 침상이 모두 차 있을 때 나는 몇 번인가 이런 객실 한복판에 서서 규칙적인 발동기 소리처럼 들려오는 잠든 이들의 코골이에 귀를 기울이곤 했다. 뒤척이는 사람들의 무게에 대들보가 삐걱거려서 마치 배에 탄 채로 진짜 뱃멀미를 하고 있는 듯한 착각이 들었다. 이런 착각과 상반되는 한 가지는 공기였다. 그것이 바다 공기일 리는 만무했으니까.

나는 이런 7센트짜리 숙박업소의 소유주 중 한 명이 상당한 부자이고 존경을 받는 인물이라고 알고 있다. 이 사람은 일설에 따르면 비슷한 형태의 숙박업소 세 개를 '운영'하면서 1년에 8,000달러의 순이익을 올린다. 그가 살고 있는 으리으리한 집은 머레이 힐의 우아한 지역에서 아주

가깝고, 이 지역에서는 그의 실제 직업에 대해 모른다. 그는 자신이 사는 지역에서 누리는 사회적 지위를 빈민가에서도 유지하기 위한 최소한의 노력으로서 객실 벽에 다음과 같은 알림 글을 붙여놓았다. "밤 9시 이후 욕설이나 큰 소리로 대화 금지." 9시 이전에는 이곳의 타고난 저속함을 막을 그 어떤 예외 조치도 없었다. 그것이 한계였다.

바닥에 누워 잠을 자는 데 5센트, 비바람을 피할 수 있는 복도에서 쭈그리고 잠을 자는 데 3센트를 받는 무허가 숙박업소는 많지만, 범포 조각 같은 침대 하나에도 7센트 밑으로 받는 허가 업소는 내가 아는 한 없다. 널빤지의 부드러운 쪽을 침대로 사용하는 경찰서 숙박실이 7센트짜리 잠자리 다음으로 괜찮은 편이다. 이 경찰서 잠자리를 만드는 과정은 의외로 간단하다. 그냥 널빤지의 부드러운 쪽으로 뒤집으면 끝이고, 어쩌다가 여기에 흰색 도료라도 칠해져 있으면 금상첨화다. 나는 더 편리하지만 이 지역에 소개된 적이 없는 방법 하나를 알고 있었다. 일설이 사실이라면, 옛날 시골 마을에서 유용하게 사용되었던 방법이다. 방을 가로질러 빨랫줄들을 묶어놓은 것으로, 이 '침대'에 겨드랑이를 걸어 몸을 지탱하여 잠을 자는 대가로 지불하는 숙박료는 하룻밤에 1센트였다. 아침에 사장이 한쪽 줄을 풀어서 사람들을 밑으로 떨어뜨려 간단히 잠을 깨웠다. 확실히 힘을 덜 들이면서 매우 성공적으로 목적을 이룰 수 있는 방법인 셈이다.

경찰 통계에 따르면, 작년에 200~300개 사이로 추정되는 숙박업소에서 투숙한 인원은 497만 4,025명이고, 추가로 경찰서에 수용된 인원은

웨스트 47번가 경찰서 숙박인들(1890년대 초).

엘리자베스 스트리트 경찰서에 있는 여성들.

14만 7,634명으로, 이 둘을 합하면 집 없는 인구는 총 512만 1,659명이었다. 집 없는 사람들•이 매일 밤 평균 1만 4,000명 이상씩 늘어난 셈이다! 자신의 업무 관할권 문제에 관해서라면 직업적인 낙천주의자들인 위생 공무원들은 수가 그렇게 많지는 않다고 주장하지만, 사소한 숫자의 차이는 일단 차치하고 더 중요한 것은 따로 있다. 지난해에는 그 전년 숙박인의 수가 30만 명이었던 데 비해 눈에 띄게 증가했고, 이는 지난 3년간 숙박업의 성장세와 비례한다는 사실이다. 번스 경위는 이 3년 동안에 숙박업소에서 생활하는 젊은 범죄자들이 지나치게 많은 것으로 드러났다고 한탄한다. 숙박업소의 절반 이상이 바우어리 지역, 다시 말해 4, 6, 10구에 있고, 이 지역의 인구 중 4분의 3가량이 이들 숙박업소에서 지내고 있다. 시청에서 쿠퍼 유니언 대학에 이르는 채텀 스트리트와 바우어리 스트리트 일대에 집 없는 젊은이들의 수가 9,000명 이상이라는 수치가 크게 과장된 것은 아닐 것이다. 뉴욕 시 선교회에서 파악한 바에 따르면, 집 없는 젊은이의 수는 도움이 필요한 도둑보다도 적은 편이기 때문이다. 뉴욕의 전당포 중에서 5분의 1, 살롱의 6분의 1가량이 이 지역에 있다. 반면에 지난 2년 동안 경찰의 범죄 경력 자료에 등재된 구류자의 27퍼센트가 이 지역 출신이었다.

선거 특히 대통령 선거 기간 동안, 숙박업소는 가장 많은 '총알(선거자금)'을 확보한 정치 거물 쪽에 유리한 곳이다. 선거에서의 승리, 그중에서도 앞서 언급한 3개 구에서의 승리는 가장 강력한 부대원을 거느린 장

• 경찰서 숙박실에서 지낸 6만 9,111명의 여성은 제외한 수치임.

군에게 돌아가는 것이 당연지사, 숙박업소야말로 장군의 마음에 드는 신병 모집소인 셈이다. 양당 '조직'이 각자의 본거지에서 판세를 굳히고 개표 과정에서 누가 더 악랄한 부정행위를 하느냐를 놓고 바우어리 전역에서 공공연히 경쟁하는 상황이니, 승산은 반반이다. 승리한 범법자가 체포되어 처벌을 받는 경우는 드물지만 간혹 있긴 하다. 얼마 전에 바우어리에서 가장 큰 숙박업소 중 하나를 소유한 사람도 그랬다. 그러나 이런 사례는 경쟁에서 살아남으려는 복수라는 은밀한 동기에 의한 것이 아니라면 대부분 눈요기에 지나지 않는다. 번스 경위는 확신을 갖고 이렇게 말한다. "그런 일은 숙박업소 주인들의 지지를 받는 지역 정치 거물의 이해관계 속에서 이루어집니다. 숙박업소 주인들이 곤경에 처한 경우 말이죠." 이런 식으로 잇따른 여러 선거에서 수지맞는 악명을 쌓아온 주택 중 하나, 즉 휴스턴 스트리트의 악명 높은 부랑자 리조트 하나가 최근에 매각되어 딱 어울리는 술집으로 개조되었다. 그 결과 형태는 바뀌었으나 여전히 '대의정치'의 성공에 이바지하고 있다. 웨스트사이드의 '호텔들'에 모여 지내는 흑인 부랑자들이 선거운동과 관련해 백인 부랑자들보다 차별을 받고 있음은 인정되어야 한다. 흑인 부랑자는 공화당 후보에게 변함없이 1달러에 표를 파는 퍽 진심이 깃든 충정을 보여주는 반면에 민주당 후보에겐 1달러 50센트를 부른다. 선거 개혁에 관한 최근의 뜨거운 논쟁에 참여하고 있는 한 친구는, 경찰과 위생 경찰의 규정을 전부 합한 것보다 싸구려 숙박업소를 일소하는 데 더 강력한 수단은 바로 선거 개혁이라고 설득력 있게 말한다.

2년 전쯤에 한 유명한 스토브 제조업자가 자선의 방편으로서 한 가지 실험을 시도했는데, 이것이 성공했더라면 뉴욕의 부랑자 수를 추계하는 데 유의미한 단서가 되었을 것이다. 그는 워싱턴 스퀘어 지역에서 할 일이 없는 실업자들을 위해 아침 식당을 차리고 돈 없는 사람 누구에게나 커피 한 잔과 롤빵 하나를 무료로 제공했다. 첫날 아침에는 손님이 12명, 이튿날에는 200명 정도였다. 수는 점점 더 늘어났고, 2주가 지난 아침에는 2,014명이 떨면서 줄을 서서 자리가 나기를 기다렸다. 이 식당은 그날 문을 닫았다. 너무 많은 손님 때문에 전도유망한 사업이 실패로 끝나버린 희귀한 사례의 하나였고, 부랑자 수에 관한 난제는 여전히 미해결로 남아 있다.

제9장

차이나타운

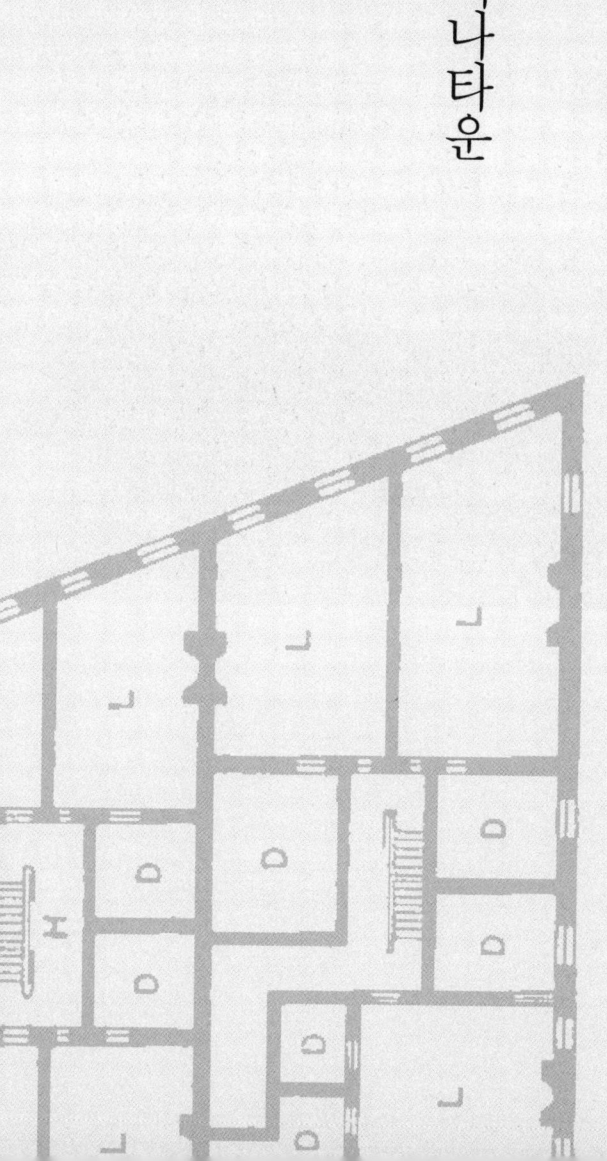

Tenement of 1863,
for twelve families on each flat.

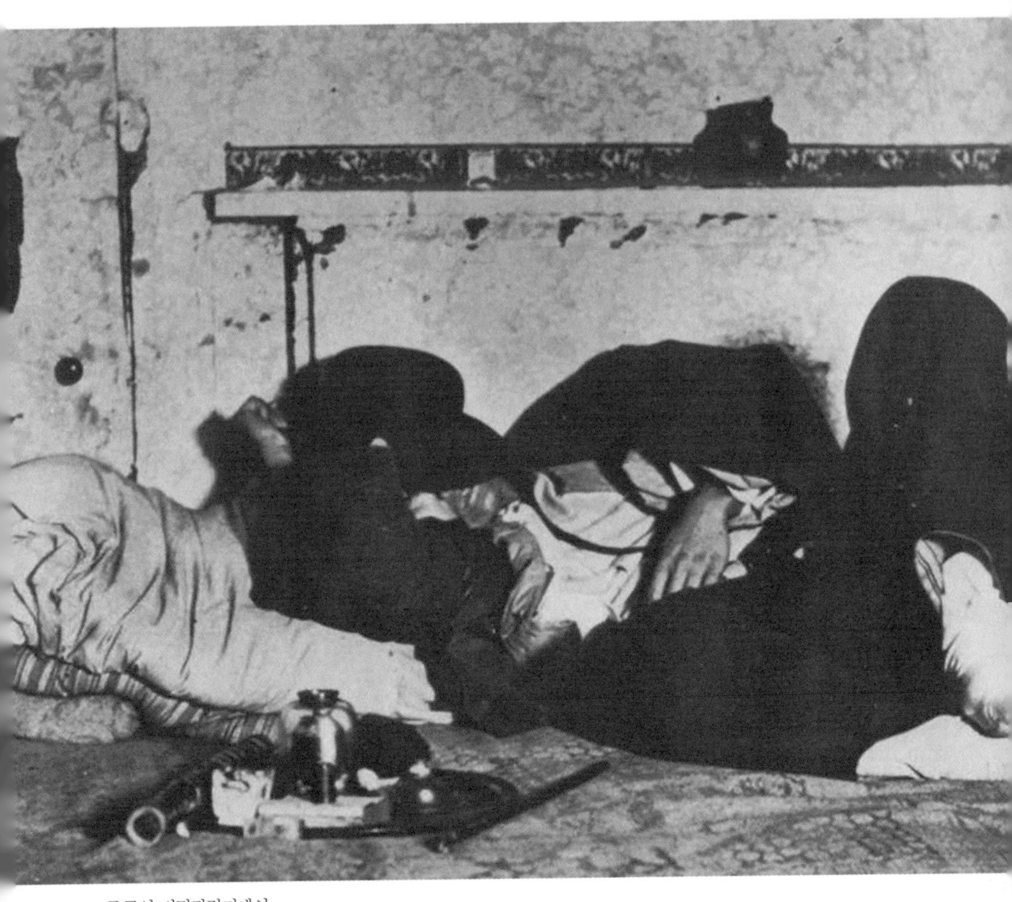

중국인 비밀집결지에서.

유대인들의 성막聖幕들과 벤드의 성소들 중간에, 조스Joss•는 쾌활하게 자신을 향한 이교적 우상숭배 의식을 주로 중국인 숭배자의 이익과 욕망 한복판에 심어놓았다. 고국 땅에서 아주 오랫동안 시대에 뒤처져 살아왔을지는 모르겠으나, 중국인은 이 땅에서 '이윤 창출'을 위한 성공적인 책략만큼은 전혀 뒤지지 않고 있다. 중국인이 종교를 막론하고 돈벌이로 만들지 않는 것이 있기는 한지 의구심이 들 정도다. 선의를 왜곡할지 모르는 위험을 감수하더라도 내가 수년간 꾸준히 관찰한 것을 바탕으로 사견을 미리 밝히자면, 중국인을 진정한 기독교도로 만들기 위한 모든 노력은 지금 세대에선 실패했다고 말하겠다. 굳이 말하자면, 다음 세대에는 지금보다도 더 희망이 없다. 오랜 기간의 어리석고 맹목적인 숭배로 인해 중국인은 신념의 온화한 가르침을 받아들이는 기본적인 자질이 없을 뿐 아니라 종교적 가르침의 목적과 이타적 정신도 이해하지 못하는 상태에 있다. 중국인 주변에는 그들 자신의 걱정 외에 강렬한 것이라고는 없다. 단언컨대, 중국인이 좌우간 기독교를 받아들인 것은 모종의 동기(정치인이라면 은폐된 동기라고 칭할), 요컨대 단기적인 이득을 기대하고 미국인의 옷을 입었을 때, 그러니까 세탁업이라든가 기독교인 아내라든가 하는 것들이 당장은 그들이 소중히 여기는 변발보다 더 가치 있다고 판단했기 때문이다. 내가 중국인을 너무 악랄하게 판단하는지 모르겠다. 예외가 있을 수도 있다. 솔직히 말해 중국인을 위해서라도 그랬으면 좋겠다. 그러나 이런 희망을 지지해주는 확고한 신념 같은 것은 내

• 중국인들이 믿는 신 또는 신상을 의미하며, 미국에 동양 문화가 알려져 있지 않던 시절에는 중국 사찰을 '조스 하우스'라고 부르기도 했다 — 옮긴이.

게 없다.

볼거리 면에서 차이나타운은 실망스럽다. 벤드에 인접한 이곳은 벤드의 거리처럼 활력이 넘치지도 않고, 벤드의 형형색색 넝마나 색다른 쓰레기와 가난도 없다. 모트 스트리트는 심란할 정도로 깨끗하다. 이곳의 주택들은 대부분 전통적인 공동주택 형태, 요컨대 음울하고 황폐한 일상으로부터 건질 것이라고는 아무것도 없는 그런 형태이긴 하지만, 세탁소 간판이 있긴 하다. 그나마 이따금씩 적색이나 황색 글자의 흔적이 남아 있고 플란넬 리본이 붙어 있는 세로 간판들의 한자가, 차이옌칭 박사가 중국산 약초를 팔고 있다거나 원룽 사社가—묘하게 대조적으로—세탁물을 수거하거나 차와 식료품을 거래한다는 것을 알려주고 있다. 2층의 허울뿐인 비상계단 같은 것들은 조스 또는 클럽이 이곳에 있음을 암시한다. 미국에서 특허를 받았다는 한 제약 회사의 상표가 간판의 배경을 장식하고 있다. 그 비밀스러운 상표는 간판의 나머지처럼 이국적으로 보인다. 틀림없이 이 특허권은 돈으로 산 것이다. 돈이면 차이나타운에서 조스를 포함해 무엇이든 살 수 있다. 해외 구매로 산 조스는 법에 저촉을 받지 않고 이곳으로 들어오는데, 이 법은 살아 있는 중국인의 입국은 불허하는 반면 죽은 신에 대해서는 골동품에 매긴 법정 세금을 지불하면 통과시킨다. 적색과 황색은 벤드에서처럼 차이나타운에서도 휴일의 색깔이지만 멀베리 스트리트와는 다르게 모트 스트리트에서는 밝은 분위기가 나지 않는다. 그러기는커녕 전반적으로 칙칙해진 색감으로 출입문과 창문에서, 또 차이나타운의 관보 역할을 하는 전봇대에서, 또 가게 간판에서 우리를 노려보는 것 같다. 아무것도 알려주지 않는, 질문도 대답도 없는 휑하고 무의미한 눈빛처럼. 5번가는 자극적인 것을 찾아다니는 사람에게는 비 오는 날에도 모트 스트리트보다 덜 무료하다. 걸어다니는 것은 무엇이든 잠긴 문 안에 있다. 잠행과 비밀주의는 중국인의 은밀한 펠트 구둣발처럼 뉴욕 차이나타운의 상당 부분을 차지한다. 가정생활은 물론이고 하는 일도 폐쇄적인데, 숨겨야 할 것이 있어서라기보다 원래 중국인의 습성이 그렇기 때문이다. 미국인이 스스로 초청한 외국인을 대하는 문화적 태도가 중국인에게 이런 습성을 가르친 것인지도 모르겠다. 여하튼 중국인의 사무실과 상점의 문간은 지속적인 시달림을 암시하듯 기묘한 차단막이 드리워져 있다. 이 음흉한 문간을 통과한 이방인은 갑작스러운 침묵과 부루퉁한 시선에 이어서 짜증과 불신이 뒤섞인 성난 목소리를 듣기 마련이다. "원하는 게 뭐요?"

아무도 믿지 않는 자를 믿지 마라, 이것은 차이나타운 밖에서도 또 안에서도 안전 수칙이다. 아편의 매캐한 냄새가 풍겨오고 탁자 위에서 쨍그랑거리는 동전 소리가 들려오는 지하실 입구를 따라 내려가는 것은 안전하지 않을 터다. 사실, 안전하다고 해도 이득이 되는 짓은 아니다. 가죽 구두창이 계단을 처음 내려밟는 순간, 웅얼거리던 말소리가 뚝 그친다. 그리고 팬탠을 하느라 웅크려 있던 한 무리의 중국인이 도박을 멈추고 험악한 표정으로 누가 오는지 쳐다본다. 중국인은 팬탠에 열광한다.

경찰은 이렇게 말할 것이다. 보통의 중국인은 먹는 것보다 도박을 좋아한다고, 그것을 입증할 만한 경험을 많이 했다고 말이다. 이 숙소에서는 한 사람만이 초연하게 아편을 피우면서 자신만의 흥에 빠져 있다. 차이나타운이 아편 소굴로 촘촘히 연결되어 있다고 생각한다면 오산이다. 내부보다 외부에 널려 있다. 중국인은 아편을 독점하지 않는다. 모트 스트리트에서는 그럴 필요가 없다. 경찰을 피해서 안전하게 마약을 즐길 수 있는 중국인 집이나 은신처는 없다. 그러나 그럴 수 있는 숙박업소가 있고, 그곳에 구비된 편의시설을 이용할 수 있다. 중국인은 백인이 담배를 피우듯 아편을 피우고, 언뜻 보기에 아무런 악영향도 없는 것 같다. 하지만 무자비한 아편의 마수에 걸려드는 희생자는 바로 백인이다.

작업복 상의를 입고 헐렁한 바지 호주머니에 팔꿈치까지 팔의 절반을 푹 집어넣은 행상인들이 수박씨와 사탕수수를 앞에 쌓아두고 빈둥거리다가 손님의 호주머니 형편에 따라 잘라서 팔기도 하고, 미개인들에게 자신들의 상품을 내주는 것을 경멸스러워하기도 한다. 대부분의 일이 예상과는 정반대로 이루어지는 차이나타운, 이곳에서는 할 일 없이 빈둥거리는 휴일 패션을 고수하고, 중국인은 이 패션에 따라서 파란색이나 회색 또는 갈색 작업복을 입고서 무릎 아래까지 반들반들하게 땋아내린 변발을 하거나 머리를 짧게 자른다. 별의별 남자들이 다 있으나, 여자 중에는 적어도 아몬드 모양의 눈을 가진 여자는 없다. 이유는 간단하다. 그런 여자가 없기 때문이다. 자신과 같은 황인종 아내를 둔 중국 상인들은 극소수에 불과하고, 그마저도 거리에서 거의 눈에 띄지 않는다. 차이나타운의 '아내들'은 거의 집안에만 있는, 특이한 부류다.

차이나타운에 떼 지어 있는 공동주택의 좌우에는 비행과 마약의 노예가 된 백인들이 있다. 차이나타운의 마약은 김빠진 맥줏집의 그 어떤 것보다 올드 브루어리의 마약 '서든 데스sudden death'보다 더 중독성 강한 독을 '블러디 6구'에 주입해놓았다. 모트 스트리트와 펠 스트리트에 있는 10여 채 공동주택의 지하실에서 다락에 이르기까지 즐비한 '조인트(비밀집결지)'에는 일단 빠져들면 만족을 모르는 욕망에 인간다운 품위를 송두리째 포기하게 만드는 격정의 불행한 희생양들이 말 그대로 빽빽하게 들어차 있다. 모트 스트리트에서 차이나타운의 초입에 교회 하나가 그 너머의 공동주택을 가로막는 장벽처럼 서 있다. 이곳의 청년들은 거대한 악에 맞서 중단 없는 전쟁을 벌이고 있으나 실질적인 성과는 거의 없다. 지금 생각나는 것은 펠 스트리트에 있던 한 공동주택인데, 이곳은 무수한 경찰의 급습을 받았고 그 거주민들은 블랙웰 아일랜드나 소년원으로 보내졌다. 그러나 지금도 중국인 지역의 전통 가정집들이 벌집 모양으로 얽혀 있다. 신상을 섬기는 남자들, 전부 백인인 여자들 그리고 자신의 육체와 영혼을 사로잡고 있는 아편 외에는 아무것도 숭배하지 않는 미성년의 소녀들. 이 소녀들은 가정이라고 부르기도 어려운 집에서 손쉽게 가출의 유혹에 빠지고, 그뒤로는 거의 혹은 아예 돌아오지 않는다. 모트 스트리트의 희생양들은 자선병원 아니면 빈민 공동묘지로 보내진다. 이 추락의 깊이를 누구보다 철저히 깨닫는 사람은 소녀들 자신이다. 이 문제에 덤덤한 소녀는 한 명도 없다. 이 문제에 대한 토론이 아무도 기만하지 않는 결혼, 즉 소설에 가까운 이야기에 생뚱맞게 집중되면서 소녀들이 유지하던 침착함이 깨진다. 이들의 불행은 유난히 친구를 좋아한다는 점과 이방인은 접근하기가 극히 어려운 그들의 집을 서로 오가는 횟수가 매우 많다는 점에서 기인한다. 나는 함께 아편을 피우고 있는 이런 소녀 한 무리를 우연히 발견했다. 순찰에 나선 한 경감과 동행했던 어느 밤, 그들의 소굴에서였다. 소녀들은 이름을 부를 정도로 경감을 알고 있었고, 그에게 아편을 내밀면서 주변에서 벌어진 사건에 대해, 또 그가 얼마나 많은 친구를 "구치소에 잡아넣었는지"에 대해, 또 좀더 "버틸 수 있는" 그들의 기회를 어떻게 날려버렸는지에 대해 재잘거렸다. 소녀들의 목소리에 후회의 느낌은 없었고, 그저 철저한 무관심과 굴종만 있었다.

이들 주변에서 눈에 띄는 한 가지가 있다. 빈틈없는 단정함. 이것은 차이나타운의 외적이고 표면적인 특징이다. 중국인이 자신들의 차별화된 분야로 세탁업을 선택한 것이 전적으로 우연 때문만은 아니다. 중국인은 태생적으로 고양이처럼 깨끗하다. 깨끗함뿐 아니라 영악함과 흥분했을 때의 난폭한 분노까지 고양이와 닮았다. 남편은 집안에서 청결을 고집하는 반면, 다른 문제에 대해서는 아내의 변덕에 교활하게 복종한다. 아내는 여성을 옭아맨 속박에 복수하듯 아주 독자적인 방식으로 남편을 "휘어잡고" 산다. 그러나 일단 아편을 입에 댐으로써 모트 스트리트에서 영원히 영혼을 저당잡힌 후에는 두 번 다시 회복할 수 없다는 것을 그들 스스로 잘 알고 있다. 이 독약에 육신을 유린당하고서 도움을 청하러 간 성직자에게 이들은 여전히 자신의 몸을 통제할 수 있는 것처럼 군다. 하지만 성직자는 그것이 그들만 믿고 있는 허세라는 것을 알고 있다. 함께 걷다가 빈민 공동묘지까지 얼마 남지 않았을 때, 성직자는 그 저주스러운 아편 때문에 포기한 어느 아버지와 어머니와 친구에 관한, 언제나 반복되는 이야기를 듣고 또다시 손쓸 수 없는 거대한 악 앞에서 속수무책 발길을 멈춘다.

아편에 중독된 중국인 중에 미성년자는 없다는 관계 당국의 빈번한 주장은 이런 아편 소굴들을 자주 가본 사람들의 목격담에 의해 반박된다. 물론, 무리 중에서 제일 어린 소녀조차도 대개는 묻지도 않았는데 하나같이 자기는 열여섯 살, 요컨대 함께 있는 소녀들의 나이와 같다고 주장하기 마련이지만 말이다. 이런 주장을 곧이곧대로 받아들여서는 안 된다. 이 글을 쓰고 있는 동안에도 이 지역 어느 곳에서 "소녀들을 자신의 세탁소로 유인한" 중국인 남성이 체포됐다는 신문 기사와 함께 동이 텄다. 차이나타운의 무수한 거점 중 하나인 세탁소는 먹잇감을 신속하게 옥죄는 거미줄처럼 도시 전역에 산재해 있다. 아동학대방지협회의 올해 연례보고서에서 언급한 3만 9,499건의 사례를 통해 차이나타운으로 가는 많은 여로 중 하나를 발견할 것이다. 이 사례에 등장하는 13세 소녀는 난봉꾼 아버지로부터 버림받은 여섯 자녀 중 하나였다. 8번가 상점에

늘어선 화재 피난 시설.

점원으로 고용되었다가 해고당한 소녀는 그 사실을 어머니에게 말하기가 두려워서 이리저리 방황하다가 어느 중국인 세탁소까지 가게 되었다. 판사는 소녀의 울먹이는 애원을 귀담아듣고는 소녀와 어머니를 집으로 돌려보냈다. 그러나 소녀는 바르게 살겠다는 약속에도 불구하고 얼마 후에 다시 세탁소로 돌아갔다.

소녀의 폭군은 소녀가 돌아올 것을 꿰뚫고서 참을성 있게 기다렸다. 소녀가 올가미에서 빠져나가려는 몸부림을 결국 멈추었을 때, 폭군은 소녀를 더는 조심스럽게 다루지 않았다. 이 시기에 내가 중국인이 말하는 집안의 도리라는 것을 직접적인 사례로 분명하게 이해하는 계기가 있었다. 어느 날 저녁, 나는 한 경찰관과 함께 모트 스트리트 지하실에서 빗자루로 '마누라'를 때리고 있는 중국인을 발견하고 그를 만류했다. 그는 우리의 개입에 화를 내면서 마누라가 "나쁘다"고 거칠게 말했다.

"당신 마누라가 못돼먹었다고 가정해봅시다. 당신이라면 때려서 버르장머리를 고쳐놓지 않겠소?" 남자는 그런 상식적인 명제에 반박이 있을 수 없다는 듯이 우리에게 물었다. 내가 확고하게 그렇지 않다고, 그런 일은 있을 수 없다고 말하자, 그는 어안이 벙벙해졌다. 멍하니 나를 응시하던 그는 옷매무새를 고치고는 또 한번 힐끗거리더니 뭔가 결론을 내리는 것 같았다. 그는 눈빛을 반짝이면서 연민과 경멸이 뒤섞인 목소리로 이렇게 말하는 것이었다. "그렇다면, 마누라가 당신을 때리는 거로군."

내가 두 명의 형사와 함께 차이나타운을 탐사하는 과정에서 조스를 촬영한 일은 적잖은 소동을 일으켰다. 꽤나 뻔뻔한 부랑자 하나가 우리가 떠난 뒤에 그 일을 여기저기 퍼뜨렸다. 내가 촬영한 그들의 신상을 경찰의 범죄자 사진대장에 올릴 거라고 말이다. 이 모욕은 대가 없이 그냥 넘어가기에는 지나친 것이었다. 중국인이 예배와 사업을 결합하는 실용적인 방식은 감탄을 자아낸다. 교회나 클럽의 이름처럼 신당의 양쪽 벽에 휘갈겨 쓴 글자—중국인 신당은 교회이자 클럽이다—에 대해 내가 전해 들은 의미는 '저세상에서 어떻게 되든 상관없이 이 세상에서는 보답을 받게 된다'는 것이라 했다. 위쪽에는 통역사가 필요 없는 또다른 비문이 있었다. 무역 달러trade dollar•에서 통째로 베낀 감성적인 영어 문장, "우리는 신을 믿는다In God we trust"였다. 성직자는 거들먹거리면서 그 비문을 가리키고 설명을 하려고 했다. 그의 말을 종합해보건대, 그 비문을 새겨놓은 것은 외교적인 예의, 즉 전능한 달러에 대해 격조 있는 국제적 찬사를 의도한 것이라고 했다.

차이나타운은 공공 정보를 전달하기 위해 전신을 이용하고 있으나, 이는 나쁜 목적으로 악용되어왔다. 전신이 신문 제작에 도움을 주듯이, 중국인은 같은 목적으로 전신주를 이용한다. 여기서 전신주는 차이나타운의 진짜 공공기관의 역할을 하는데, 모트 스트리트의 중국 신당에서 멀지 않은 곳에 있어서 채텀 스퀘어에서 보면 밑에서 꼭대기까지 전체를 볼 수 있다. 이 전신주에 차이나타운의 실생활, 즉 도박 소식이 붙어 있다. 날마다 누군가에 의해 황적색의 공지가 붙는다. 그날 밤 모처에서 팬

• 동양 무역을 위해 1873년부터 1885년까지 미국에서 발행된 은화로, 표준 달러standard dollar보다 어느 정도 은을 많이 함유했다—옮긴이.

탠 도박장이 열린다는 알림이거나 경쟁자들의 음모로 인해 모처의 도박장들이 경찰의 급습을 받을 것이라는, 같은 편에게 보내는 경고의 내용이다. 음모가 음모를 낳는 끝없는 순환은 중국인의 사회적·정치적 삶을 형성한다. 내가 이 중국인 거주 지역의 정확한 정치 구조 또는 내부의 통치체제를 아는 척하려는 것은 아니다. 생살여탈권을 쥔 비밀단체와 권력에 관한 이야기를 헛소리로 치부하더라도, 중국인은 복종을 피할 수 없을 때에만 미국 법을 따라야 한다고 생각하고, 자기들만의 규약 즉 강제성이 없을 때는 일체의 다른 권위를 거절하는 것을 핵심으로 하는 규약에 의해 지배된다고 볼 증거는 충분히 있다. 중국인 거주지에서 가끔씩 엽기적인 범죄가 발생한다. 이런 범죄에 속하는, 내가 생생하게 기억하고 있는 잔인무도한 살인 사건의 경우, 살인자가 피해자(물론 둘 다 중국인)를 등뒤에서 고기 써는 칼로 칼날이 전부 들어갈 정도로 깊숙이, 그것도 열일곱 차례나 찔렀다. 이 사건은 사람들 사이에서 선입견 즉 '명령에 의한 살인'이라는 의혹을 불러일으켰다. 중국인은 진범을 보호하기 위해 스스로 용의자를 자처하면서 일사불란하게 움직였다. 이 범죄의 동기를 밝히고 살인자의 행방을 추적하는 것은 극히 어려웠고, 경찰이 지금까지 내놓은 수사 결과 중에서도 가장 희귀한 사례였다. 이탈리아인 살인자를 쫓는 과정에서 부딪히는 어려움은 차이나타운에서 맞닥뜨리는 방해에 비하면 아무것도 아니다. 수색이 실패한 원인을 백인의 눈에 비친 "모든 중국인은 똑같이 생겼다"는 익숙한 사실에서 찾을 수 있으나, 오히

차이나타운의 공식 소식지.

려 더 큰 이유로는 무슨 수를 써서라도 범인을 은닉하기 위해 중국인이 행동까지 똑같이 한다는 데 있었다.

경찰은 중국인에 대해 난폭하기로 악명 높은 6구에서 "가장 조용한 사람들"이라고 평한다. 맞는 얘기다. 중국인이 가장 바라는 것은 간섭받지 않는 것인데, 모든 상황을 고려할 때 어쩌면 아주 자연스러운 바람일 것이다. 간섭받지 않는 것이 그들의 정당한 소망이라면, 화기애애한 분위기가 연출될 수도 있다. 그러나 지금까지 드러난 사실들은 그렇지 않다는 것을 분명하게 보여준다. 게다가 중국인이 산업에 끼치는 영향력과는 완전히 별개로, 사회에 지속적이고도 섬뜩한 위협이 되고 있는 그들의 극단적인 배타성과 은폐성이 부각되고 있다. 가장 엄중한 감시와 가장 강도 높은 진압책이 표면적으로 볼 때 차이나타운에서는 정당화되는데, 벤드에서보다 더 그렇고 매우 절박하다. 위협 요소에 대해서는 경계 태세가 확실한 반면, 모트 스트리트에서 나온 아편은 사람들의 몸과 마음을 잠들게 하면서 영혼의 타락이라는 무서운 목적을 달성하고 있다.

이 또한 가혹한 판단이고, 내가 죄 없는 사람들에 대한 괴롭힘을 부추긴다고 비난받을지 모르겠다. 절대 그렇지 않다. 중국인이 다른 시대에 다른 곳에서 어땠는지는 모르겠으나 그들이 이 도시의 인구를 이루는 바람직한 구성원은 아니며 유용한 목적에 이바지하고 있지도 않다는 점을 인정한다면, 그럼에도 불구하고 그들이 여기에 있고 이 도시에 들어오도록 허가받았다면, 우리는 최선을 다해야 한다. 이번에는 확실하게 말할 시점이다. 나라면 중국인을 추방하기보다는 그들의 아내를 포함해 문호를 더욱 넓게 개방하겠다. 다시 말해서 중국인이 아내와 함께 이민을 와서 체류하도록 여건을 마련해주자는 것이다. 그렇게 되면, 그들도 최소한 지금과는 달라질 것이고, 우리 주변에서 정처 없는 이방인처럼 머물지는 않을 것이다. 이것이 내가 이 도시에서 바라보는 실질적인 중국인 문제의 해법이다. 중국인의 아편과 그들의 비열한 욕망에 희생당한 사람들에 대해 어차피 타락한 사람들이라고 주장하는 것은 논점을 회피하는 것이다. 타락했을 수도 있고 아닐 수도 있다. 생사의 문제다. 중국인이 고수하고 있는 것과 다른 방탕의 형태들은 회복 가능하다. 다른 악의 희생자들은 희망을 가질 수 있기 때문이다. 그러나 중국인이 고집하는 방탕의 희생자들에겐 희망도 회복도 없다. 오로지 죽음, 도덕적·정신적·육체적 죽음뿐이다.

제10장

유대인 거주지

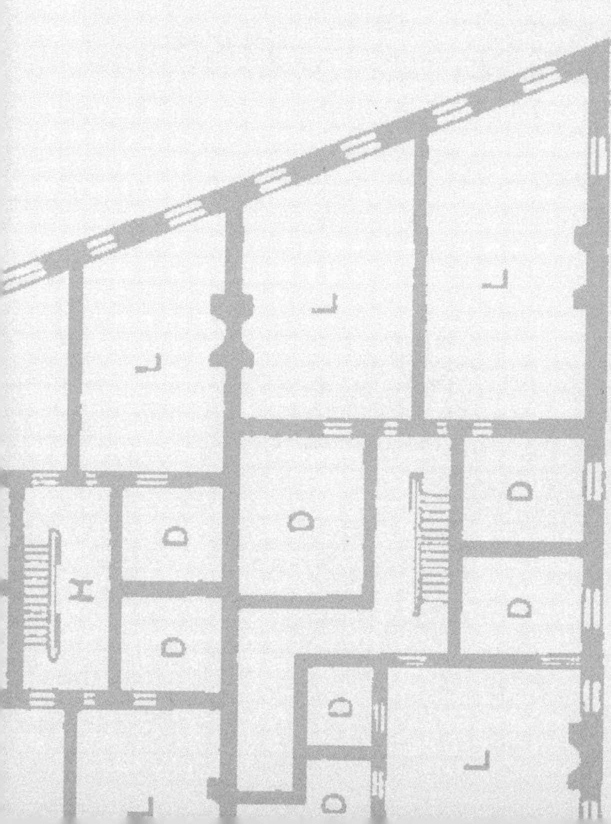

헤스터 스트리트(1890년대 초).

우리가 차이나타운과 이탈리아인 지역을 뒤로한 채 바우어리를 가로질러 헤브루 지역으로 진격하는 동안, 공동주택은 더 많아지고 건물 사이의 간격은 급속히 좁아졌다. 헌옷 가게와 수레가 끝없이 늘어서 있는—가게 주인들이 항해를 하듯 옷을 수거하러 갔다 와서 또는 어쩌면 뱃사람처럼 '큰 컵'으로 맥주를 마시고 나서 수레를 거기 세워뒀다고 해서 '선원들의 만'이라는 안 좋은 별칭이 붙어 있는—백스터 스트리트 그리고 유대인 회당과 그곳의 사람들이 보이는 베이야드 스트리트, 이 두 거리가 유대인 지역을 미리 맛보게 한다. 여기가 어디냐고 물어볼 필요가 없다. 종잡을 수 없는 말, 보도의 간판, 사람들의 행동거지와 옷, 헷갈리지 않는 명백한 골상이 매 순간 그들이 누구인지 알려주니까 말이다. 이상한 스컬캡을 쓰고 위엄 있게 수염을 기르고 러시아계 유대인의 이국적으로 긴 카프탄kaftan(터키 사람들이 입는 셔츠 모양의 기다란 상의—옮긴이)을 입은 남자들이 이 땅에서 가장 못생긴 여자들과 가장 예쁜 여자들 사이를 밀치고 나아간다. 이 대비는 아주 놀라워서 나이든 여인들은 심술궂은 노파이고, 젊은 여인들은 세상에 둘도 없는 미인이다. 열여섯에 아내이자 어머니가 되고, 서른에는 노파가 된다. 이 선택받은 민족은 10구에서 기독교도들을 완전히 밀어냈다. 그 결과 해마다 유대인 명절 기간에는 이 지역 공립학교들이 실질적으로 휴업에 들어간다. 이들의 수많은 자녀 중에서 학교에 등교하는 수는 손가락으로 꼽을 정도다. 나머지는 분명 농땡이를 부리고 있는 것이다. 아이들은 사실 종교적 의식을 위해 집에 있다. 분명하다. 여기는 유대인 거주지다.

이 세상에서 2.6제곱킬로미터 안에 가장 많은 사람이 밀집해 있는 지역이 바로 이곳이다. 러드로 스트리트에 있는 보통 5층의 공동주택들은 한 층이나 두 층을 더 올리고, 뒤쪽 부지에 건물을 또 짓는다. 그런데도 이곳에선 '셋집'이 있다는 알림 글이 거의 보이지 않는다. 우리가 발길을 멈춰 선 7층 건물. 이 지역을 담당하는 위생 경찰은 이 건물에 36가구가 살고 있다고 말했다. 한차례 천연두가 발병했다고 보고된 이 공동주택에 58명의 영아와 38명의 5세 이상 아동이 있다. 에섹스 스트리트에 있는 6층 공동주택의 작은 방 두 개에 아버지와 어머니, 12명의 자녀 그리고 6명의 기숙인들로 이루어진 '가구'가 주거하고 있다. 기숙인은 멀베리 스트리트 벤드에서의 숙박인처럼 유대인 거주지의 집안 경제에 중요한 역할을 한다. 이것이 2.6제곱킬로미터 안에 33만 명이 거주하는 인구 과밀의 한 표본이다. 앞에서 지적했듯이 옛 런던의 가장 심각한 인구밀도도 17만 5,000명을 결코 넘지 않았다. 그래도 과밀이다. 거리가 끝난 곳마다 으레 그렇듯이 지저분한 아이들이 있는 어두운 복도와 지저분한 지하실을 빠져나가면, 뒤쪽에 있는 부락들이 나타난다. 도둑들은 경찰에 쫓길 때 이 지역을 훤하게 알고 있다. 부랑자들은 추운 밤에 몰래 들어와 빵 굽는 화덕 쪽의 따뜻한 자리를 차지하려고 서로 다투곤 한다. 이들은 이 분주한 산업의 중심지에 어울리지 않는다는 것을 스스로도 잘 알고 있다. 이 도시는 그들과 공유하는 것도 없고, 세상이 게으른 자를 먹여 살려야 한다는 그들의 세계관과 공유하는 것도 없다. 이곳에서의 삶은 거의 태어날 때부터 시작되는 중노동을 의미한다. 유대인 거주지에서는 아무리 궁색해도 빚을 낼 수 없다. 아무리 돈을 갚겠다고 약속한들 최저임금의 노동이 뒷받침되지 않는다면 그 약속으로 헤스터 스트리트에서 행상인들이 파는 헌 모자 하나 살 수 없을 터다. 그러나 이 노동자들은 모자가 아니라 빵이 필요하다. 빵은 싸고 든든하고, 빵집도 주변에 많다. 노동자들이 거주하는 공동주택 어디든 부랑자들이 슬그머니 잠입한다. 러드로 스트리트의 맨 끝에서 가까운 한 공동주택 뒤채에는 겨울에 단 한 번도 빈 적이 없는 부랑자의 보금자리가 있다. 돌길 바닥에서 빈 상자에 발을 집어넣고 누워서 몸의 한쪽씩 덥히는 현명한 연습을 통해 비 오는 밤에도 꽤 안락하게 있을 수 있다. 한편 이 지역은 인근에서 여름에도 공공 기숙사 역할을 하지 않는 유일한 곳이다.

근검절약은 세계 어디서나처럼 유대인 거주지에서도 모토다. 근검절약은 장점이자 치명적인 약점이고, 기본적인 덕목이자 불결한 수치다. 동유럽의 박해를 피해서 또 황금이 있어야만 살 수 있는 자유를 등지고 이곳으로 온 사람들에게 지배적인 열정이 된 이 근검절약은 도망쳐온 곳보다 더 악랄한 속박으로 그들을 옭아맸다. 이들의 신은 돈이다. 삶 자체는 바닥난 예금 잔고만큼도 가치가 없다. 러드로 스트리트만큼 삶이 극도로 노골적이고 물질만능주의의 색채를 띠고 있는 곳도 없다. 나는 육체적 탈진이 올 때까지 굶으면서 몇 푼이라도 모아야 한다는 엄청난 중압

러드로 스트리트의 부랑자 보금자리.

유대인 이웃들.

감에 짓눌려 밤낮으로 일하는 폴란드계 혹은 러시아계 유대인들을 계속 해서 만나왔다. 복수의 신 네메시스는 이렇게 맹목적으로 부를 좇는 사람들을 노리고 있다. 이곳처럼 노동의 대가가 최악인 곳도 없다. 내가 한번은 이 문제를 그들 중 한 명에게 직접 제기한 적이 있다. 전당포 주인이었고, 보기 드물게 지적이고 관대했던 그 사람은 이 상황을 현실적인 시각으로 바라봤다. "노동자 집단 중에서 수많은 극빈자는 어디서 왔을까요? 또 불운에서 비롯된 가난을 역병처럼 무시무시한 것으로 비난하는 이유는 무엇일까요?"

그 사람의 말은 이랬다. "이민 때문에 사람들이 많아졌어요. 5년 동안 해마다 평균 2만 5,000명이 이민을 왔고, 그중에서 70퍼센트 이상이 뉴욕에 자리를 잡아요. 그 가운데 절반이 굶지 않으려면 이민 생활의 시작부터 유대인 자선단체들로부터 도움을 받아야 하죠. 이게 한 가지 설명이죠. 일자리를 얻을 수 없는 사람들 말고 또다른 계층이 있죠. 일을 너무 많이 하는 사람들 말이에요. 그들은 일하고 저금하면서 돼지떼처럼 밀집해서 살아가요. 턱없이 부족한 임금과 최악의 생활 여건 속에서 버는 것은 무조건 저금하면서 계속해서 일하다가 결국 더는 일할 수 없을 정도로 쇠약해져버리죠. 그리고 모아놓은 것은 금세 바닥이 나고 말이에요. 이렇게들 사는 겁니다." 나는 그 사람의 말이 사실이라는 것을 알고 있었다.

극빈과 빈곤은 어디서나 불결과 질병에 얽혀 있고, 유대인 거주지도 예외는 아니다. 유대인 거주지 한복판에 있는 이스턴 보건소Eastern Dispensary의 관리자들은 기회가 되었을 때 전모를 밝혔다. "이곳 주민들이 질병에 걸린 이유는 방종이나 부도덕이 아니라 무지 때문입니다. 영양 섭취를 제대로 못하고, 주거와 근로 환경의 경우 공기가 오염되어 있습니다."• 유대인 지역의 가정집들은 일터를 겸하고 있다. 그들이 일하는 경제 조건에 관해서는 다음 장을 참고하기 바란다. 우리가 걱정하는 것이 바로 이 사실에서 비롯된다. 이스트사이드 거리 중에서 어디든 한 블록을 다 돌아다니기도 전에 확실히 알게 된다. 무수한 재봉틀의 윙윙거림은 아주 이른 새벽부터 엄청난 중압감 속에서 몸과 마음이 녹초가 될 때까지 계속되는 노동을 알려주기 때문이다. 가장 어린 아이부터 가장 나이든 어른에 이르기까지 가족 전원이 음식을 조리하고 옷을 빨아 말리며 갑갑한 공간에 처박혀 하루종일 일한다. 작은 방 한 칸에서 남녀노소를 포함해 12명을 발견하기란 어렵지 않다. 이 대조적인 광경은 벤드에서 온 관찰자에게 의혹과 충격을 안겨준다. 벤드에서는 주민 전체가 길거리로 나가려는 억누르기 힘든 충동에 사로잡혀 있는 것 같았기 때문이다. 반면 이곳의 에너지는 모조리 내부에 틀어박히는 쪽으로 집중되어 있는 것 같다. 그렇다고 거리에 인적이 없다는 의미는 아니다. 이곳의 공동주택에서 빠져나온 사람들은 어디서나 군중을 이룰 정도로 많다. 아이들만 봐도 그렇다. 일하기에는 어리고, 놀 만한 공간이 없다는 것이 이유다. 집에서 아이들의 자리는 지갑 역할을 하는, 즉 방값을 지불하

• 이스턴 보건소의 1889년도 보고서.

는 기숙인에게 빼앗기기 마련이다. 거리에서는 행상인들이 아이들을 쫓아낸다. 이곳이 온상인 발진티푸스과 천연두는 아이들을 어떡해야 하는지 그 해답을 준다. 이 불결한 두 질병은 바다 건너에서 병원균을 가져온 집단 사이에서 자연스럽게 발병했다. 게다가 이들은 본능적으로 아프다는 사실을 숨겼는데, 관계 당국에 의해 병원으로 옮겨져 살육을 당하리라는 확고한 믿음 때문이었다. 위생 공무원들은 숨겨진 열병의 근원에 대해 성실하고 예리한 감시를 계속하고 있다. 대형 상점에서 팔리고 있는 기성복의 절반이— 절반 이상이라고는 말할 수 없어도— 이런 공동주택에서 만들어지고 있다는 점을 고려하면, 조심하고 또 조심해도 과하지 않다. 천연두에서 회복 단계인 동시에 가장 전염성이 강한 단계에 있었던 아이가 다음날이면 브로드웨이의 어느 상점에서 팔리게 될 마무리 공정중인 옷더미 속을 기어다니다가 발견된 사례가 한두 번이 아니다. 한 발진티푸스 환자는 한 주에만 100벌가량의 코트를 시침질하던 작업실에서 발견되었다. 이 코트를 입는 사람들은 각각 보이지 않는 뜻밖의 사형 집행장을 받게 되는 셈이다.

위생 공무원들은 10구를 발진티푸스 병동이라고 부른다. 10구는 사망자 등록소에서 '자살 병동'으로 통하는데, 그 이유를 이해하기는 그리 어렵지 않다. 한편 경찰 사이에서는 '도둑들'의 수가 많아서 '도둑 소굴'로 불리는데, 좀도둑 일당과 '장물아비'들은 서로 죽이 잘 맞는 패거리다. 바우어리에서 가까운 대규모의 '도둑 통로'는 이런 장물 거래를 지

길거리 놀이터.

속적으로 조장하는 반면, 유대인 거주지에는 자체적인 지하소굴이 없다. 경찰로서 난처한 문제는 사업상 경쟁관계가 심각하고 많다는 데 있다. 억압과 박해로는 유대인의 타고난 호전성을 조금도 없애지 못했다. 그들은 사업 계약—보통은 그들이 우위를 점하고 있는 거래—에서 자신의 권리를 위해 또는 권리라고 생각하는 것을 위해 언제든지 싸울 준비가 되어 있다. 마치 1,800년 동안 단 한 번도 강탈을 당해본 적이 없는 사람들 같다. 속박의 시절 이래 유대인과 함께 살아남은 한 가지 강렬한 인상이 있다. 법의 힘이다. 유대인들은 별것도 아닌 도발에도 자신을 보호하기 위해 법에 호소한다. 이 감정은 이들에게 새로운 것이라서 유쾌하게 받아들이고 있음이 분명하다. 엘드리지 스트리트 경찰서의 경찰들은 이 끝없는 싸움으로 인해 고군분투중이다. 언제나 서로를 고발하고, 고발인과 피고발인 둘 중에 하나는 수감된다. 둘 다 수감되는 경우도 빈번하다. 피고발인이 고발인만큼 합리적인 설명을 하고 열띤 책임 공방을 벌이기 때문이다. 양측 간의 이익이 거칠게 충돌하면서 하루가 저문다. 또 하루가 밝아올 무렵, 고발인은 존재하지 않는다. 밤사이 사업 원칙을 토대로 문제가 해결되고, 경찰은 넌더리를 내면서 당사자들을 방면하기 때문이다.

이런 다툼들은 종종 희극적인 국면을 지닌다. 유대인 회당들 사이에는 무수한 댄스 교습소들이 산재해 있다. 댄스 교습소들은 대개 주간에는 재봉, 담배 제조 등의 일을 하는 사람들에 의해 유지된다. 유대인 거주지의 젊은이들은 과할 정도로 춤추는 것을 좋아해서 하루의 중노동을 끝낸 후에는 밤의 여흥을 위해 이런 교습소로 우르르 몰려간다. 그러나 즐기는 장소에서마저 일을 우선시한다. 길 하나를 사이에 두고 마주보는 경쟁 교습소 중에서 한 곳이 다른 쪽의 신고로 대대적인 단속을 받는 일이 일어나곤 한다. 그 결과 춤은 큰 싸움으로 끝나고, 그러는 와중에 누군가 중상을 입기 마련이다. 평소처럼 경찰이 개입해 막을 내린다.

개인적인 불화가 아무리 심하다고 해도, 기독교 문명의 역사로부터 공포와 증오만을 배워온 이 유대인의 진정한 내면을 보려면 이들의 종교적 삶이 침범당할 때까지 기다려야 한다. 유대인 지역에서 두세 개의 선교회가 10구에서 거부한 메시아를 전파하기 위해 부질없는 포교를 펼치고 있는데, 간혹 많은 유대인을 끌어모을 때가 있다. 요컨대 옛 유대인들이 새로운 교리를 설파하는 전도자의 말을 듣기 위해 모여들었듯이 이곳에서는 기독교 목사의 말을 들으려고 몰려든 것이다. 그 결과는 종종 놀라울 정도로 비슷하다. 주택 지구에 있는 교회의 꽤 유명한 목사 한 명이 내게 이런 말을 한 적이 있다. "이번만큼은 나 자신을 유대인에게 구원을 설파한 사도 바울과 비교해도 좋을 듯싶어요. 내가 예수 그리스도를 신의 아들이라고 말할 때까지 사람들이 조용히 있더군요. 그다음에는 일어서서 자기들끼리 말싸움을 벌이더니, 나를 헤스터 스트리트에서 내쫓고 돌을 던질 듯이 위협하더라고요." 다행히 목사는 경사 한 명과 경관 세 명에 의해 구출되었다. 이처럼 이스트사이드의 유대인은 자신들의 관습을 좌우하는 종교적 삶과 더불어 새날이 밝아오는 골고다 언덕에 서 있으면서도 완강하게 그 햇빛을 보려고는 하지 않는다. 상중인 유대인의 집을 방문하는 것은 2,000년의 시차를 연결하는 것과 같다. 쥐죽은듯한 침묵 속에서 점점 커지고 높아지는 이루 말할 수 없는 슬픔과 처연한 곡소리는 "자식을 잃고 통곡하면서 자식이 없으니 위로받기를 마다하는" 라헬(야곱의 두번째 아내—옮긴이)의 슬픈 메아리처럼 영겁의 시간을 거슬러 돌아오는 것 같다.

종종 가구가 빈약한 뒤채 공동주택에 나무 걸상 몇 개 또는 회중용 벤치를 놓아둔 극빈층 유대인 회당의 상당수가 탈무드 학교다. 청소년의 일정 수가 이곳에 다닌다. 교사는 대개 학교에 남게 된 다재다능한 사람들로서 자신을 학자로 만드는 과정에서 돈벌이의 타고난 본능을 억제해 왔다. 어느 날 자신의 적과 아내를 죽이고 자살한, 흉악범 아이작 야콥은 엘드리지 스트리트에 있는 한 탈무드 학교의 수위였다. 그러나 아이들 대다수는 공립학교에 가고 싶어하고, 교사들로서는 이 아이들에 대해 걱정이 많다. 아이들에게 세숫대야와 비누를 갖다놓고 시범을 보여주고 최악의 사례를 열거하는 방법으로 청결 교육을 반복해야 하기 때문이다. 교사 한 명이 신입생에게 시범을 보여준 후에 내게 말했다. "아이가 동물을 붙잡고 있듯이 비누를 쥐고 있더군요. 그러고는 손가락 세 개로 얼굴을 쓱 훑더니 그게 세수라고 했어요." 엘런 스트리트 공립학교의 경험 많은 교장은 아이들이 항상 잊지 않고 실천하도록 하기 위해 청결을 초등교육 과정에 넣어 강조하기도 했다. 이 학교의 교사들은 날마다 이렇게 묻는다. "건강해지려면 어떻게 해야 하죠?" 그러면 학생들이 한목소리로 답한다.

"몸을 청결하게 유지해야 해요.

옷을 깨끗하게 입고,

신선한 공기를 마셔요.

햇빛이 드는 곳에서 살아요."

이것이 빈정거림처럼 들려오는 이유는 아이들 중에서 상당수가 자기들이 하는 말을 제대로 이해하지 못하기 때문이다. 아이들의 대답과 실생활은 완전히 동떨어져 있다. 부모가 자녀를 정기적으로 씻기는 것은 오로지 종교적인 관습이 요구하기 때문이고, 젊은 세대라고 해서 더 낫지는 않다. 가장 무지한 폴란드계 유대인의 자녀들도 공부에 있어서 그들보다 많은 혜택을 타고난 학우들에 뒤지지 않고, 나중에는 암산에서 한달음에 앞서나가기도 한다. 유대인에게 돈에 대한 본능이 얼마나 강한지를 알면 깜짝 놀라게 된다. 이들은 말을 배우기 전부터 정확히 셈을 할 수 있다.

2년 전쯤에 경찰은 이스트사이드에서 보험금을 노리고 공동주택에 불을 지른 방화범 일당을 체포했다. 안타깝게도 그 1년 전에 이미 이런 공모들이 시작됐다는 증거들이 나왔다. 이 범죄자들은 자신의 이웃 세입자들을 섬뜩한 위험 속으로 몰아넣은 것이다. 한밤중에 공동주택에서

유대인 지역의 시장 풍경.

화재가 난 건물에 얼어붙은 얼음.

화마가 가져온 극한 공포는 뉴욕에서 찾아보기 힘든 사례다. 연기에 질식된 사람들이 계단과 화재 대피용 사다리에 몰려 있었고, 이성을 잃은 엄마와 울부짖는 아이들 그리고 자신들이 가지고 있는 얼마 안 되는 전부를 끄집어내려는 격한 몸부림, 이것은 인간이 겪기엔 비할 바 없는 공포다.

나는 1번가 공동주택을 떠올릴 때마다 몸서리친다. 한밤중이었다. 길가 식당에서 갑자기 솟구친 불길이 탈출로를 막아버렸다. 사람들이 창문에서 몸을 던지거나 의식을 잃은 채 소방관에 의해 실려 나왔다. 숨이 끊어진 것으로 보이는, 옷을 입다 만 차림의 13명이 석탄 사무소 옆 바닥에 누워 있었고, 그 사이로 구급차 요원들이 팔을 걷어붙이고 바삐 움직였다. 앳된 소녀 하나가 갓난아기를 안고서 황망하고 휑한 시선으로 시체와 죽어가는 사람들 사이를 오가며 겁에 질린 낮은 목소리로 아기에게 자장가를 불러주고 있었다. 의사 한 명이 소녀를 한쪽으로 데려가 갓난아기의 뺨을 어루만졌다. 차가웠다. 아기는 이미 엄마와 아빠처럼 질식사한 뒤였다. 그러나 소녀 그러니까 아기의 언니는 알지 못했다. 제정신이 아니었다.

목요일 밤과 금요일 아침은 '돼지 시장'의 할인판매 기간이다. 이 기간에 여기 특별한 유대인들이 어떻게 가장 효과적인 거래를 하는지는 연구해볼 만한 주제다. 폴란드계 유대인의 거주 지역과 멀베리 벤드는 유사성이 거의 없음에도 불구하고 공통적으로 보이는 활력이 있다. 화창

유대인 지역의 옷 상인.

한 날씨에 저쪽 벤드의 삶은 영원불변의 휴일이라면, 이쪽의 삶은 근면 또 근면의 연속이다. 금요일이 이탈리아인의 숨어 있던 온갖 개성과 생기를 끄집어내듯이 이곳의 셈족도 마찬가지다. 군중과 빈곤이 이들 사이의 공감대를 형성한다. 돼지 시장은 러드로 스트리트에서 뻗어 있는 헤스터 스트리트에 있으며, 이곳에서 측면 거리를 따라 남북으로 두세 블록 범위다. 돼지 시장에서 팔지 않는 물품이 바로 돼지이기 때문에 무슨 명칭이 이런가 하는 비아냥을 받을지 모르겠다. 이곳에서는 돼지 외에 거의 모든 것을 터무니없이 싼값으로 구할 수 있다. 홀치기 염색한 스카프와 양철 컵은 2센트, 복숭아는 1쿼트(2파인트)당 1센트, '하자 있는' 계란은 노래 한 곡, 모자는 25센트 그리고 헤스터 스트리트 근처에 안경점을 연 안경사가 시력에 꼭 맞춰준다고 보장하는 안경이 35센트다. 지저분한 몰골의 병아리와 목매달려 죽어가면서도 점잔 빼는 다리를 흔들어대며 격분을 표현하는—몸통의 털이 절반은 뽑혀 있는—거위는 이 시장의 주요 상품이다. 닭 한 마리를 살 형편이 안 되는 사람들은 이곳에서 반 마리 혹은 반의반 마리 단위로 살 수 있다. 10년 이상 걸린 위생 당국의 지속적인 노력 끝에 거리에서 행해지던 살아 있는 가금류 거래를 거버너 슬립Gouverneur Slip의 가금류 전용 시장으로 한정하는 데 성공했고, 이곳에서는 현재 랍비장長의 의도에 맞게 유대교 의식에 따라 도축이 행해지고 있다. 가금류 거래를 제한한 이후로 유대인 공동체 전반에서 도축 비용과 그것을 수금하는 방식을 놓고 독특한 언쟁이 있어왔다. 이곳에는 또 훔쳐가지 못하도록 보도의 나무에 사슬로 묶고 자물쇠까지 채운 기계에 양고추냉이를 빻는 여자도 있다. 이 여자 옆에는 다른 곳에서는 생각도 할 수 없는 가격으로 고기를 파는 노점이 있다. '새것처럼 좋은' 헌 외투는 50센트에 팔리고, 바지—유대인 거주지에 양복바지는 없다—는 어떤 가격으로도 살 수 있다. 거리 한복판에 바지 장사꾼이 여섯, 손님으로 보이는 사람은 셋이다. 미래의 손님들은 아직 바지를 살 마음은 없지만 그래도 솔기 부분을 꼼꼼히 살피며 만지작거리고 있다. "어디 좀 봅시다!" 방금 전에 반죽을 끝내고 나온 제빵사가 맨머리와 맨 팔을 드러내고 적극적으로 흥정을 시작한다. 바지 한 벌에 30센트. 그런데 행상인이 부르는 값은 1달러 40센트다. 행상인은 어깨를 으쓱해 보이고는 아주 화가 나고 딱하다는 표정으로 두 손을 들어올린다. 제빵사는 얼마를 생각하는 걸까? "에이, 이 정도 바지를……" 제빵사는 가려고 뒤돌아선다. 바지를 든 행상인이 표범처럼 펄쩍 일어서서 제빵사의 소매를 붙잡는다. "80센트 어때요? 60센트는? 그럼 50센트?" 이렇게 싸게 팔았다가는 하루 벌이를 다 날린다고 하소연한다. 제빵사는 꿈쩍도 하지 않는다. "그럼 40센트? 아니, 40센트도 싫어요? 그럼 30센트에 가져가서 이 불쌍한 인생을 결딴내시구려." 제빵사는 바지를 가져간다. 그는 행상인이 바지에 얼마를 투자했는지는 모르지만, 30센트 중에서 최소 20센트 그러니까 200퍼센트의 순이익을 챙겼다는 것을 잘 알고 있다.

멜빵 장사꾼들은 돼지 시장의 불가해한 미스터리다. 한 걸음 뗄 때마다 마주치는 이들은 멜빵을 어깨에 둘러 앞뒤로 늘어뜨리고 있다. 이렇게 무수한 멜빵 장사꾼들이 사열식을 벌이듯 하루종일 유대인 거주지를 돌아다닌다. 대체 이 멜빵들은 전부 어디로 가는 걸까? 유대인 거주지의 바지는 멜빵 같은 것은 본 적도 없는 것처럼 그냥 흔한 줄에 매달려 있다. 이 흔한 줄은 유서 깊은 가문의 긴 수염과 안식일의 실크햇silk hat처럼 이 종족의 고유한 특징처럼 보인다. 나는 거듭해서 물어보았다. 유대인 거주지의 멜빵이 어디로 가는지. 아무도 내게 말해주지 못했다. 아마도 집집마다 골동품처럼 걸려 있거나 현금과 동등한 가치를 인정받아서 소장되고 있는 것 같다. 정확히는 모르겠다. 내가 아는 것이라고는 1년 동안 뉴욕 시 전체에 공급되는 양보다 더 많은 멜빵이 날마다 돼지 시장에 나오는데, 이것이 전부 팔리고 사용된다는 것이다.

재통 두 개에 판자를 걸쳐놓고 계산대로 삼은 짐마차 앞에서 또 노점 주변에서 서로 옥신각신하는 사람들을 보라! 밀치고 드잡이하고 외국어로 나불대고 고함치는, 그야말로 혼돈의 바벨탑이다. 오히려 불현듯 들려오는 영어 한마디가 예상치 못한 기이한 일처럼 충격을 줄 정도다. 그런데 사람들이 후다닥 흩어지는가 싶더니 거리에서 어두운 지하실로 뒷마당으로 샛길로 몰려 들어가고, 임시로 만든 선반과 계산대 밑에 숨겨진 문들이 쾅 닫히고 잠긴다. 위생 공무원들의 수레가 길을 따라 내려오고, 수레 앞뒤로 건장한 경찰들이 움직인다. 경찰들은 식용품—곰팡이 핀 빵, 썩어가는 생선, 상한 채소—따위를 아무렇게나 퍼담는다. 건물의 현관 계단과 창문에서 욕설이 빗발치지만, 경찰들은 그에 아랑곳하지 않고 퍼담은 것들을 쓰레기 매립장으로 가져간다. 불시 단속을 끝내고 이스트 리버로 향하는 경찰 수레 뒤로 멀찍이 떨어진 거리에서 물건을 빼앗긴 행상인들이 뒤따르며 악을 써댄다. 소동은 시장의 소음과 함께 잦아든다. 공동주택의 끝없는 파노라마가 거리 사이로 줄줄이 북쪽으로 남쪽으로 서쪽으로 시야가 닿는 곳까지 이어지고 있다.

제11장 유대인 거주지의 노동착취자

12벌에 45센트를 받고 만드는 반바지(러드로 스트리트의 스웨터 작업장).

10구가 제기하는 경제 문제에 관한 끝장 토론 같은 것•은 문제를 해결하려는 노력에 정비례하여 늘어만 가는 난관 때문에 가로막혀 있다. 나는 푹푹 찌는 공동주택에서 보낸 힘겨운 시간들을 너무도 생생하게 기억하고 있다. 그곳에서 풀기 어려운 난제의 해답을 찾으려고 노력했으나 결국 처음과 마찬가지로 진실에서 동떨어져 있는 나 자신을 발견했을 뿐이다. 나 자신은 물론이고 독자들까지 메마르고 무익한 땅으로 억지로 이끌어감으로써 지치게 만들 뻔했다. 나는 점점 더 분노하면서 "진실이 무엇인가?"라는 빌라도의 질문을 던지고 있었다. 이 지면들은 이런 토론을 위한 공간이 아니다. 솔직히 말해서 이런 토론을 하고자 한다면, 나는 장님을 안내하는 또다른 장님과 같은 입장일 것이다. 실제로 가난한 사람들과 겉으로만 가난한 사람들, 다시 말해 재산을 은닉하고 거짓을 서슴지 않으면서 가난과 부를 오가며 자신의 이익을 저울질하는 사람들 사이에서 독자와 나는 의심과 억측의—내가 앞서서 지인들 사이에서 마주했던—도랑에 빠질 것이다.

표면화된 사실들은 문제의 본질뿐 아니라 원인까지 명확하게 가리키고 있다. 사실상 본질과 원인에 대해서는 이미 언급했다. 의류 제조업을 하는 한 친구는 언젠가 내게 자랑삼아서, 요즘 저가 의류 분야에서 뉴욕은 '세계 최고'라고 말했다. 내가 물었다. "누가 그렇게 만든 거지?" 친구가 대답했다. "재단사의 긴 칼••과 폴란드계 유대인 덕분이지." 어느 쪽이 노동자의 봉급을 더 많이 깎아냈는지는 의심의 여지가 없다. 이스트

• 나는 항상 10구를 표본으로 언급하고 있다. 10구는 실제로 13구를 포함하는 문제뿐 아니라 7구와 그 인접 지역에서 점점 현실화되는 논점들을 포괄한다.

•• 많은 의복을 한꺼번에 자를 수 있는 발명품. 반면에 가위로는 두세 벌밖에 자를 수 없다.

브로드웨이와 브로드웨이 간의 전쟁이 이스트사이드와 값싼 노동력의 완벽한 승리로 끝나고 저가 의류의 거래를 장악한 이후부터 유대인이 의류 제조 분야를 실질적으로 독점해왔다. 그러나 사업 분야를 장악한 것에 만족하지 못한 유대인은 달러를 놓고 기독교인 경쟁자들과 싸웠는데, 이번에는 0.5센트를 놓고 동족과 치열하게 맞붙고 있다. 매매가는 얻을 수 있는 이익이라기보다 이웃보다 싸게 제시할 수 있는 가격인 동시에 살아갈 수 있는 최저생계비다. 그것이 무엇을 의미하는지 우리는 곧 알게 될 것이다. 제조업자는 그것을 알고 있고, 아는 것을 이용하는 데 주저하지 않는다. 가능한 한 사람들로부터 일거리를 멀리 떨어뜨려놓음으로써 일자리에 대한 허기를 부추긴다. 그러고는 스웨터sweater(노동착취자)와 최대한 낮은 가격으로 계약한다.

'스웨터'와 관련된 험한 일들이 많이 회자되는데, 그것이 필연적이고 논리적인 연결고리 역할을 하는 시스템에서 실제로 벌어지는 일이다. 적어도 스웨터는 자신을 만든 환경보다는 나쁘지 않다고 말할 수 있겠다. 스웨터는 브로커이자 하청업자로서 동료들처럼 노동자다. 한 가지 다른 점이 있다면, 영어를 조금 할 줄 안다는 것일 터다. 그게 아니라면, 어쩌다보니 한두 대의 재봉틀을 가지게 되었거나 빌려서 쓸 정도로 신용이 좋아서 일감을 많이 확보했을 터다. 그는 언제든 일꾼을 쉽게 구할 수 있다. 매번 독일의 항구에서 배에 실려, 그것도 한 무리씩 그의 문 앞까지 와서 일을 하겠다고 아우성을 치니 말이다. 많은 수의 폴란드계 유대인

이 도착한 날이 저물면, 어느새 그중에서 누군가는 재봉틀을 돌리며 '장사를 배우고' 있기 마련이다. 한 작업장에 종종 두 명씩 간혹 세 명씩 스웨터가 조를 이루기도 한다. 그들은 일감 따올 때를 제외하면 다른 직공들과 함께 작업한다. 재봉틀 다루듯 직공들을 다룬다. 종종 항간에 떠도는 소문처럼 어마어마한 수익은 아닐지라도 재봉틀과 직공 둘 다 수익을 창출하는 중요한 자산이기 때문이다. 예를 들어, 아동바지 12벌당 5~6센트 혹은 그보다 약간 적은 수익이 남는다고 해도, 일꾼들은 기꺼이 독립하려고 한다. 직공이 불만을 토로하는 것은 중노동 때문도 아니고 적은 임금 때문도 아니다. 자신의 피땀으로 다른 누군가가 돈을 벌고 있다는 사실 때문이다. 그래서 자기가 스웨터가 될 기회를 잡자마자 경쟁 스웨터보다 더 낮은 납품가로 계약을 맺고 수익을 잠식함으로써 복수를 한다.

스웨터는 무지 속에서 고립된 일꾼들이야말로 자신의 확실한 자산임을 잘 알고 있다. 그래서 자신의 노예들이 무지를 깨고 각성할 조짐만 보여도 무자비하고 가혹하게 모든 방법을 동원해 억압한다. 스웨터는 자신의 전횡을 영속화하는 과정에서 직공들에게 최저임금을 주는 자신의 시스템과 교활한 경쟁자들로부터 효과적인 도움을 받는다. 요컨대, 이들의 타고난 탐욕은 장래의 선한 목적을 위해 아무리 사소한 것이라도 잠시나마 자신의 이익을, 무엇보다 논쟁으로는 굶주림의 절규를 덜어낼 수 없는 이민자들을 담보로 한 이익을 포기하려 들지 않는다. 그러나 최근에는 노동조합 수준으로 확장된 노동자 조직과 지적인 지도자 밑에서 협력하는 실험적 시도들 앞에 일부 항복하고 있는데, 이런 상황은 스웨터의 운명을 예고하는 것이다. 하지만 무지한 군중이 계속해서 떼 지어 이런 공동주택으로 몰려드는 한, 스웨터의 장악력은 결코 무너지지 않을 것이다. 더구나 바다 건너로부터의 인력 공급은 무한정해 보인다. 매번 되풀이되는 러시아계 유대인이나 폴란드계 유대인에 대한 박해는 이들로 하여금 경제적 문제를 타파하기 위해 고국을 등지고 이 땅으로 오게 만들고, 그 결과 스웨터의 공동주택에 생긴 결원을 채워준다. 세상의 절반을 건너온 편협과 무지의 저주는 이스트사이드의 공동주택이라는 비옥한 땅에 원한의 씨앗을 뿌렸다. 이곳에서 일으킨 원한에 유대인 스스로 책임이 있다면, 그들은 단죄를 받아 마땅하다. 그들은 이곳에서 수확의 첫 열매를 거두고 있다.

스웨터의 작업 대부분은 공동주택 내에서 이루어지는데, 공장 노동을 규정하는 법의 효력은 이곳까지 미치지 않는다. 뒤채 공동주택을 사용하는 작업장이 우후죽순처럼 늘고 있는데다 위생 경찰이 퇴거시킨 노동자보다 더 많은 사람이 이 작업장으로 유입되고 있다. 공동주택 작업장은 법망을 성공적으로 피해 가는 보완제 역할을 하고 있다. 공장의 법정 노동 시간은 10시간, 늦어도 9시에는 공장 문을 닫는다. 최소 45분은 저녁식사 시간으로 허용되어야 하고, 16세 이하 청소년은 영어를 읽고 쓸 수 없으면 고용될 수 없다. 14세 이하는 무조건 고용을 금한다. 이러한

스웨터 작업장에서 실을 뽑고 있는 12세(자기는 16세라고 우기는) 소년(1889년경).

규정들이 법령집에 등재되어야 한다는 사실 자체가 노동자의 환경이 얼마나 열악한가를 보여준다. 그러나 공동주택은 법의 관대한 목적을 좌절시킨다. 이 내부에서 어린아이는 실을 잡아당길 수 있는 나이가 됐을 때부터 아무런 제지 없이 일을 시작한다. 저녁 시간 같은 것은 없다. 남자든 여자든 일을 하는 중간에 끼니를 때우고, 노동 시간은 밤늦게까지 연장된다. 이런 환경에서는 이들의 유일한 구제책, 즉 교육 캠페인이 효과를 거둘 확률은 거의 없다. 이스트사이드의 공동주택 전반에서 영어를 배우고자 하는 의지와 간절함에도 불구하고 실질적으로는 영어가 거의 사용되지 못하고 있음은 그리 놀랄 만한 사실이 아니다. "우리에게 언제쯤 영어를 배울 수 있는 시간이 생길까요?" 누군가 일전에 내게 물었다. 나는 지금까지 그 답을 하지 못하고 있다.

채텀 스퀘어에서 세컨드 애비뉴 고가철도를 타고 스웨터 지역을 관통해 800미터쯤 올라가보라. 기차가 달려가는 동안, 양쪽으로 벽돌 벽처럼 끝없이 늘어선 대규모 공동주택들의 열린 창문 안쪽으로 얼핏 작업장 같은 곳이 스쳐갈 것이다. 반나체의 남녀들이 재봉틀 쪽으로 웅크리고 있거나 창가에서 다리미질을 하고 있다. 예절은 이스트사이드에서 중요치 않다. 현금화할 수 없는 것은 뭐든 중요치 않다. 이렇게 가는 길은 무수한 군중이 영원히 일하는, 끝없는 작업장들 사이로 난 커다란 통로 같다. 아침이건 낮이건 밤이건 다를 것이 없다. 늘 똑같은 장면이다. 리빙턴 스트리트에서 내려 거기서부터 걸어서 계속 가보자. 일요일 저녁, 바우어리의 서쪽이다. 모세의 율법이 지배하는 이 공간에서 강행군의 평일을 보내고 맞는 휴일이다. 행상인들의 수레가 보이지 않거나 연석에 한가로이 세워져 있다. 술집들은 '가족 입장가'라고 적힌 옆문으로 목마른 사람들을 들여보낸다. 한 가게 창문에 걸린 양철 표지판이 주일학교에서 방황하는 아이들을 모집한다고 안내하고 있다. 그러나 이런 것 말고는 기독교도의 안식일을 알려주는 표지는 거의 없다. 바느질이 안 된 옷감의 무거운 짐 또는 완성된 외투와 바지가 들어 있는 커다란 검은색 가방들을 든 남자들이 신음하면서 보도를 따라 비틀거린다. 그중 한 명을 따라 집까지 가서 러드로 스트리트의 공동주택에서 일요일을 어떻게 보내는지 알아보자.

어두운 계단을 하나둘 올라가는 동안, 층마다 양배추와 양파와 생선튀김 냄새가 풍겨오고, 닫힌 문 너머의 재봉틀 소리가 그 안에서 무슨 일이 벌어지고 있는지 알려준다. 문 하나가 열리고 우리가 따라간 남자와 짐꾸러미가 들어간다. 규모가 작은 작업장이다. 다섯 명의 남자와 한 명의 여자, 열다섯 살이 안 된 두 명의 소녀 그리고 묻지도 않았는데 열다섯 살이라고 말하는 한 소년이 러드로 스트리트의 방언으로 '니 팬츠 knee-pants'라고 하는 반바지를 바느질하는 재봉틀 앞에서 일하고 있다. 바닥에는 발목 높이까지 미완성된 옷들이 널려 있다. 한쪽 구석에는 마무리 일꾼에게 넘길 수십 벌의 '팬츠'를 침상 삼아서 맨발의 갓난아기가 수척한 얼굴로 잠들어 있다. 옷을 난간처럼 쌓아서 아기가 바닥으로

디비전 스트리트의 한 공동주택에 있는 넥타이 작업장(1889년).

떨어지는 걸 막아놓았다. 사람들의 얼굴, 손, 팔뚝이 전부 그들이 붙잡고 있는 옷가지의 색처럼 검다. 소년과 여자만 방으로 들어서는 우리를 올려다본다. 소녀들은 곁눈질을 하다가 짐을 들고 간 남자의 얼굴 표정에서 경계심을 읽었는지 더욱 열심히 재봉틀을 돌린다. 남자들은 낯선 이의 존재를 아예 모르는 눈치다.

불과 몇 주 전에 '이민'을 왔다는 여자는 사장의 아내라고 했다. 그녀에 따르면 방안에 있는 사람들 전부가 '견습생'이었다. 처음에는 말하기를 꺼렸으나, 우리의 안내를 맡은 사람(나는 언제나 탐사를 나갈 때마다 내가 하려는 일을 알고 공감하는 해당 지역 사람 한 명과 동행했다. 이런 안내인이 없었다면 성과가 없었을 것이다. 물론 안내인이 있어도 성과를 내지 못할 때가 왕왕 있었지만)이 여자의 모국어를 한두 마디 말하자 조금씩 두려움에서 벗어나더니 나중에는 수다스러울 정도가 됐다. 견습생들은 주급을 받고 일한다고 한다. 얼마나 버냐고 물었다. 여자는 독특한 표정을 짓고 어깨를 으쓱해 보인다. 견습생들에게도 그들의 모국어로 질문을 했으나, 모두가 관심이 없다는 듯이 시큰둥하다. 방안에 있는 아이 네 명은 일을 하기에는 어렸다. 가장 나이 많은 아이가 고작 여섯 살이다. 그들은 일주일에 1,500벌의 '니 팬츠'를 만들고, 제조업자는 12벌당 70센트를 지불하는 것으로 밝혀졌다. 12벌당 5센트가 순이익이나, 여자 본인과 남편이 쉬지 않고 일하면 주당 25달러까지 번다고 한다. 그들은 새벽부터 밤 9시까지 일한다. 방에는 열 대의 재봉틀이 있는데, 이 중에서 여섯 대는 한 달에 2달러를 내고 임대한 것이다. 두 개의 방은 연기에 그을리고 지저분한데, 그중 하나는 보기 드물게 큰 편으로 월세가 20달러다. "시절이 변한데다 사는 데 돈이 많이 들지만" 여자는 불평하진 않는다. 여섯 식구와 두 기숙인이 사는 데 일주일에 8달러가 든다. 어떻게 그러냐고 묻자, 식단표를 훑어보던 여자가 그 멍청한 질문에 웃음을 터뜨린다. 하루에 15센트어치 빵, 우유 2쿼트(쿼트당 4센트), 저녁식사용 고기 1파운드(12센트), 일주일에 버터 1파운드(반의반 파운드당 8센트). 그 밖에 커피, 감자, 피클이 식단표를 완성하고 있다. 이 최소한의 예산으로 이 스웨터 가족은 아마도 한 달에 30달러를 저축하고, 2~3년 후에는 어딘가에 공동주택을 사들여 임대 수익을 올리게 될 것이다. 이것이 상업적인 투기에 타고난 재능을 지닌 유대인 거주지의 주민들이 저축한 돈을 투자하는 보편적인 방식이고, 이 투자는 엄청난 수익을 가져온다.

희미한 불빛이 새어나오는 위층 방에선 빨갛게 타오르는 대형 스토브가 다리미를 달구고 있다. 이곳에 한 쌍의 부부와 세 명의 자녀 그리고 한 명의 기숙인이 있다. 여기서도 '니 팬츠'가 좀더 낮은 조건으로 만들어지고 있다. 남자는 12벌당 수입이 3.5센트라고 하는데, 최소 2센트는 낮추어 말한 것 같다. 남자의 아내는 마감질로 1달러 50센트를 벌고, 남자는 재봉틀 작업으로 9달러 정도를 번다고 한다. 기숙인으로부터 주당 65센트를 받는다. 기숙인은 말 그대로 잠만 자고 식사는 밖에서 해결한다. 월세로 나가는 돈은 주당 2달러 25센트, 생활비는 5달러다. 이 공동주택의 층마다 최소 2개에서 최대 4개까지 이런 작업장이 있다. 이 중에 앞길이 창창한 젊은 가족이 하나 있다. 남편과 아내가 함께 일한다. 방금 전에 미모의 젊은 아내는 마른 빵과 녹색 피클로 저녁식사를 끝낸 참이다. 피클은 유대인 거주지에서 가장 즐기는 음식이다. 피클은 포만감을 주고 아이들이 배고파서 울지 않게 한다. 타조처럼 먹성 좋은 아이들은 그래도 튼튼하게 무럭무럭 자라기 때문에 피클이 먹기 좋은 음식임을 증명하는 셈이다. 그러면 잘 먹지 않는 아이들은? "그야, 죽지요." 우리 안내인이 무덤덤하게 말한다. 가족 구성원의 때 이른 죽음이 남은 가족의 삶을 방해하는 것 같지는 않다. 2~3년 후에 이 남자는 성공한 스웨터가 될 것이다. 벌써 다리미질하는 노인 한 명을 주급 3달러에, 예쁘장한 이탈리아 소녀를 1달러 50센트에 마무리 일꾼으로 고용하고 있다. 소녀는 열두 살이고, 읽지도 쓰지도 못한다고 한다. 앞으로도 결코 글을 배우지 못할 것이다. 어떻게 배우겠는가? 이 가족은 일이 많을 때는 일주일에 10~11달러를 벌고, 그중에서 반 이상을 저축한다.

복도 맞은편에서도 비슷한 장면이 연출되고 있다. 한 남자가 스웨터를 위해 재봉틀 앞에서 하루 12시간씩 일을 하면서 36벌의 '니 팬츠'를 만들고, 그 대가로 12벌당 42센트를 받는다. 이 남자 외에 마무리 일꾼은 10센트, 다리미질하는 사람은 8센트를 받는다. 단춧구멍은 100개당 8센트에서 10센트를 추가로 받는다. 이곳의 운영자는 스탠턴 스트리트에 집이 있고 일하기에는 아직 어린 4명의 자녀와 병든 아내가 있다. 지불하는

놀이터의 아이들.

월세는 12달러다. 열심히 일해도 주당 8달러 밑으로 번다. 이 남자처럼 돈을 향한 간절한 욕구가 좌절된 사람들은 전체 '분배'라는 약속에 설득되어 무정부주의에 동조한다. 계몽된 대중의 감정은 악덕 외국인들을 경멸한다. 이 풍요의 땅에는 그들의 비꾸러진 관념을 지지하는 공간이 없기 때문이다.

모퉁이를 돌아 헤스터 스트리트로 들어서니, 한창 성수기를 맞아 분주한 외투 제조업자의 작업장이 나타난다. 외투 제조업자는 1년 중 여섯 달은 일이 아예 없거나 있으나마나 한 상태다. 지금이 성수기다. 이 작업장에서 완제품 외투 한 벌당 75센트를 받는다. 값싼 견면으로 만든 외투는 상점에서 8달러에서 9달러에 팔릴 것이다. 아내와 두 자녀가 있는 남자는 주급 7달러를 벌고, 월세로 9달러 50센트를 지출한다. 기숙인 한 명이 월세의 3분의 1가량을 낸다. 한때는 주당 10달러를 벌어서 부자라는 생각이 들었다. 그러나 지난 2년 동안 임금은 무서울 정도로 하락했다. 생각해보라. 이렇게 '몰락'한 것이다. 다른 외투 제조업자들은 일이 있으면 집에 일감을 가져가서 자정까지 재봉을 하는 식으로 주당 12달러 이상 벌 수 있다고 공언한다. 이 가운데 한 명은 러드로 스트리트의 한 스웨터와 작업하면서 작성한 회계장부를 보여준다. 회계장부에 따르면, 그와 동업자는 성수기 중에서도 가장 바쁜 한 달 동안 브로드웨이에 납품할 최고급 의류를 오전 6시부터 밤 11시까지 악착같이 만들어 주당 15.15달러에서 19.2달러를 벌었다. 다시 말해, 한 명당 7.58달러에서 9.6달러를 번 셈이다.• 이들의 노동으로 이 작업장의 스웨터는 최소 50퍼센트 이상의 수입을 올렸을 것이다.

방향을 돌려서 우리는 러드로 스트리트에 우뚝 솟은 두 동짜리 공동주택을 지나갔다. 이 공동주택의 건물주는 잘 알려진 유대인 주류상이자 정치인인데, 이렇게 세 가지 일을 겸업하는 것은 세입자들에게 흉조다. 실제로도 가장 저렴하다는 이 '아파트'에서 6층에 있는 세 개— 이 중에 하나만 방이라고 부를 수 있을 수준인— 의 뒷방은 13달러의 월세로 임대중이다. 이 건물은 입구의 홀을 제화점으로 변경한 벤드의 예를 떠올리게 만든다. 그러나 이 제화공은 이탈리아인의 창의력으로는 생각할 수 없는 비결 하나를 알고 있다. 그는 이곳에 작업장뿐만 아니라 자신의 '플랫'도 가지고 있다. 비좁은 통로에서 걸상 뒤로 커튼을 쳐서 벽에서 벽을 완전히 채우고 있는 침대를 반쯤 가려놓는다. 침대로 가려면 발판 위로 기어야 하고, 나올 때도 마찬가지다. 이스트사이드 사람들은 이보다 더 기이한 임기응변의 사례들을 보여준다. 우리가 다녀온 공동주택 중에서 어느 4층 세대의 경우에는 인접한 공동주택의 지붕에 석탄 저장소가 있었다. 우리가 그들과 얘기를 하는 동안, 석탄 250킬로그램이 저장소에 쌓이고 있었다.

우리는 브룸 스트리트에 도착했다. 거리 모퉁이의 6층 공동주택에서 들려오는 윙윙거림은 일요일에 건물 내부에서 벌어지는 풍경을 전해준다. 가장 가까이에 있는 문을 노크했다. 식료품점을 운영하는 이 남자는 이

• 지난여름에 있었던 외투 제조공들의 파업은 이들의 승리로 끝나서 적어도 당분간은 임금이 꽤 오르게 되었다.

스트사이드의 속어로 1층을 가리키는 '현관stoop'에서 살고 있다. 이 1층 현관의 방 한 곳에서는 한 멜빵 제조업자가 아내 그리고 네 자녀와 함께 주거와 일을 동시에 해결하고 있다. 숙박인을 한 명도 두지 않은 것이 놀랍다. 아내와 18살 된 딸이 일을 나누어서 하고 있으나, 딸의 시력은 스트레스로 인해 점점 나빠지고 있다. 1년 중에서 일이 바쁜 석 달 동안은 가족이 일치단결해 일함으로써 주당 14달러에서 15달러까지 번다. 나머지 아홉 달의 평균 수입은 3~4달러다. 장남의 경우, 일이 있을 때는 오차드 스트리트 공장에서 4~6달러를 번다. 거실 하나와 부부가 잠자는 닭장처럼 작고 초라한 침실 하나에 월세 10달러다. 딸은 거실에 있는 긴 의자를 침대 삼아 잔다. 장남과 막내아들은 문가에서 잔다. 작은 들통으로 10센트씩 하는 석탄, 1파운드에 12센트인 고기, 일주일마다 1.5파운드 버터를 사는 데 36센트, 차 100그램 정도, 이것이 딸이 작성하는 이 집의 가계부 항목이다. 우유는 "품질에 따라" 1쿼트에 4~5센트다. 보건 당국은 이 말이 무슨 의미인지, 또 절반은 물이나 음식찌꺼기를 넣은 우유로 공동주택의 갓난아기들을 죽게 만든 파렴치한에게 부과한 50달러 혹은 100달러의 벌금이 얼마나 참담한 솜방망이 처벌인지를 잘 알고 있다. 이 파렴치한들의 방어 논리는 '싼 우유'를 원하는 수요가 있다는 것이었다. 이 멜빵 제조업자가 딸을 위해 **한 푼도** 저축할 수 없다는 점은 분명해 보인다. 그의 딸은 혈색만 조금 더 건강하다면 아름다운 미모의 소유자임에도 불구하고 유대인 거주지에서 결혼의 기회를 잡지 못할 터다.

러드로 스트리트의 한 지하 석탄고에서 맞는 안식일(1890년대 초).

지붕 밑 다락방에서는 세 남자가 한 벌에 20센트를 받고 아동용 재킷을 만들고 있다. 이 중에서 재봉사의 몫은 8센트, 다림질하는 사람은 3센트, 마무리 일꾼이 5센트, 단춧구멍을 뚫는 사람은 2.25센트다. 나머지 1.75센트는 거래처에 홍보하고 물건을 실어나르는 사람 몫이다. 그들은 한방에서 자면서 8달러의 월세를 지불한다. 세 남자 모두 당장은 혼자다. 다시 말해서 아직 이민을 오지 않은 아내들은 지구 반대편에서 남편들이 벌어서 보내주는 뱃삯을 기다리고 있다. 그들이 작업대에서 먹는 아침은 한 개에 1센트씩 하는 롤빵 두 개와 물 한 모금, 여기에 일이 잘 돌아갈 때 곁들이는 우유가 전부이고, 점심은 식당에서 배불리 먹고, 저녁은 다시 아침과 같은 메뉴로 때운다. 식당에서 먹는 점심식사는 손님 입장에서는 아주 푸짐하면서 일반적인 특징 이상의 의미를 지닌다. 관례라고 부르는 것이 더 맞을 것 같다. 나는 오차드 스트리트의 저렴한 식당 두세 곳을 알고 있는데, 이 식당들의 단골손님인 폴란드계 유대인들은 탈곡하는 소에게 재갈을 물리지 말라는 격언을 기억하고 있다. 이웃인 식당 주인들은 물론 서로 경쟁자이고, 가격 인하 경쟁을 벌이고 있다. 내가 그쪽 식당가에 마지막으로 갔을 때, 한 곳에서는 스프, 미트스튜, 빵, 파이, 피클 그리고 맥주 큰 컵으로 한 잔에 13센트를 받았다. 다른 곳에서는 비슷한 식사에 15센트를 받은 반면, 맥주를 큰 컵으로 두 잔 그리고 시가나 담배를 따로 제공했다. 하지만 2센트의 차이가 승패를 갈랐고, 13센트 식당은 크게 성공해 밀려드는 손님을 받으려면 가게를 확장해야 할 상황이었다. 상황이 이렇다보니 유대인 거주지의 기숙인들은 하루에 25센트만 있으면 '왕처럼' 살 수 있다고 했다. 일주일에 30센트에서 50센트까지 다양한 숙박비를 포함한 금액으로 벌이가 많든 적든 돈을 아낄 수 있다는 뜻이다.

유대인 거주지에는 과도한 월세를 지불하는 데 도움을 주는 기숙인들이 넘치도록 많다. 밤이 되면 유대인 거주지 전체에서 간이침대든 그냥 바닥이든 잠을 자는 기숙인이 최소 한 명—일부는 10명 이상—인 집이 태반이다. 이런 '집'에서 프라이버시를 말해봐야 부질없는 짓이다. 여기서 프라이버시라는 용어를 사용하는 것은 호텐토트 사람(미개인) 앞에서 사회윤리를 강의하는 것과 같은 맥락에 지나지 않는다. 과장이 아니다.

이상이 제조업을 하는 내 친구로 하여금 저가 의류는 뉴욕이 '세계 최고'라고 자랑하게 만든 경제 상황이다. 그 친구는 자신의 주장을 뒷받침하기 위해 작년에 바우어리의 한 회사에서만 평균원가 1.12달러의 옷을 판매가 1.95달러에 1만 5,000벌 팔았다고 말했다. 그는 또 자재비로 15센트를 들여 만든 여러 사이즈의 아동복을 75센트의 도매가로 넘길 수 있고, 아동용 케이프오버코트(오버코트에 케이프(어깨망토)가 달린 형태로, 아동복에서 흔한 형태다—옮긴이) 역시 같은 가격에 팔린다고 했다. 이러한 상황은 뉴욕의 유대인 빈민을 돕기 위해 한 달에 1만 달러의 선물을 아낌없이 나눠주고 있는 모리츠 폰 히르슈Moritz von Hirsch•의 자선단체 운영진들을 당혹스럽게 만든다. 빈민을 구빈법에 의존하지 않도록 하면서

• 독일계 유대인 백만장자로, 아르헨티나 유대인 이민자를 위한 유대인정착협회Jewish Colonization Association를 비롯해 유대인의 교육과 생활 증진을 위해 자선단체를 설립했다—옮긴이.

동시에 이 문제를 고착화시키지 않고 자선기금을 활용하기 위해 적절한 통로를 찾기란 쉬운 일이 아니다. 과거에 유대인들은 성공적으로 정착하지 못했다. 대다수가 자발적으로 농사를 짓기에는 지나치게 사교적인데다 상인 기질도 강해서 농경을 방해했다. 설령 유대인의 성공적인 정착을 위해 싼값에 토지를 구입해 대규모 주택을 지을 수 있다고 해도, 그들을 모범 공동주택에 몰아넣는 것은 육체적인 고단함을 어느 정도 덜어줄 뿐이지 근본적인 치료가 아니라 병증 완화에 그치는 것과 같다. 수공예 직업훈련학교의 경우, 교육을 받는 수개월 동안 생계비를 추가로 지원해야 하는 성인들까지 혜택을 주기는 어렵다. 이 직업훈련학교는 공공의식을 지닌 시민들의 많은 노력과 가장 뛰어난 방법론들을 모아온 조직, 즉 유대인자선단체연합의 현명한 관리 아래에서 젊은 세대를 상대로 가장 탁월한 효과를 입증했다. 이 계획 중 일부 혹은 전부가 실천될 수 있을 것이다. 핵심은 이민자의 무지다. 이민자들은 첫번째이자 가장 필수적인 단계로서 자신들이 선택한 나라의 언어를 배워야 한다. 이것은 무엇보다도 본질적이고 절대적인 과정이다.

우리가 각자의 집으로 돌아갈 때는 저녁이 밤으로 깊어졌고, 그동안의 침묵도 깨져 있었다. 공동주택의 불 밝혀진 무수한 창문은 거대한 돌벽에 나 있는 흐릿한 적색 눈알처럼 빛나고 있었다. 건물 출입구마다 피곤에 지친 남녀들이 쏟아져나와서 잠들기 전까지 밖에서 30분간의 휴식을 취하고자 쉼없는 노동으로 지친 눈을 감고 있다. 반벌거숭이의 아이들이 거리와 보도에 엎드려 있거나 돌계단에서 졸고 있다. 이런 사람들을 보기 위해 우리가 어느 공동주택 앞에서 멈추어 섰을 때, 얇은 옷을 입은 지저분한 몰골의—더럽고 추레하지만 그래도 인간의 자식이기에 예쁜—어린아이가 제일 밑 계단에서 떨어져 한 번 구르더니 무의식적으로 내 다리를 붙잡았다. 그러고는 보도에서 곱슬머리를 내 구두에 올려놓고는 계속 자는 것이었다.

제12장

시가를 만드는 체코인 공동주택

자신의 공동주택에서 일하고 있는
체코인 담배 제조공.

세입자에게 혜택을 주고 그들의 어려움을 덜어주기 위해 만든 법, 그런데 이 법을 회피하는 구실만큼이나 유대인 거주지에서 이루어지는 공동주택의 역할은 사악하지만, 우리는 아직 공동주택의 나쁜 역할에 대해 조금밖에는 살펴보지 않았다. 공동주택이 계속해서 대중의 비난과 경멸을 받는다면, 그 이유는 공동주택이 어떤 식으로든 빈자들이 겪는 고통 중 4분의 3에 직접적인 책임이 있거나 밀접한 관련이 있기 때문이다. 체코인 거주 지역에서 공동주택은 자긍심 강한 민족에게 미국 남부를 부끄럽게 만든 노예제를 강요하는 수단이다. 세입자를 착취하는 것으로는 만족하지 못한 건물주는 집주인이자 고용주라는 이중 지위를 이용해 체코인 세입자를 실질적인 노예 상태로 내몬다. 십중팔구 유대인인 집주인이자 고용주가 간혹 검소한 폴란드인이라고 해서 상황이 나아지는 것은 아니다.

체코인이 이스트사이드의 넓은 지역에 흩어져 살면서 쐐기 모양의 인구분포도를 이루어 독일인 인구의 단조로움을 상쇄한다고는 하나, 이 지역을 체코인 거주지로 부르는 것은 적절하지 않다. 체코인과 독일인은 험준한 보헤미아 산맥이 아닌 이곳 뉴욕에서는 더는 뒤섞여 살지 않는다. 30년 전쟁의 메아리가 250년 지난 지금 뉴욕에서 울리고 있다. 그것은 정복당한 체코인 사이에서 잉태된 거대한 전쟁 같은 증오심의 깊은 메아리다. 주된 이유는 체코 이민자의 철저한 고립 때문이다. 고립을 가져오는 몇 가지 요인이 있다. 유난히 거칠고 매력이 없는 언어, 이 언어를 쉽게 버리기는 어렵고 그렇다고 타인과 공유하기도 어렵다. 자기 민족에 대한 완고한 자부심, 그리고 이들이 공공의 평화를 방해하고 노동 조직을 적대시한다며 부당하게 낙인찍고 있는 사람들의 선입견. 나는 이 땅에 있는 체코인이 매우 폭력적이라는 말을 믿지 않는다. 체코인은 자신에게 무정부주의의 그늘을 드리우는 비방자들을 향해, 최근의 통계(1880)를 빌려, 모든 민족을 통틀어 범죄자의 수가 가장 적은 민족이 바로 체코인이라고 항변할 것이다. 뉴욕에서 체코인 범죄자는 매우 드물어서 수년 전에 있었던 두 명의 방화범이 그나마 분명한 위해를 끼친 범죄자로 기억되고 있다. 체코인이 싼 노동력을 앞세워 노동조합의 협정액보다 더 낮은 임금으로 일함으로써 '배신자'처럼 산다는 비난에 대해서는, 그들이 노동문제에 대해 취하는 태도의 1차 원인이 바로 노동조합이라며 반박하고 있다.

휴스턴 스트리트 조금 위쪽, 그러니까 5번가와 그 인근에 체코인의 첫 정착촌이 있다. 여기로부터 약 2.5킬로미터 거리의 38번가에 도착하기 전까지는 체코인이 거의 눈에 띄지 않는다. 54번가와 73번가는 사람이 붐비는 체코인 정착촌의 중심지다. 체코인은 유색인종을 제외하고 같은 지역의 다른 계층에 비해 주거지 선택이 제한적이긴 하나, 그래도 이들의 생계를 책임지는 시가 공장의 위치가 집을 선택하는 결정적인 요인이 된다. 아마 뉴욕에 사는 전체 체코인 중에서 절반 이상이 시가 제조공일 것이다. 그리고 이 가운데 상당수는 소위 공동주택 공장이라고 불리는,

가장 단순한 노동력을 최저임금으로 제공하는 곳에 몰려 있다. 이런 공동주택 공장들은 체코인에게 가장 큰 시련인 동시에 그들을 적대시하는 다른 노동자들의 주된 악감정이 향하는 대상이다. 자신의 작업장 근처에 서너 채에서 열 채 이상의 공동주택을 소유한 제조업자는 체코인을 세입자로 채우고는 지나치게 높은 월세를 책정하고, 심지어 '보증금' 5달러를 요구하는 경우도 빈번하다. 그리고 일주일 단위로 체코인 세입자들에게 담배 만드는 일거리를 주면서 그들이 절망 속에서 반기를 들 수밖에 없을 정도로 낮은 임금으로 그들을 혹사시킨다. 시키는 대로 하거나 아니면 일자리를 잃고 쫓겨나거나 둘 중에 하나를 택해야 한다. 세입자의 빈곤이 어느 정도인가가 이 선택을 결정한다. 대부분 오랜 시간 망설일 입장이 아니다. 지칠 줄 모르는 근면성에서 막상막하인 폴란드계 유대인과는 달리, 체코인이 충분한 비상금을 준비해두는 경우는 거의 없기 때문이다. 맥주를 좋아하고, 버는 만큼 쓰면서 사는 걸 좋아한다. 작업장이 잘나가면 예전보다 더 쓰라린 족쇄가 체코 세입자들을 옭아맨다. 쫓겨나는 경우라면, 길거리에 나앉게 된 한 무리의 가족들의 비운과 곤궁에 관한 신문 기사들이 나올 것이다.

성인 남녀와 어린이들이 이 음산한 공동주택에서 가족의 생계를 위해 새벽부터 한밤까지 일주일 내내 일한다. 아내가 본국에서 시가 제조공으로 일했고, 영어를 몰라 다른 일자리를 구할 수 없는 남편이 생계를 위해 아내의 일거리를 돕는 경우가 많다. 노동조합에 대한 체코인의 지독한 적대감에 대해 말하자면, 그들의 아내들이 체코인의 초기 이민 시절부터 있었던 이 대립의 1차 진원지였다. 노동조합들은 여성의 입회를 거부했고, 생계의 상당 부분을 책임지는 체코인 여성들과 마찰을 빚었다. 공장주들은 자신들의 이익을 위해 노동조합과 노동자의 대립을 부지런히 부채질해왔다. 승자는 공장주였다. 뉴욕 주 최고법원이 수년 전에 통과된 법, 요컨대 공동주택 내에서 시가 제조를 금지하는 법이 위헌이라고 결정함으로써 다툼에 종지부를 찍었기 때문이다. 이 결정이 효력을 지니는 동안, 가정이자 일터인 이 공동주택의 충격적인, 특히 위생적인 관점에서의 온갖 섬뜩한 이야기들이 들려왔다. 그리고 지금까지 남아 있는 전반적인 인상이 있으니, 그것은 체코인이 유난히 자포자기 상태라는 것이다. 그러나 면밀한 조사를 끝낸 보건국은 그렇지 않다는 사실을 발견했다. 나 자신 또한 한참이 지난 시점에 시가 제조공들이 그들의 공동주택을 최악의 환경으로 간주하고 월세 또한 지나치게 높다는 인식을 드러내는 많은 예를 접할 수 있었다. 물론 이 사람들은 가난했고, 극빈자인 경우가 많았다. 하지만 불결하지 않고 오히려 그 반대다. 이들은 어디에나 퍼져 있는 담배 냄새로 인한 창백한 안색에도 불구하고 10구의 의류 제조공들보다 훨씬 더 양질의 삶을 산다. 다시 말해서 다른 실내 노동자들보다 건강이 딱히 나빠 보이진 않는다. 나는 몇 건의 폐병 사례를 조사하다가 최소 한 건은 (의사에 따르면) 담배 연기를 지속적으로 흡입한 것이 원인이라는 사실을 알아냈다. 그러나 보건국의 사망 기록을 검토한 결과, 체코인 시가 제조공들이 특히 폐병에 잘 걸린다는 주장을 뒷받침하는 자료는 찾을 수 없었다. 오히려 폐병으로 인한 체코인의 사망률은 상당히 낮다. 하지만 이런 과학적인 사안과 좀더 복잡한, 요컨대 체코인 공동주택 지역에서 아동의 확연한 감소가 부모의 직업과 상관관계가 있는지에 대한 문제는 다른 사람들에게 맡겨두기로 하겠다. 내가 확인한 극도의 불만은 임금이 턱없이 낮다는 것과 최소한의 주거 환경에 부과되는 월세가 지나치게 비싸다는 것이었다. 이 정도로도 고통을 충분히 대변한다.

이스트 10번가에 있는 한 주택단지를 예로 들어보자. 이 단지에는 시가 제조 일을 하는 35가구가 살고 있는데, 대다수가 인생의 절반을 이 지역에서 보냈음에도 불구하고 아이들을 제외하고 전체 주민 중에서 영어를 한마디라도 할 수 있는 사람은 여섯 명이 채 되지 않을 것이다. 거리 쪽으로 두 개의 창문이 나 있는 거실과 창문이 없는, 좋게 말해서 침실이라고 부르는 뒷방 하나, 이런 집의 월세가 12.25달러다. 거실에서는 부부가 벤치를 놓고 아침 6시부터 밤 9시까지 일한다. 팀을 이루어 담뱃잎을 벗긴다. 그다음에는 남편이 필러filler•를 만들고, 아내가 시가를 말아서 완성한다. 부부는 시가 1,000개비당 3.75달러를 받는데, 둘이 합쳐서 일주일에 3,000개비의 시가를 만들 수 있다. 임금에 대한 불만이 결국 폭발해 얼마 전에 이 공동주택의 노동자들은 5~5.5달러를 요구하면서 파업을 시작했다. 우리가 이 집에 머무는 동안, '사장'의 최후통첩이

• 담배맛의 가장 중요한 부분으로, 시가 담배에서 내부를 이루는 속잎을 필러라고 한다. 시가를 말 때 형태를 잡아주고 필러 잎을 고정하는 중간 잎을 바인더Binder, 전체 시가 담배의 피부에 해당하는 겉잎을 랩퍼Wrapper라고 한다 — 옮긴이.

받아들여졌다. 사장은 시가 1,000개비당 종전대로 3.75달러, 즉 단돈 1센트도 올려주지 않겠다고 했다. 남편은 지적인 사람으로 보였으나, 뉴욕에 산 지 9년째인 지금까지 영어도 독일어도 할 줄 몰랐다. 명랑한 세 아이들이 집안에서 놀고 있었다.

같은 층에 사는 이웃 남자는 뉴욕에 온 지 15년이 됐으나, 영어를 할 줄 아느냐는 질문에 고개를 저었다. 독일어로 묻자, 떠듬떠듬 몇 마디로 답했다. 그는 월세로 11.75달러를 내고 있으며, 아내 외에도 장남이 함께 일하는 이점이 있었다. 세 명이 팀을 이루어 시가 1,000개비당 3.75달러를 받고 일주일에 4,000개비까지 만든다. 이 체코인은 가족이 많았다. 일하기에는 어리고 보살핌을 받아야 하는 아이가 넷이었다. 체코인 정육점의 일주일 계산서를 통해 10번가와 러드로 스트리트의 가정 식단을 비교해보면, 러드로 스트리트에서 1파운드에 12센트인 고기가 10번가에선 2.5~3달러다. 폴란드계 유대인은 하루에 1파운드의 고기를 소비할 정도로 대가족을 이룬다. 이 차이는 전형적인 특징을 보여준다. 여기에 있는 방 세 개 가운데 두 개는 어둡다. 방 한 곳은 천장의 일부가 내려앉아 있었다. "집주인한테 석 달 전부터 고쳐달라고 했어요." 야간학교에서 영어를 배우고 있는 꽤 영리한 장남이 말한다. 그의 아버지는 영어를 할 줄 몰랐고, 그저 체코어가 아니면 벙어리고 귀머거리가 된다. 이렇게 6년을 살고 있다. 그는 열심히 노력해 전문가 수준의 기술을 지니게 되었다. 아버지와 어머니 그리고 아들이 완벽한 팀을 이루어서 주당 15달러에서

16달러를 벌고 있다.

옆집에 사는, 수염이 근사하고 눈빛이 예리한 남자는 통역사를 통해 우리의 질문을 받고 답했다. 이 남자의 얼굴은 하루종일 미국인 기계공 사이를 걸어봐도 한두 명 마주칠까 말까 할 정도로 아주 영민해 보였으나, 정작 9년 동안 영어를 한마디도 배우지 못했다. 반면에 독일어는 배우고 싶지 않았던 모양이다. 다른 사람들과 마찬가지로, 그의 사연도 들어보니 납득이 갔다. 그는 생계를 위해 늘 부지런히 일해왔다. 아내와 함께 쉬지 않고 일해서 재료가 부족하지 않을 때는 일주일에 3,000개비의 시가를 만들어 11.25달러를 번다. 겨울에는 일주일에 2,000개비의 재료만 제공되는데, 어두운 골방을 포함해 두 개의 방으로 나가는 월세는 변함없이 10달러이고 먹이고 입혀야 할 아이들이 여섯이다. 모국에서는 대장장이로 일했으나, 이곳에서는 영어를 모르니 그 일을 계속할 수 없단다. 그는 영리한 표정으로 만약에 영어를 할 줄 알았더라면 지금보다 더 괜찮은 일을 할 수 있었을 것이라고 말했다. 요즘은 자주 자정까지 일하는데, 만약 6시 정각에 일을 끝내면 행복할 것 같다고 했다. 방법이 있을까? 그를 이해해줄 체코인 대장장이는 한 명도 없다. 결국 그는 굶어죽을 것이다. 이렇게라도 해서 아내와 함께 최소한의 생계를 꾸릴 수 있다. "맞아요." 이렇게 말한 사람은 집안일을 하면서 이야기를 듣고 있던 아내였다. "애들 아빠가 대장장이 일을 하면 사정이 나아질 거예요." 그렇게 되면 가정다운 가정을 꾸리고 참 행복할 것이라고 말했다. 세상에서 가장 번창하는 이 도시에서 이루어질 수 없는 노동자의 꿈이라! 아내가 살짝 억누른 한숨과 함께 집안일을 하면서 남편의 손을 부드럽게 두드리는 모습에서 진한 비애감이 느껴졌다.

71번가와 73번가 사이에 늘어선 공동주택들, 이 앞에 세워져 있는 재통들은 주택 내부에서 무슨 사업이 이루어지고 있는지 홍보하고 있다. 재통에는 벗겨진 담뱃잎 줄기가 가득차 있다. 모퉁이에서 우리를 기다리고 있던 고약한 냄새가 복도까지 따라 들어와, 건물의 구석과 틈으로 스며든다. 좀더 아래쪽에 있는 정착촌에서처럼 이곳에도 방마다 작업대와 뭉툭한 칼이 있고, 베갯잇으로 만든 갈색의 기름때 낀 자루 하나가 쓰레기 조각들을 담기 위해 작업대 앞에 고정되어 있다. 이곳의 건물주 겸 고용주는 방 세 칸에 예외 없이 12.5달러의 월세를 받는다. 방 세 개 중에서 두 개는 어둡기 마련인데, 한 개는 완전히 캄캄하고 다른 한 개는 거실을 통해 빛이 조금 든다. 계단에서 만난 맨발의 세 아이, 이들의 엄마는 얼마 전에 일을 더는 할 수 없을 정도가 되었을 때 병원에 실려갔다. 그녀는 병원에서 살아서 나오지 못할 것이다. 이런 공동주택에는 버릴 것이 없다. 옷가지처럼 삶도 헤지고 닳다가 버려지기 전에 없어져버린다. 그녀의 일자리는 이미 다른 사람에게 넘어갔다. 그녀의 남편이 주당 15.5달러의 수입을 나누는 조건으로 다른 여자를 들인 터였다. 남편은 얼마 전에 성공적으로 끝난 파업 결과, 즉 공동주택마다 시가 1,000개비당 4.5달러로 올린 임금의 혜택을 받게 되었다. 임대차계약 중단 통지문이 이미 세입자들에게 전달되었으나, 고용주이자 건물주들이 월세 수입이 사라질 것을 두려워해 굴복한 것이다. 남자에게 몇 시간이나 일하는지 물었더니, 이렇게 답했다. "물건들이 보이는 시간부터 잠들 때까지." 잠드는 시간은 밤 11시였다. 하루에 17시간, 일주일에 7일을 일해서 2인에 13센트, 그러니까 1인당 6.5센트를 번다니! 공동주택의 시가 제조공들은 보통 여름에 벌이가 좋다. 겨울에는 4분의 1 수준이다. 그래도 방들은 깨끗하게 유지된다. 침실의 가장 깊숙한 곳에서 여자가 축축한 담뱃잎 더미를 꺼내와 벗길 준비를 한다. 그들은 담뱃잎이 말라 부서지지 않게 덮개를 씌워 침실 깊숙이 보관한다. 금요일부터 금요일까지, 결산을 끝내고 새로운 담뱃잎을 제공받을 때까지 늘 그렇게 한다. 이 침실에서 잠을 자는데, 익숙하지 않은 사람들에게 고역인 담배 냄새가 이들에게는 아무렇지도 않다. 익숙해진 것이다.

모퉁이 근처의 집, 공장 주택이 아닌 이곳에 담배 연기 때문에 폐병에 걸렸다는 진단을 받은 남자가 살고 있다. 어쩌면 운동 부족도 한몫했을 것이다. 이 남자의 사례는 그 자체만으로도 흥미롭다. 그 또한 체코인치고는 대가족을 거느리고 있다. 건사해야 하는 아이가 여섯이다. 원래 직업이 제화공이었던 그는 13년 동안 제조업자 소유의 공동주택에서 아내를 도와 시가를 만들어왔다. 일을 매우 잘했던 아내 덕분에 그는 자신의 건강이 나빠진 2년 전까지만 해도 둘이서 하루 작업 시간을 최대한 늘리면 주당 17달러에서 25달러를 벌었다. 더는 일을 할 수 없는데다 담배 냄새로부터 멀리 떨어지라는 의사의 지시를 받고 집을 옮긴 지금, 생계의 부담은 고스란히 아내 혼자서 지고 있다. 아이들은 모두 어려서 그녀를 도와줄 수 없다. 그녀는 주당 8달러를 받고 가게에서 일한다. 이런 생활은 계속될 수밖에 없다. 그뿐이다. 그나마 다행인 것은 이사한 공동주택이 시가 제조를 하지 않아서 월세가 저렴하다는 점이다. 맨 위층에 빛이 잘 드는 방 두 개에 7달러다. 살림은 하지 않는다. 72번가에 사는 한 여자가 제공하는 요리를 녹초가 된 남편을 대신해 아내가 가져오면 된다. 커피와 딱딱한 비스킷 아니면 흑빵으로 때우는 아침이 8인분에 20센트다. 양이 넉넉하다고, 이 아담한 여성은 꿋꿋하고 인내심 어린 미소를 머금고 말한다. "그렇다고 남겨둘 정도는 아니지만……" 귀를 기울였으나, 여자는 말을 하다가 말았다. "저녁은요?" 아이 중 하나가 요리사한테 가서 가져온단다. 오호! 고기, 수프, 야채와 빵까지 30센트면 된단다. 이것이 가족의 주식이다. "그렇다면 저녁을 먹으러 집에 들르나요?" 아니란다. 여자는 가게를 떠날 수 없어서 작업중에 간단히 때운다. 또다시 질문. "무엇으로 간단히 때우죠?" 외과의의 냉정한 메스에 진짜 육체적 통증을 느낀 사람처럼 그녀가 인상을 찌푸린다. 이윽고 빵으로 때운다는 대답이 들려온다. 그러나 밤에 가족이 다 함께 소시지와 빵으로 식사를 한단다. 10센트면 뭐든 원하는 것을 먹을 수 있다. "정말요?" 그녀는 자신의 무릎에 앉아 있는 어린아이의 머리칼을 쓰다듬는다. 아이는 먹는 생각을 해서인지 배고픔에 눈을 반짝이면서 암팡지게 고개를 끄덕여 엄마의 말을 뒷받침한다. 여자는 이렇게만 덧붙인다. "월세를 내는 주만 먹는 양을 줄이긴 해요."

그러나 체코인이 무정부주의자이고 이단이라는 말들은 어떻게 된 것일까? 사람들 열에 아홉은 이런 말들을 기정사실로 받아들인다. 모국에서 그러했듯이 이민 온 새로운—자유를 꿈꾸었던—땅에서도 모두가 그들을 홀대하는 상황이다. 그러니 억압하려고만 존재하는 것 같은 이 사회에 반항하는 쪽으로 나갈 수밖에 없는 셈인데, 이보다 더 논리적인 이유가 있는가? 하지만 이 반골 성향은 타고난 것이 아니다. 체코인은 천성적으로 음악과 노래를 사랑하듯 평화를 사랑한다. 누군가 이렇게 말한 적이 있다. 체코인은 전쟁을 원하지 않지만, 일단 공격을 받게 되면 항복하는 방법보다는 싸우다 죽는 방법을 더 잘 알고 있다고. 체코인은 비범한 재능과 강한 열정을 지닌 중부 유럽의 아일랜드인이다. 그들도 아일랜드인들처럼 지주의 수탈을 겪었고, 그것을 잊을 수 있으리라 기대했던 이 땅에서 또다시 언제 끝날지 모를 노동력 착취에 시달리고 있다. 우리의 언어와 법치에 무지하고 고립된 채로 그들의 노래가 압제자들을 향한 저주로 끝날 때까지 그들은 가난에 짓눌린다. 이것을 나쁜 길로 들어선 몇몇 악인들이 겪는 인과응보라고 할 수는 없다. 이런 일이 지금까지 벌어지고 있다. 어쩌다가 극소수의 체코인이 일으키는 소동에도 범죄 통계는 벌써부터 그들이 거친데다 폭도의 성향을 띠고 있다고 결론을 내린다. 체코인의 땅에서 수백 년 동안 지속된 가톨릭과 신교도의 격한 대립에서 비롯되었을지 모르는 이단적인 주장도 악하고 야만적인 것으로 취급받는다. 치커링 홀에서 개최된 기독교협의회에서 자기 동포를 대변했던 체코인 목사는 이에 대해 더욱 강경하게 반박한다. "그들은 태어나면서 가톨릭교도였고, 어쩔 수 없이 이교도가 됐으며, 역사와 성향에 의해 신교도가 되었습니다." 그는 자유사상가들이 그의 교회 바로 옆에 두 개의 학교를 세우고 교회의 영향력을 차단해왔으나, 단 몇 명이었던 그의 신도들이 불과 2~3년 만에 크게 늘었다는 간증을 덧붙였다. 그 신도 중에는 무정부주의자와 자유사상가들도 포함되어 있다.

그래서 이 모든 문제는 또다시 교육의 문제로 귀착된다. 이들이 인간이 감당하기에는 비참하리만큼 가난하기 때문에 더더욱 절박하다. 이들 중에서 자신의 생각을 정확히 전달할 수 있는 사람이 이렇게 말한다. "내일 당장 가지고 있는 소중한 것을 전부 팔아도, 이 나라에서 집과 땅을 살 수 있는 사람은 한 명도 없어요."

제13장

뉴욕의 인종차별

'아프리카' 지역의 한 블랙앤탠 술집(브룸 스트리트, 1889년경).

공동주택이라는 그림에 서린 명암을 합당하게 파악하려면 인종차별에 주목해야 한다. 집주인들은 굳이 변명하지 않고 독재자처럼 노골적으로 야만 그 이상도 이하도 아닌 인종차별을 자행하고 있다. 러시아인의 토지에 영향력을 행사하는 차르보다 흑인 세입자를 대하는 뉴욕의 집주인이 더 절대적인 위치에 있다. 흑인은 집주인이 받아주는 곳으로 간다. 집주인이 문을 잠그면, 열릴 때까지 밖에서 기다린다. 흑인은 집주인의 하해와 같은 은혜 덕분에 그나마 일부 지역에 거주하기도 하고, 집주인의 추방령에 따라 어느 지역에서는 내쫓기기도 한다. 흑인들은 그들의 잘못이라고 힐난을 받게 되면 차분하게 그 책임을 받아들인다.

최근에 대중 의식이 깨어나기 시작했고, 각성의 징후가 나타나고 있다. 그러나 이 부분에 대해서 집주인들이 이바지한 것은 없다. 집주인이 뭐라고 하든, 각성은 시작되었고 진행중이다. 이 세상의 인종을 통틀어 유일하게 흑인만 소문자 n(negro)으로 표기하는 한, 이 차별은 완전히 없어지지 않을 것이다. 자연선택은 모든 시대에서 의심의 여지 없이 인종을 구분하는 데 일정 부분 관여할 것이다. 그러나 무방비 상태의 흑인들을 의도적으로 폭압함으로써 최하층에 있는 그들로부터 그나마 모든 것을 빼앗으려고 한다. 정도의 차이만 있을 뿐 실상 흑인을 주인 맘대로 팔거나 교환하는 가재도구로 여기는 노예 제도, 여러 조짐이 틀리지 않는다면, 이번 세기에 그것도 뉴욕에서 그 노예 제도의 마지막 성행을 보게 될 것이다.

남북전쟁 이래 뉴욕은 계속해서 남부 도시를 떠나 밀려오는 흑인들의 과도한 유입을 받아들여왔다. 그 결과 최근 10년 동안 뉴욕에서 흑인의 수가 10차 인구조사 이래 두 배가 되었다고 추정될 정도로 증가했다. 이 대규모 이동이 흑인에게 득이 되었는지는 의문스럽다. 흑인은 고향인 남부에서 실제적 권한을 가지고 상업 활동을 했으나 뉴욕에서는 사정이 달랐다. 혹자는 남부의 상업 활동은 유색인에게 금지된 것이 아니라 선택의 문제이기 때문이라고 답할지 모르겠다. 그럴 수도 있다. 여하튼 흑인은 선택하지 않는다. 뉴욕에서 일하는 흑인 목수나 석공이 몇 명이나 될까? 남부에서는 많았고, 흑인 중에서 가장 똑똑한 사람의 말을 귀담아듣는다면, 그중 많은 수가 뉴욕으로 이주했다. 사실 흑인은 뉴욕에서 별다른 노력을 하지 않은 채 느긋함을 좋아하는 기질과 전통에 따라 여전히 그들에게 가장 잘 어울리는 것처럼 보이는 하인 일을 하면서 하층생활을 받아들인다. 심지어 흑인 이발사마저 빠르게 과거의 유물이 되고 있다. 흑인들은 강가를 따라서 숙련을 요하지 않는 일이면 무엇이든 가리지 않고 편안하게 임한다. 그렇다고 그런 일을 더 선호하는 것 같지는 않다. 이렇게 흑인의 영역이 정해진다. 자연스럽게 빈민 사이에, 빈민의 집에 자리를 잡는 것이다. 최근까지 흑인이 실제적으로 집을 선택할 수 있는 곳은 웨스트사이드의 좁은 지역으로 한정되었다. 그래도 이 제한된 선택에는 사회적 상층과 하층이 포함되어 있다. 즉 32번가와 그만큼 북쪽 끝에 있는 7번가의 공동주택들은 상층이다. 흑인들의 주거가 허락된 이곳은 경찰들이 지우려고 애써온 고약한 평판이 나 있어서 괜찮게 사는 백인 세입자는 찾아보기 어렵다. 톰프슨 스트리트와 사우스 5번가의 지독한 빈민굴은 하층이다. 이곳 옛 '아프리카'는 지금 현대적인 이탈리아로 빠르게 변모하고 있다. 오늘날은 요크빌과 모리사니아에 흑인 거주지역이 있다. 밑에서는 각종 사업체와 이탈리아인이, 위에서는 팽창하는 인구가 잠식해들어옴으로써 흑인의 2차 노예 해방을 가져온 셈이다. 흑인이 낡은 공동주택을 떠나면서 세입자들 사이에 분명하고도 만족스러운 개선책들이 나왔다. 그것은 인간을 전락시키는 사악한 환경의 영향력에 대해 어떤 이론이나 연설보다도 더 큰소리를 냈다. 올해 인구조사원이 99번가의 '플랫'에서 발견한 흑인은 톰프슨 스트리트와 설리번 스트리트의 블랙앤탠 슬럼 지역에 살았던 그들의 '검둥이' 선조들과는 판이하게 달랐다. 현재 요크빌에서 할렘까지 성장하고 있는 흑인들의 새로운 정착촌보다 더 깨끗하고 질서정연한 공동체는 뉴욕에 없다.

새로운 환경에서 흑인이 보여주는 특징은 청결인데, 과거에 살던 곳에서도 청결은 그들의 미덕이었다. 흑인은 과거에 자신들보다 세입자 등급에서 상위로 분류됐던 백인 최하층, 이탈리아인과 폴란드계 유대인보다 훨씬 더 깨끗하다. 그런데도 흑인은 언제나 가장 형편없고 가장 빈약한 방에서조차 어느 인종보다도 높은 월세를 지불해왔다. 이 조직적인 약탈의 원인은 백인이 같은 집에서 흑인과 살려고 하지 않는 데 있다. 심지어 백인은 흑인이 최근까지 살았던 집도 피하고, 그 결과 집값이 떨어진다.

편견은 분명히 존재하지만, 그렇다고 "흑인이 한 번 살았던 집에는 영원히 흑인이 산다"를 무슨 격언인 양 내세우는 부동산 중개인들이 이 편견을 덜어주지는 않는다.

『리얼 이스테이트 레코드Real Estate Record』가 지난해에 실시한 조사에서 나타나듯, 방법은 저 격언 속에 있다. 부동산 중개인들은 사실상 흑인이 깨끗하고 단정하며 '유익한' 세입자라는 점을 열이면 열 모두 인정한다. 뉴욕에서 최대 규모의 부동산 회사 한 곳에서 나온 다음과 같은 증언도 있다. "우리는 서민층의 백인 외국인보다는 극빈층의 흑인을 세입자로 선호합니다. 후자가 전자보다 청결하고, 집을 심하게 훼손하지 않아요. 게다가 월세를 더 많이 받을 수 있죠. 19번가의 한 공동주택의 경우, 방 두 개에 10달러를 받고 있는데, 예전에 백인 세입자들한테서는 7.5달러 이상은 받지 못했어요. 6번가와 7번가 사이의 33번가에 소유하고 있는 4층 공동주택의 경우, 각층마다 4개의 셋방이 있고, 셋방은 각각 응접실, 침실 두 개, 주방으로 이루어져 있어요. 월세로 1층은 20달러, 2층은 24달러, 3층은 23달러, 4층은 20달러 그래서 한 달에 총 87달러이고 1년에 1,044달러죠." 또다른 부동산 회사는 세입자를 백인에서 흑인으로 바꾼 뒤부터 임대 수익이 15퍼센트에서 20퍼센트 증가했다고 구체적인 수치를 들었다. 뿐만 아니라, 한 공동주택을 '유럽의 하류층' 백인에게 임대를 하고 보니, 그 백인 가족의 생활습관이 지저분하고 소득이 낮았다는 사례도 있다. 반면에 흑인이 더 깨끗하고 양호하며 안정적인 세입자임이 증명되었다. 그런데 흑인의 월세는 낮아지지 않고 다음과 같은 비교 결과를 보여주고 있다.

		백인 세입자의 월세	흑인 세입자의 월세
본채 전면	1층(가게 등등)	21달러	21달러
	2층	13달러	14달러
	3층	13달러	14달러
	4층(뒷방 포함)	21달러	14달러
본채 후면	2층	12달러	12달러
	3층	12달러	13달러
	4층(앞 방향)	-	13달러
뒤채	1층	8달러	10달러
	2층	10달러	12달러
	3층	9달러	11달러
	4층	8달러	10달러
	합계	127달러	144달러

월세가 한 달에 17달러, 연 204달러가 증가했고, 13.5퍼센트 가까이 인상됐다. 임대 수익 면에서 흑인 세입자가 더 '이득'이 된다. 확실히 그렇다!

내가 몇 가지 사례를 길게 인용한 이유는 여론을 의도적으로 혼란스럽게 하는 집주인들의 전횡을 밝히고자 함이다. 그들이 자신들의 이기적인 목적을 위해, 사그라지고 있는 편견을 계속 부추기고 있기 때문이다. 그래서 이 전횡의 시대가 끝난다면 당연히 축하할 일이다. 1년이 지나지 않아서 나는 흑인을 누구보다 잘 이해하고 있는 아주 총명한 사람한테서, 열악한 도심 공동주택을 벗어나 덜 과도한 월세를 찾아 흑인의 집단 이주가 동시다발적으로 일어나는 징후가 있다는 말을 들었다. 이 주제에 관해 인간성의 측면에서 극단적인 사례라고 간주하고 싶지만, 그래도 내가 직접 경험한 일을 한 가지 추가해야겠다. 내가 16번가에 있는 한 늙은 여성의 집을 방문한 것은 지난 크리스마스 때였다. 멀리서 자선을 펼치고 있는 자애로운 지인들이, 내가 그 노파에게 성탄 만찬을 대접했으면 하고 바랐기 때문이다. 노파는 사닥다리처럼 생긴 비좁은 계단으로 오르내리는 꼭대기 층의 누추하고 황폐한 방 두 칸짜리 판잣집에 살고 있었다. 잡역부로 어렵게 버는 돈에서 월세로 10달러를 낸다고 했다. 노파는 집에 없었는데, 부동산 중개업소에 있다는 말을 듣고 찾으러 갔다. 중개인의 아내는 앤이 이미 나갔다고 했다. 마음이 급해지던 차에 지인의 기부금 2달러를 이 중개인의 아내에게 맡기면서 앤 노파를 위해 써달라고 하면 시간을 절약할 수 있겠다 싶었다. 중개인의 아내는 단번에 그 제안을 받아들이면서 솔직한 속내를 밝혔다. "이 돈은 세입자가 남편(중개인)에게 월세를 많이 연체하고 있으니 그걸 충당하기로 하고, 선생님이 직접 세입자에게 크리스마스 만찬을 대접하는" 조건이라면 제안에 찬성한다고 말이다. 당연히 상황에 변화가 생겼고, 앤은 여성 자선단체에서 베푸는 크리스마스 파티에 굳이 가지 않아도 되었다. 내가 노파를 집에 편안히 데려다주고, 닭고기와 이런저런 요리를 사준 뒤 난로에 환하게 불을 지피고 물었다. 연체된 월세가 얼마나 되는지. 노파는 아직 이번 달 월세 내는 날이 안 됐으니 사실 연체된 돈은 없다고 대답했다. 굳이 이번 달 치 월세를 오늘 날짜로 계산해본다면, 그렇다. 2달러!

흑인은 언제나 가난과 착취와 불의를 기꺼이 받아들이고 있다. 불평할 여력이 없다는 식의 사고방식을 지니고 있다. 8구의 바라크에 살고 있건 정면이 브라운스톤이고 명칭만 그럴싸하게 '플랫'이라고 불리는 공동주택에 살고 있건, 흑인은 인생의 긍정적인 부분을 보고 즐긴다. 은행 잔고보다는 좋은 옷과 괜찮은 삶을 더 사랑한다. 맑은 하늘에서 햇빛이 화창하게 세상을 비추고 있는데 어려울 때를 대비해 저축하라는 속담은 이들에게는 말도 안 되는 소리다. 상황이 최악일 때를 제외하면 흑인의 집은 그들의 쾌활한 성격을 반영하고 있다. 뉴욕에서 극빈층 흑인의 가정집에도 그들이 사랑하는 '에브 린쿰(에이브러햄 링컨)', 그랜트 장군, 가필드 대통령, 클리블랜드 부인 등 미국 유명 인사들을 그린 화사한 색깔의 초상화, 꽃과 새의 밝은 그림들이 환한 분위기를 연출한다. 좋은 인상을 주고 가난과는 거리가 먼 것처럼 보이는 기술은 흑인이 단연 최고다. 흑인은 부의 정당한 몫을 받았을 때 삶과 가정을 이웃에게 아주 유쾌하게 보여주는 방법을 알고 있다. 흑인 세입자의 집에는 피아노와 응접실 가구들이 많아서 꽤나 부유한 분위기를 자아낸다. 문 앞에서 늑대가 우는 곳이라 할지라도 흑인은 집의 정면을 웅장하고 화려하게 만든다. 일요일마다 6번가와 7번가 사이에서 흑인 행락객들에 의해 드러나는, 이런 화려한 '스타일'은 같은 흑인이라도 염세주의 성향의 사람들을 욕설과 함께 돌아서게 만들 것이다. 흑인은 자신의 피부색 때문에 이방인과 아웃사이더가 된 이 사회에서 신분 상승의 큰 야망을 품고 있는데, 그것을 위해서라면 어두운 일면까지도 기꺼이 받아들이려고 한다. 연미복에 흰색 타이를 매고 겨울 6개월간은 느긋하게 보낼 수 있는 일 등급 서머 호텔의 웨이터는 흑인에게 있어 자신들이 시중드는 백인과 대등하게 어울리고 싶은 최고의 이상 다음가는 자리다. 흑인의 축제 모임과 가장 귀족적인 스텝 및 자태를 보여준 커플에게 설탕 뿌린 케이크를 부상으로 주는, 멋들어진 케이크워크cake-walk(걸음걸이 게임)는 미개인의 정교한 의례와 즐거운 방종을 희극적으로 섞어놓은 것이다. 우스꽝스러운 부조화에도 불구하고, 관능과 도덕적 책임의 결핍과 미신에도 불구하고, 뿐만 아니라 속박의 세월과 기질의 결과인 이런저런 결함에도 불구하고, 흑인은 뛰어난 장점들을 지니고 있다. 흑인은 어느 모로 보나 충직하고, 자신이 미국인이라는 점과 새로이 취득한 시민권에 대한 자부심이 강하다. 적어도 선과 악 양쪽에 쉽게 물들 수 있다. 예배를 보는 일요일 저녁, 흑인 교회들은 문전성시를 이룬다. 흑인은 가난 속에서도 50만 달러를 모아, 백인 동포들의 도움을 거의 받지 않고서도 이 도시에 자신들의 교회를 세웠다. 기꺼이 또 절실히 배우고자 하며, 지적인 수준이 일취월장하고 있다. 이들의 마음이 아주 확고하진 않더라도 그 마음을 먹고 있는 동안은 적어도 진심이다. 유혹이 다시금 위력을 떨치기 전까지는.

흑인을 에워싼 온갖 유혹 중에서도 흑인과 경찰을 가장 많이 괴롭히는 것은 도박이다. 숫자도박은 흑인의 재정 상태에 적합한 맞춤식 불법 저가 복권의 일종이지만, 가난한 백인 도박꾼들까지 단골이 될 정도로 광범위하게 성행하고 있다. 가장 비열한 사기임에도 불구하고 흑인들이 모이는 곳이면 어디든지 대박을 노리고 돈을 거는 사람들이 달려든다. (협잡으로 밀접하게 연결되어 있는) 점집과 도박장 사이에서 흑인은 고된 노동으로 번 돈의 상당 부분을 날린다. 그러나 돈을 잃고도 후회를 거의 하지 않는다. 무일푼이 되어서도 자신의 '운'을 맹목적으로 믿으면서 또 한 번의 '베팅' 기회를 학수고대한다. 의뭉스러운 일간 추첨지에 어쩌다가 흑인들의 행운 번호인 '4-11-44'라도 나오는 날이면, 멀리 서부 마을에서는 그냥 참고 넘어갔을 이 상황이 누군가는 늘 돈을 따기 마련인 톰프슨 스트리트에서는 강렬한 흥분을 몰고 온다. 법망을 피해 있는 담배 가게와 사탕 가게의 밖에는 존재하지 않는 이 위조 복권사업에 곧 엄청난 호응이 이어진다. 교활한 바우어리 '브로커'의 비밀 사무실에서 사업 물주의 이익을 적당히 고려해 매일 추첨지가 인쇄되고 '당첨자'가 나온다.

이탈리아인의 출현과 그 뒤를 이어 멀베리 스트리트 벤드로부터 유입된 부랑자들에게 '아프리카'가 개선되어왔는지는 의문이다. 톰프슨 스트리트의 부도덕은 수년 동안 악명을 떨쳐왔고, 세 가지 요소의 결합으로 인해 그 어떤 개선의 조짐도 보이지 않는다. 백인과 흑인이 일상적인 타락 속에서 만나는 경계지, 즉 적절한 명칭으로 '블랙앤탠 살롱black-and-tan saloon'이라고 불리는 곳은 도덕적 관점에서 논란이 필요 없는 곳이다. 이곳은 언제나 최악의 공간이었다. 남녀 불문하고 백인과 흑인의 극단적인 타락이 혼합되어 더없이 혐오스럽다. 이곳은 대개 지저분한 지하 술집으로, 경찰과 결탁한 이 지역의 '유력' 정치인에 의해 운영되는 것 같다. 어찌되었든, 인근의 온갖 범법자와 타락자들이 이곳으로 모여든다. 춤을 추는 동안 싸움이라도 벌어지면 많은 사람의 장화 속에 숨겨진 면도칼이 사용되는 이곳에는 외과의사와 구급차의 일거리가 항상 있다. 흑인 '폭력배'는 면도칼을 싸움질에 능숙하게 쓰고, 보다 온순한 흑인은 면도칼을 정직한 거래에 활용한다. 중국인이 단검을 소매에, 이탈리아인이 스틸레토(송곳 모양의 작은 칼 — 옮긴이)를 가슴에 숨기듯이, 흑인은 면도칼을 부츠 속에 숨기고 춤추러 가는데, 앞의 두 인종만큼이나 자신의 무기를 사용하는 경우가 빈번하다. 뉴욕에서 경찰이 처리한 흑인 관련 범죄 중에서 4분의 3 이상이 이 블랙앤탠 지역에서 발생했다. 지금 이 지역은 더는 흑인을 전적으로 대변하지 않는다.

지금까지 흑인의 삶에서 드러나는 몇 가지 사실을 간단히 살펴봤다. 이 내용이 어쩌면 뉴욕에서 흑인의 사회적 조건을 알리는 데 기여할 수도 있겠다. 인종 간의 손익계산을 따져볼 때, 흑인이 25년 동안의 자유에서 기대했던 결과에 미치지 못했다고 주장한다면, 계산서의 이면을 보는 것이 좋겠다. 편견과 탐욕에서 잉태된 비난으로 인해 흑인은 스스로 감당하기 어려운 책임의 부담에서 계속 벗어나지 못해왔다고 볼 여지가 있다. 그리고 이런 관점에서 흑인은 생각보다 훨씬 더 멀리 더 빨리 전진했다고 볼 수 있고, 결국에는 동료 시민인 백인과 똑같이 공정한 대우를 받게 되리라 기대할 수 있다.

제14장

일반 대중

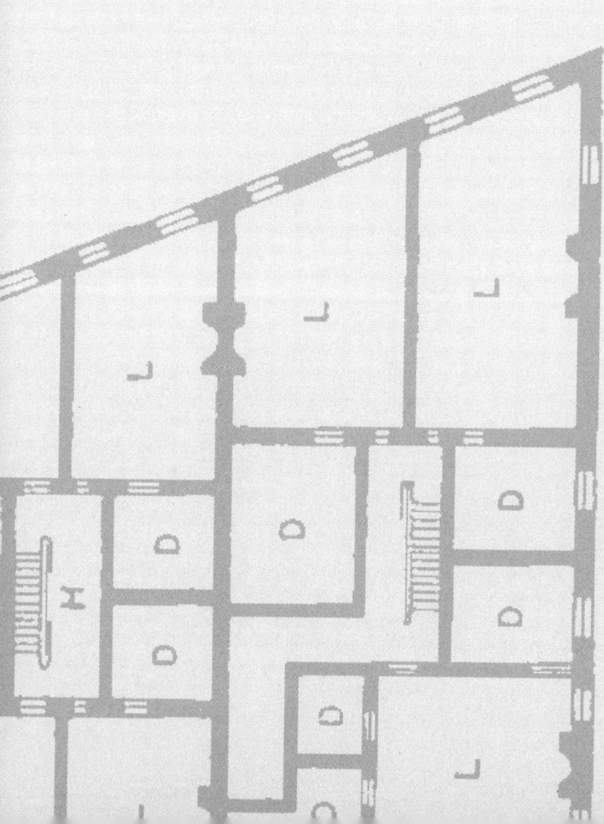

Tenement of 1863, for twelve families on each flat.*

현관 계단에 앉아 있는 소녀와 아기.

공동주택에서 언제나 쉽사리 그려지진 않지만 그럼에도 나머지 절반을 경계 짓는 또다른 선이 하나 있다. 요컨대 '플랫'을 정의하는 선이다. 법률은 모든 플랫을 아무런 구분 없이 공동주택으로 간주한다. 위생 경찰관은 관찰을 바탕으로 플랫이라 칭하기에 터무니없거나 부족하다고 판단하는 주거 형태를 전부 한데 묶어서 일반적인 공동주택으로 분류하는데, 이런 방식이 어쩌면 가장 확실하고 타당한 것인지도 모르겠다. 건물의 외관은 유용한 단서를 주지 않는다. 놋쇠 명패와 브라운스톤은 종종 밀집한 사람들 그리고 어둡고 지저분한 방과 잘 어울린다. 그런데 건물 안으로 들어가는 과정부터 그럴듯한 구분을 짓는 데 도움이 된다. 즉 자물쇠 달린 출입문은 십중팔구 플랫으로 통한다. 이 첫번째 조치는 사생활 보호를 위한 것이고, 공동주택의 중요한 불운 중 하나인 사생활 침해와 대조되는 점이다. 잠긴 문 뒤편에 관리인이 아니라 교도관이 있는 것이 아닌 한, 불량배도 없다. 관리인과 초인종이 항상 100퍼센트 제 역할을 하기 때문은 아니다. 잠긴 출입문 뒤에 플랫이 아니라 공동주택이 있을 수도 있다. 그러나 플랫에서 자물쇠는 선택이 아니라 필수다. 밤이고 낮이고 누구나 드나들 수 있는 홀은 공동주택의 상징이다. 세상의 절반은 늘 열린 문의 환대를 받는다.

휴스턴 스트리트의 남쪽으로 가면, 우리 시대의 초인종은 도도새처럼 멸종된 상태다. 2번가의 동쪽과 9번가의 서쪽에서 패러다이스 파크에 이르기까지 초인종은 사실상 미지의 장치다. 강과 대규모 작업장에 가까울수록 공동주택이 무수히 많아진다. 어느 곳이든 지역에서 이루어지는 직군의 종류가 그 지역의 특성을 상당 부분 결정짓는다. 숙련된 기술의 고임금 노동자들은 개방형 공동주택까지 그 영향을 미쳐서 대개는 이런 공동주택에 조만간 초인종을 설치하게 만든다. 가장 거친 부류를 끌어들이고 가장 고약한 술집들을 지탱시켜주는 가스 공장, 도살장, 선착장은 예외 없이 슬럼의 중심을 형성한다. 14번가를 경계로 그 아래쪽은 헬스 키친Hell's Kitchen, 3센트 위스키 지역이다. 뿐만 아니라, 이스트리버에 있는 악명 높은 래그 갱Rag Gang의 본거지인 39번가에 도사린 사악함을 능가할 곳은 없다. 체리 스트리트는 이스트 63번가에 있는 '배틀 로Battle Row' 또는 경찰과의 야간 충돌을 대비해 무기처럼 쌓아올린 깨진 벽돌들이 모든 공동주택의 일부분이 되다시피 한 29번가의 '더 빌리지the village'보다는 '거칠지' 않다. 멀베리 스트리트 벤드는 할렘의 리틀 이탈리아보다는 지저분하지 않다. 할렘 리버Harlem River•와 프로그 할로Frog Hollow••만 건너도 이 지역 기반 갱단의 대담함과 파괴적인 활동에 초기 슬럼이 품었던 찬사를 불러일으킨다. 이런 약점은 많다. 갱단의 사회적 조건을 들여다볼 만한 기회가 아직 없었다. 그에 관해 이 지면에 있는 그대로 기술한다는 것은 이 책의 한계와 독자의 인내심을 벗어나게 될 것이다.

한쪽의 일방적인 이야기고 다른 면면이 있다고 한다면, 그것은 맞는 말이다. 빈약한 기회를 최대한 살리고자 성실하게 일했던 무수한 헌신적

• 브롱크스와 맨해튼을 가르는 해협—옮긴이.

•• 현재의 칼플레이스, 롱아일랜드 나소카운티의 작은 마을—옮긴이.

열려 있는 문.

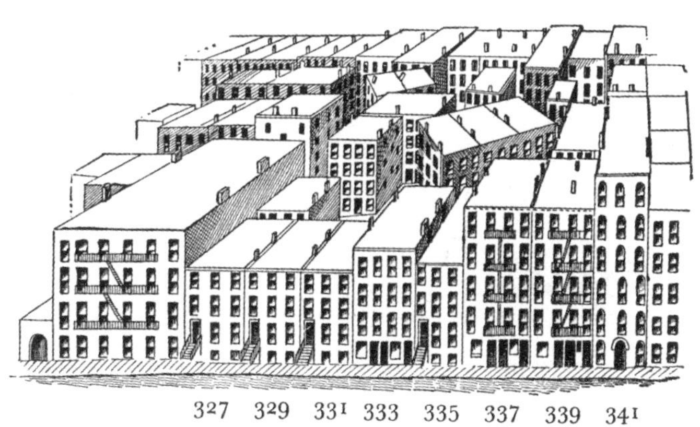

이스트사이드 공동주택 단지의 조감도(찰스 F. 윈게이트 씨의 도면 중에서).

인 삶의 이야기. 섬뜩한 불평등에 끈질기게 맞서 싸웠고 자신들의 용기로 공동주택과의 전쟁에서 승자가 된 영웅적인 남녀의 이야기. 순수하고 때묻지 않은 여성의 이야기 등등. 이런 환경에서 피어난 이야기들은 삶의 불가해한 미스터리 중 하나다. 그럼에도 불구하고 주변을 에워싼 악에 유독 물들지 않은 상냥하고 순수한 여성들, 다시 말해 악명 높은 바라크에서도 최악인 곳에서 '돼지 목의 진주 목걸이'처럼 진실한 아내이자 충실한 어머니들을 심심찮게 발견할 수 있다.

그러나 위안이 그리 크진 않다. 공동주택에 기반을 둔 삶의 무딘 만족에는 위안을 찾을 만한 것이나 임금노동자에게 더 나은 그 어떤 것도 제공하지 못하는 사회에 대한 불안감을 잠재울 수 있는 것이 거의 없다. 생존을 위해 끈질기게 노력하는 동안 환경에 순응하고 결국에는 그것을 견뎌낼 수 있는 것으로 만든다. 이렇게 노력이 성공한 결과는 불완전한 기회를 가진 사람들이 얼마나 멀리까지 전진할 수 있는지 보여줌으로써 전반적으로 음울한 그림에 더욱 뚜렷한 대비 효과를 가져올 뿐이다. 그들은 공동주택의 조건을 자연스럽게 받아들이는데, 그 이유는 뉴욕에서 공동주택 말고는 그들을 위한 다른 선택지가 없기 때문이다. 그들의 방식, 목적, 야망의 특징을 이해할 수 있을 때까지 그들과 함께 그들 속에 있어보라. 가난한 사람들은 언제나 우리 주변에 있기 마련이라는 성서의 전망에 만족하지 않는다면, 또는 먹을 것만 주면 불평할 이유가 없다는 동물원의 시각을 가지고 있는 것이 아니라면, 여러분은 인간적으로 말해서 그곳의 삶이 가치가 없어 보인다는 필자의 의견에 동의할 것이다. 이런 공동주택 단지 중에서 아무 곳이나 한 곳, 최악의 수준도 아니고 그렇다고 가장 부유한 곳도 아닌, 일간지에서 '괜찮은 주거 지역'이라고 부를 만한 그런 곳 한 군데를 임의로 골라보자. 이 주택들은 마지막 콜레라의 공포로 인해 사람들이 이성에 귀기울이게 된 이후에 건축되었다. 내가 일전에 길을 잃었던 이스트사이드의 공동주택과는 다르다. 이스트사이드에는 그 중심에 30~40채의 뒤채 공동주택들이 있고, 부지만 있으면 서너 채는 반드시 있다. 이상야릇하고 구불구불한 통로들이 있거나 아예 통로라고는 없이 인근의 도둑과 불량배들을 위한 '도주로'만 있다. 마당들은 깨끗하다. 공기가 있다. 벽돌벽 사이마다 돌길이 있다. 페인트칠하지 않은 널빤지 울타리를 따라 바지랑대와 빨랫줄이 정신없는 미로를 만든다. 풀이며 잡초 한 포기까지 녹색은 아예 다 짓밟혀진 갈색의 바싹 마른 땅. 알다시피, 자기방어 차원에서 모든 생명은 저절로 환경에 적응하는데, 인간도 예외는 아니다. 집 내부에는 결핍을 채워줄 것이 없기에 불만족 상태로 남는다. 공동주택은 심미적인 자원을 가지고 있지 않다. 공동주택에서 그나마 견딜 수 있는 것이라도 있다면, 그것은 내부가 아니라 외부에서 온 것이다. 계단에서 낯선 발소리가 들려올 때 문들이 모든 방향의 층계참으로 슬며시 열리는 공용 홀. 언제나 불결한 악취를 내보내느라 너무 바빠서 신선한 공기를 들이지 못하고 이름값 할 시간도 없는 것 같은 통풍구. 물은 나오지 않고 끽끽거리는 펌프들. 일주일

조화를 만드는 가족.

치 급여 아래로 내려간 적이 없을 뿐 아니라 종종 가구 소득의 절반을 차지하는 월세.

이 스케치를 완성하는 이유가 무엇인가? 이미 울적할 정도로 익숙한데 말이다. 변변치는 않지만, 쉬지 않고 일해서 굶주리지 않고 헐벗지 않을 정도로만 벌 수 있는 노동의 하루, 한 주, 한 달 그리고 한 해가 정해지는 틀이 바로 이 공동주택이기 때문이다. 변변치는 않지만, 녹초가 된 노동자들이 일터에서 탈진한 몸으로 마음과 머리를 쉬게 하려고 밤마다 돌아오는 세계가 바로 이 공동주택이기 때문이다. 불안한 정욕으로 매음굴의 문간을 넘었던 청년, 경찰의 단속에 쫓겨온 매춘부. 그들이 찾아드는 곳도 공동주택이다. 팍팍하고 고단한 삶 앞에서 그들을 유혹으로부터 구해줄 이가 있으랴. 언제나 밝고 즐거운 분위기의 술집이 인근의 젊은이들에게 손짓한다. 이처럼 수많은 공동주택 단지마다 그곳을 집이라고 부르는 남녀노소가 2,000명 이상씩 살고 있다.

이 그림은 강 양쪽에서 아일랜드 사투리가 들려오는 범위 안에 있는 계층을 제대로 대변하고 있다. 이미 언급했듯이, 판자촌과 이곳의 원주민인 자유토지주의자free-soiler들이 시간의 뒤안길로 사라진 이후 아일랜드인은 공동주택의 영향력에 가장 쉽게 굴복한 희생양이다. 아일랜드인이 검소하고 영리하다면, 아일랜드인의 발전은 공동주택의 수준, 그러니까 개선의 노력 없이도 그럭저럭 꾸려갈 수 있을 수준에 맞춰질 것이다. 독일인은 이스트사이드의 공동주택 어디서도 억누를 수 없었던 꽃에 대한 애착 면에서 아일랜드인 이웃을 능가했다. 독일인은 어디를 가든 정원을 만든다. 정원이 독일인의 높은 도덕적 원칙을 대변해서가 아니다. 그보다는 정원을 소유할 수 있는 능력이 있기 때문이다. 독일인은 자신의 술집을 마치 뒷마당처럼 빠르게 관목 숲으로 바꾸어놓는다. 공동주택에 정원을 만들어놓은 곳이면 어디든 경찰 곤봉 12개의 역할을 한다. 정원이 주변으로 퍼져갈수록 점점 더 질서정연한 분위기를 자아낸다. 풍광에서 녹색이 사라지고 정치의 중요성이 증가할수록, 경찰의 할 일이 많아진다. 모래땅에서 아름다운 공원으로 변모한 톰킨스 스퀘어는 이곳에서 벌어지곤 하던 시위를 끝냈고, 위험한 선동가의 근거지를 맥주를 좋아하고 무해한 무정부주의자의 회합 장소로 바꾸어놓았다. 그 이후로 그들은 조용히 지내고 있다. 공동주택 지역의 인구 과밀을 해소하는 한 가지 방법으로서의 작은 공원 시스템, 이 시스템의 반대자들은 부디 주목하기 바란다.

6월 초순의 무더운 밤, 경찰 파견대는 잠을 자다가 지붕과 창틀 밖으로 굴러떨어져 죽은 사람들의 기록을 근거로 빈민층에게 가장 고통스러운 시기가 다가왔음을 알렸다. 많은 인원이 작은 방에 한꺼번에 밀집해 있는데다, 요리와 수면과 노동이 이루어지는 실내에서의 생활을 거의 견딜 수 없게 되는 무더운 시기에는 집의 범위가 모든 제약을 뛰어넘어 확장된다. 이때부터 낯설고도 생생한 삶이 지붕 위로 이동한다. 한낮과 초저녁에 엄마들이 아기들에게 바람을 쐬도록 해주는 곳이 바로 지붕 위

아기 보기(고섬 코트의 풍경).

애도의 흰 상장喪章.

지붕 위에서 결핵과 싸우기.

이고, 경찰의 단속에도 아랑곳하지 않고 아이들이 연을 띄우는 곳도 지붕 위이고, 젊은 남녀가 만나 맥주잔을 기울이는 곳도 바로 이 지붕 위다. 숨막히는 7월의 밤, 커다란 바라크 건물들이 뜨거운 용광로가 되고 벽마다 흡수한 열기를 내뿜을 때면, 사람들은 잠 못 이룬 채 누워서 비지땀을 쏟으며 숨을 쉬려고 또 잠을 자려고 헐떡인다. 거리의 트럭과 사람들로 꽉 찬 화재 대피용 사다리는 공동주택이 제공하는 그 어떤 것보다도 훨씬 안락한 잠자리가 된다. 이런 밤에 내리는 시원한 소나기는 하늘에서 무수한 가정에 보내는 축복처럼 큰 환영을 받는다.

7월과 8월 공동주택에서의 생활은 의술의 힘으로도 구할 수 없는 어린아이들에겐 죽음의 시간이다. 출입문 두 개 중 하나에 애도를 뜻하는 흰색 상장이 나부낄 때, 잠 못 드는 어머니들이 거리에서 새벽의 잿빛 여명 속을 걸으며 병든 아기에게 시원한 바람을 쐬도록 해주려고 애쓴다. 이렇게 무시무시한 절망에 맞서 사투를 벌이는 어머니의 인내와 헌신보다 더 슬픈 광경은 없다. 보건국은 특별히 이런 상황에 맞게 훈련을 받은 50명의 '여름 의사'들을 공동주택에 보내 빈민층에게 무료 진료와 약품을 제공했다. 헌신적인 여성들이 의사들을 따라 병자의 돌봄과 간호에 나섰다. 신선한 공기를 찾는 소풍이 날마다 뉴욕의 물가와 육지에서 진행된다. 그러나 이런 노력에도 불구하고 캘버리 묘지의 무덤 파는 인부들은 시간 외 근무를 하고, 주 2회 이 시립 묘지를 오가는 자선단체의 보트에는 작은 관들이 산더미처럼 쌓여 있다.

부자들은 적절한 조치로 극복하거나 피해 가는 그저 가벼운 전염병이 빈민 가정에서는 가장 괜찮은 환경에 있는 아이들마저도 극도로 치명적인 결과를 부른다. 무엇보다 환자를 공동주택 내에서 현실적으로 격리할 수 없다는 이유가 크다. 보통은 해롭지 않은 홍역도 이와 유사한 사례를 만든다. 어느 때보다도 가볍게 길을 따라온 홍역이 공동주택 안으로 들어가서는 모조리 죽이기 시작했다. 홍역은 지난겨울에 있었던 독감의 뒤를 이어서 사람들이 밀집한 엘리자베스 스트리트의 공동주택 세 개 단지를 유린했다. 병마가 휩쓸고 지나간 직후에 작성된 인구통계청의 사망자 지도를 보면, 그 세 개 단지 위에 검은 손이 드리워져 있는 것 같다. 그 검은 손은 인근의 모트 스트리트까지 그림자를 뻗쳤고, 엄지손가락 부분으로 멀베리 스트리트에서도 유난히 과밀한 공동주택 10여 채를 짓누르고 있다. 밀집한 바라크를 관통한 홍역의 진로는 흡사 숲 지대를 관통한 토네이도의 궤도와 정확히 일치한다. 5개월 만에 여덟 명 이상의 어린아이를 잃은 공동주택들도 있다. 기록에 따르면, 독감과 홍역의 공통 증상인 호흡기 질환이 대부분 사망으로 이어졌는데, 이는 환자를 적절히 돌볼 수 없는 부모의 가난과 피폐한 가정 상황 그리고 전염성을 확인할 수 없다는 문제 때문이었다. 이런 사실은 여기저기서 발생한 디프테리아와 성홍열로 인한 극소수의 사망과 대조된다. 공중위생에 더 위험한 것으로 간주되는 이번 디프테리아와 성홍열 사태에서 위생 공무원들은 적절한 조치를 취할 수 있는 병원으로 환자를 신속하게 이송했고, 그 결과

멀베리 벤드의 보틀 골목.

사망률이 낮았다.

이런 공동주택들은 현대식 고층 건물이다. 불과 1년여 전, 공동주택에 관한 통계가 이루어지고 사망률과 비교할 수 있게 되었을 때, 건물이 높아질수록 사망률이 낮아진다는 발견에 그리 큰 놀람도 축하도 없었다. 사람들 대부분은 그 반대의 결과를 예상하긴 했으나, 그래도 그 이유는 분명하다. 최근 10년 동안 건축된 가장 큰 규모의 공동주택들은 보건국의 위생 개선령에 따랐고, 과밀을 제외한 모든 면에서 법령을 준수했다. 낡은 개인 주택을 공동주택으로 개조한 경우라든가 도덕적·물리적 법칙을 모두 무시한 채 초과밀 상태를 보이는 공동주택들의 경우는 철거만이 유일한 개선책이다. 이런 공동주택들은 계속해서 최악의 상태로 남게 될 것이다.

가난과 나쁜 위생 환경뿐 아니라 무지 또한 삶을 희생하는 데 의당 필연적인 역할을 한다. 이 요소들은 대개 서로 밀접한 관련을 맺고 진행된다. 지난봄에 날아든 소식 하나가 나를 모트 스트리트의 한 공동주택으로 이끌었다. 그곳에서 어린아이가 원인 모를 병으로 죽어가고 있다는 소식이었다. '의료 자원봉사자'와 함께 찾아갔을 때, 환자는 맨 위층의 몹시도 갑갑한 방에서 맞대놓은 두 개의 의자에 널브러져 있었다. 여자아이는 복막염의 고통 속에서 숨을 헐떡였고, 병마는 이미 창백하고 깡마른 얼굴에 사형 선고를 내린 뒤였다. 아빠와 엄마 그리고 초췌한 네 아이가 둘러앉아서 오래전에 운명과 맞서봐야 소용없다고 포기해버린, 무력한 절망의 굳은 체념으로 병든 아이를 바라보고 있었다. 열악한 방안을 한번 훑어보는 것만으로 아이가 이 지경에 이른 원인이 분명해졌다. 의사가 '영양실조'라고 말했는데, 이 집에 맞게 번역한다면 '굶주림'을 의미했다. 아이의 아빠는 납중독으로 두 손이 불구가 되어 1년 동안 일을 못하고 있었다. 엄마는 전염성 눈병을 너무 오랫동안 방치해왔고, 남자아이 한 명은 거의 실명 단계에 있었다. 아이들은 배고파 울었다. 아이들이 아침의 허기를 달랜 것은 점심 무렵이었다. 몇 달 동안 이 가족은 목사한테서 일주일에 한 번씩 받는 2달러, 그리고 수녀들이 토요일마다 보내주는 빵 몇 덩이와 콘비프 한 조각으로 연명해왔다. 의사는 아픈 아이가 죽을 때까지 고통을 줄여줄 수 있을 뿐이지만 그래도 그 처방을 알려주고, 나머지 가족의 식비로 쓰라고 얼마간의 돈을 남겨두고 갔다. 한 시간 뒤에 내가 다시 그 집에 들러보니, 가족은 거리의 행상인 수레에서 한 병에 2센트 하는 진저에일을 사다가 죽어가는 아이에게 먹이고 있었다. 딱하게 생각한 이웃 여자가 진저에일이 아이의 고통을 잊게 해줄 것 같다고 제안한 것이다. 병에는 가족이 돌아가면서 한 모금씩 마실 수 있을 정도로 넉넉한 양이 남았다. 사실상 장례를 치를 준비가 시작된 셈이다. 그리고 밤이 오기 전, 실제로 경야가 진행되었다.

가끔 명백한 기아 사례가 신문에 등장해 반향을 일으키곤 한다. 그러나 이번 사건은 예외다. 있는 그대로의 실상이 알려진다면, 충격과 함께 사람들의 마음을 움직일 것이고, 일시적으로 지갑을 여는 것보다 더 진

4년 동안 이 지하실에서 잠을 잔 남자(1890년경).

지한 노력을 유발할 것이다. 나는 '영양실조'라는 의사 친구의 푸념과 함께 공동주택에서 하루하루 서서히 죽어가는 수많은 어른과 아이를 직접 목격했다. 단 일주일 동안, 가난과 결핍에서 비롯된 정신 이상 사례가 올해만 벌써 세 건이 나왔다. 하나는 배고파 우는 아이를 죽이려고 한밤중에 일어난 어머니의 사례다. 또다른 사례는 엘리자베스 스트리트에 사는 트럭 운전사인데, 이에 관해서는 신문에 전혀 언급되지 않았다. 이 남자는 부양해야 할 가족이 있었으나 수개월 동안 일을 하지 못했다. 집에는 음식도 없었고 돈이 될 만한 작은 물건 하나도 남아 있지 않았다. 남자는 정신적·육체적 고통 속에서 이성을 잃어버리고 말았다. 세번째 사례에서 경찰과 나는 가족 전부를 죽이려는 광인을 간발의 차로 제지할 수 있었다. 우리에게 붙잡혔을 때 그의 호주머니에는 날카롭게 날을 간 손도끼가 들어 있었다. 아일랜드인 노동자로서 하수도 설비 일을 해왔으나 유독가스에 건강을 해쳤다. 이후 일자리를 잃었고, 겨우내 큰딸이 점원으로 벌어오는 주급 2.5달러 외에 별다른 수입이 없었다. 부양해야 할 자식이 일곱이었고, 이들이 사는 멀베리 스트리트 다락방의 월세가 10달러였다. 이 가족은 10센트도 마다치 않고 빌릴 수 있을 때까지 돈을 빌렸다. 드디어 남자가 아이들을 먹일 수 있을 만큼의 임시직을 구했으나, 그가 받는 주급은 오히려 가족의 불행을 더 깊게 만들었다. "그렇게 모든 게 끝나고, 마지막이 찾아온 거죠." 남자의 아내가 의도치 않은 설득력으로 우리에게 이야기를 해주었다. 남자는 앞날을 걱정하며 며칠 밤을 꼬박 새우다가 결국엔 이성을 잃었다. 광기 속에서도 한 가지 의식이 있었다. 이 도시가 아이들을 앗아가게 놔두지 않겠다는. "내 손으로 아이들을 죽이는 게 나아." 도끼날을 갈면서 다짐하고 또 다짐했다. 남자가 체포되면서 가족의 절망적인 궁핍이 알려지자, 그들만큼이나 가난한 사람들로부터 도움의 손길이 이어졌다. 자기들이 소유한 얼마 안 되는 것을 자기보다 덜 가진 사람들과 나누려는 빈자의 자발성은 공동주택에서 보기 드문 도덕적 덕목 중에 하나다. 많은 군중이 연민 속에서 마음을 모았고, 특히 '인간쓰레기'라는 세상의 손가락질을 받는 매춘부들의 동참은 그 무엇과도 비교할 수 없는 것이다. 그들의 감정은 낭만적인 박애주의의 눈물처럼 보여주기식 연민과는 전혀 차원이 다른 것이었다. 자기보존의 본능이 공동의 목적으로 공동의 불행에 대항하게 만든 셈이다.

과음이 크게 비난받아야 하는 것은 당연하다. 경찰관의 입장에서 보면 비난의 정도는 더 커질 것이다. 지난 3월 경찰보고서에 기록된 두 사건, 요컨대 웨스트사이드 공동주택에서 두 엄마가 술에 취해 잠든 상태에서 각자의 갓난아기를 짓눌러 사망케 한 사건은 이런 비난을 정당화한다. 이런 사례가 결코 드물지 않다. 그러나 나는 경험상 다른 견해를 가지고 있다. 이 견해는 조치가 필요한 사례의 40퍼센트는 "폭음이 불행의 원인이거나 불행이 폭음의 원인"이라고 한 빈민주거환경개선협회의 최근 보고서와도 상통한다. 설령 그것이 100퍼센트 사실이라 해도, 나는 여전히 공동주택에 가장 무거운 책임을 지우겠다. 수많은 세입자가 갈증에 괴로워하는 무더운 여름에 물이 부족하다는 단 한 가지 요인은 다른 어떤 이유보다도 빈민층의 과음을 조장해왔다. 물론 공동주택의 원죄와 그곳에 사는 사람들의 악덕과 낭비 사이에는 밀접한 관련이 있을 터다. 마른 빵 한 조각과 묽은 차가 정신력을 강화하기 위한 식단은 아니니다. 다만 "일곱 명의 자식을 거느린, 활동적이고 검소한 미망인"의 가족에게 더 좋은 음식을 기대하기 어려운 것도 사실이다. 이 부분에 대해 빈민주거환경개선협회의 보고서를 또 한번 인용하겠다. 이 미망인의 "장녀는 양복점에서 견습공으로 고용되어 낮은 임금을 받고, 아들 하나는 가게 점원으로 일한다. 또다른 두 아들은 신문팔이를 하면서 종종 1달러씩 번다. 어머니는 하루에 세 벌의 바지를 마무리해 39센트를 번다. 월세를 내야 하는 이 8인 가족의 수입은 주당 6달러에 미치지 못한다."

그럼에도 이 미망인은 6번가의 어머니보다는 더 많이 번다. 여기서 말하는 6번가의 어머니는 "한 벌에 7센트씩 받기로 하고 네 벌의 바지를 집에 가져온다. 이 여성은 세 번씩 시침질과 박음질을 해야 한다. 허리에 안감 대기, 호주머니 세 개 시침질, 두 개의 보강단추와 여덟 개 일반단추 달기, 여섯 개 단춧구멍 내기 등등으로 총 7센트"를 번다. 이보다 벌이가 못한 사례는 더 있다. "교회에 다니며 자녀가 여섯 명인" 어느 여성은 남편이 중병에 걸려서 가장 역할을 해왔다. 그녀는 셔츠를 만들어 주급 1달러 20센트를 벌고, 13세의 맏딸은 "시내에서 햄버거의 테두리 자르는 일을 하면서 1달러 50센트의 주급을 받는다. 즉 꼬박 10시간씩 일해서 시간당 2.5센트를 벌면, 어머니와 딸이 버는 가족의 수입은 주당 2달러 70센트다." 할렘의 여성은 벌이가 더 적다. 예를 들어, 할렘에서 "병든 남편과 두 자식을 부양하기 위해 꿋꿋하게 일하는 한 여성은 자선에 의지하기보다는 세탁과 청소 등의 일을 해서 35센트를 번다." 이렇게 공동주택에서 뽑은 사례별 임금은 절약하지 않는 생활 방식과는 모순처럼 보인다.

그러나 그 관련성을 다시 생각해보면 모순이 아니다. 최소한의 생필품을 얻기 위한 혹독하고 끝없는 전쟁에서 앞날을 생각해 대비하도록 격려하는 것도 기대하는 것도 없다. 모든 것이 노력을 꺾는다. 무절제와 낭비는 당연한 결과다. 할부 제도는 하루 벌어 하루 사는 세입자들에게 별다른 편의를 제공하지 않는다. 결산일이 어쩌면 다시 오지 않을 내일까지 연기되는 것뿐이다. 결국 그날이 오면, 결제를 하지 못하거나 어렵게 번 돈을 잃게 되는데, 이는 태어날 때부터 이런 사건들로 점철된 삶에 또하나의 곤경을 추가하는 것에 불과하다. 아이들은 이런 일들의 낌새를 금세 알아챈다. 예전에 내가 이스트사이드 공동주택에 사는 가난한 세탁부 여성의 집을 방문했을 때, 문이 잠겨 있었다. 문을 두드리고 있는 동안, 복도에서 놀던 아이들이 멈춰 서서 나를 주의깊게 살펴보았다. 가장 큰 여자아이가 묻지도 않았는데 스미스 부인은 집에 없다고 말해주었다. 내가 어떻게 메시지를 남기고 갈까 궁리하고 있자니, 좀 전의 여자아이가 이렇게 묻는 것이었다. "아저씨는 수도 고치러 왔어요? 시계 고치러 왔어요?" 내가 둘 다 아니라고, 네 엄마에게 일거리를 가져왔다고 말하자, 할부금 징수원을 피해 숨어 있었던 스미스 부인이 금세 나타났다.

빈민의 짐을 덜어주겠다고 사심 없이 생각하고 노력하는—흔히 짐작하는 것처럼 그 수가 아주 적지는 않은—사람들을 가장 낙담시키는 경험은, 그들이 도와주려는 사람들이 내비치는 더없이 당혹스러운 냉담함이다. 그들은 도움을 받으려고 하지 않는다. 비참한 삶에서 비롯된 관성에 끌려서는 이전의 익숙한 일상에 만족하는 것처럼 기회만 되면 슬그머니 후퇴한다. 이에 대한 설명은 내가 알고 있는 엘리자베스 스트리트 공동주택의 두 여성의 사례에서 볼 수 있다. 선교사 단체가 이 두 여성을 피폐한 집에서 빼내 뉴저지 쪽에 일자리와 괜찮은 집을 알선해주었다. 3주가 지났을 때, 그들은 뉴저지의 오두막보다는 어두운 골방이 더 좋다면서 돌아왔다. 그러나 둘 중에서 연장자, 그러니까 사위가 사고로 죽고 손자들을 시에서 데려간 이후로 딸과 함께 외투 만드는 일로 50센트씩 벌면서 12년을 어렵게 살아온 여성이 내게 털어놓은 쓰디쓴 고백은 이랬다. "지금까지 너무도 지친 삶을 살아와서 그런지 무슨 일이든 벌어지고 있는 곳에서 살아야 해요. 그러지 않으면 삶을 견딜 수 없거든요." 그리고 더욱 슬픈 연민을 느끼게 만든 것은 가난과 싸워온 파란만장한 이야기보다 그녀의 표현 자체였다. 그녀는 더 행복한 세상에 현혹되었다가 불운한 인간이라는 이유로 악인으로 간주되는 무수한 사람들의 고통을 무의식중에 표현하고 있었기 때문이다.

이것은 매년 '아일랜드 전체에서보다' 뉴욕에서 쫓겨나는 공동주택 세입자들이 더 많다는 식의 별의별 과장된— 대중의 관심을 끌 만한 자극이 더 없을 때 나오는— 이야기에 의해 부추겨지는 흔한 망상이다. 이 잘못된 정보를 뒤집는 것이 세입자들에게 얼마나 도움이 될지 자신이 없다. 내가 생각하기에는, 공동주택에서 벗어나는 것이 최고의 행운이다. 그러나 실상은 뉴욕에서 소문처럼 강제 퇴거가 빈번하게 일어나지는 않는다. 각 지역에서 투표로 선출되는 민사 법원의 판사들이 세입자의 표에 의해 당락이 크게 좌우되는 상황까지 왔기 때문이다. '가난한 사람들의 법원'이라는 아주 적절한 별칭이 붙어 있고 가장 분주한 법원인 이스트사이드 법원에 매년 5,000건의 퇴거 소송이 접수되지만, 이 지역에서 실제 퇴거 판결은 아마 50건이 채 되지 않을 것이다. 집주인의 표는 하나에 불과하지만, 이 집에 세든 유권자는 40명 정도이고, 이는 판사들이 퇴거 건을 다룰 때 신중하게 참고하는 직접적인 요인이다. 실제로도 판사들은 자신의 사건을 신중하게 다룬다. 슬픈 사례들이 있듯이 '상습범'

퇴거 명령.

도 있다. 상습범이란 집주인의 비용으로 이사해 월세를 아끼려는 사람들이다.

코닐리어스 밴더빌트(철도와 선박으로 거부가 된 미국의 사업가—옮긴이)를 거지로 만들 정도는 아니더라도, 가난하기 때문에 오히려 월세와 석탄값에서 살림에 필요한 최소한의 품목에 이르기까지 필요한 모든 것에 네 배나 비싼 돈을—거리뿐 아니라 공동주택 내에서도 무자비하게—내도록 강요당한다면, 결정적이고도 완전한 파멸을 맞아 죽으라고 요구하는 것이다. 값비싼—내가 보기에는 아편 중독, 극악한 역병과도 같은—장례식 관습은 아일랜드인의 독특한 전통이지만, 계층을 불문한 전체 공동주택 세입자들 사이에 깊숙이 뿌리내리고 있다. 이 관습은 이상하게도 이탈리아인들 사이에서 가장 확고한데, 멋진 마차와 수행원들을 무료로 이용하는 일생일대의 기회라고 여기기 때문인지 죽으면 터무니없이 으리으리한 영구차에 오른다. 평생을 중노동과 자기부정으로 보낸 사람들 상당수가 그 비천한 삶에 비해 격식이 지나치고 어울리지도 않는 화려한 장례행렬과 화환 진열이라는 공허한 쇼에 돈을 낭비하는 사례를 심심찮게 접한다. "장례식의 행운을 누리지 못하는" 생존자들에게—이들 중 한 사람이(의심할 바 없는 비기독교적 염세주의자로서) 언젠가 내가 말했듯이—경야는 위로주 같은 것으로 보면 이해하기 더 쉽다. 언론과 종교는 이런 허례허식으로 매장된 망자의 친인척에게 더 혹독한 궁핍을 일으키는 사치스러운 관행을 비난하고 있으나, 크게 달라진 것은 없다.

오히려 공동주택의 장의업은 그 어느 때보다도 번성중이다. 천재적인 정치인들이 망자를 '세 과시'와 조문객 줄 세우기의 유용한 수단으로 삼아서 산 사람뿐 아니라 죽은 사람을 상대로도 돈 버는 방법을 정확히 꿰뚫고 있기 때문이다.

〔오른쪽 사진과 관련하여〕 남편과 싸우고 하루 만에 온몸에 멍이 든 시체로 발견된 한 여성, 타살이 유력한 이 사건에서 부부싸움의 원인은 맥주였다. 나는 노스 리버 부두의 인근 지역에서 후미에 있는 금방이라도 허물어질 듯한 이 부부의 공동주택을 찾아갔다. 사진 속 가족은 쥐로 들끓는 위층에 살았고, 그 아래층 방에서 죽은 여성의 시체가 짚으로 만든 침대에 뉘여 있었다. 이 집의 무덤덤한 목격자들 앞에서 부부싸움이 일상적으로 벌어졌다. 위태롭게 삐걱거리는 계단을 따라 올라간 황량하고 비참한 방 한 칸, 이곳에 비하면 회반죽 칠한 감방은 그야말로 궁전이나 다름없었다. 보통은 부부와 아이들의 침상으로 사용되는 넝마 더미 위에 갓난아기가 곤히 잠들어 있었다. 예쁘고 명랑한 두 여자아이는 조잡하기는 하지만 유난히 환경과는 어울리지 않는, 깨끗한 옷을 입고 있었다. 부두에서 석탄 적재 인부로 일하는 느긋하고 정직한 영국인 아버지는 '일이 아주 많을 때'는 주당 평균 5달러를 번다고 했다. 그러나 '불경기'가 꽤 오래간다고 머뭇머뭇 말했다. 경기침체가 이 부부를 절망케 하지는 않은 것 같다. 호감을 주는 얼굴의 어머니는 쾌활했고 낙천적이기까지 했다. 그녀의 미소는 가식

포버티 갭 웨스트 28번가: 영국인 석탄 하역 인부의 집.

없는 진심이었음에도 불구하고 더없이 피폐한 이 방에서는 가장 슬픈 절망처럼 느껴졌다. 아직 모르는 불행의 더 깊은 나락이 있다는 것처럼.

살아서도 또 죽어서도 안식처의 선택권이 없는 젊은이와 노인을 기다리고 있는 한 번의 공짜 여행, 그것은 자선의 방편으로 조성된 시립 묘지, 즉 빈민 묘지까지 가는 여정이다. 그러나 여기서조차 그들은 운명에서 벗어날 수 없다. 빈민 묘지에서 그들의 관은 '공간 절약'을 위해 다닥다닥 3층 높이로 쌓이니, 생전처럼 사후에도 과밀 상태다. 이 버려진 섬에서조차 돈을 낼 수 없는 사람들이 소유할 수 있는 땅은 없기 때문이다. 여기엔 기묘한 일치가 있다. 해마다 빈민굴에서 시작되는 삶, 요컨대 경찰이 데려오고 시에서 후견자가 되는 이름 모를 어린 부랑자들의 수와 강에 몸을 던져 생을 마감하는 이들보다 더 절망적인 이들의 수가 균형을 이루는 것이다. 어떻게 그리고 왜 이런 일치가 발생하는지, 또 이것이 단순한 우연의 일치 이상인 것인지 나는 모르겠다. 하지만 상황이 그렇다. 해마다 조금 많게나 조금 적게 균형을 맞추다가 통계가 마감될 때는 사실상 동일한 수치가 된다.

빈민 묘지의 도랑.

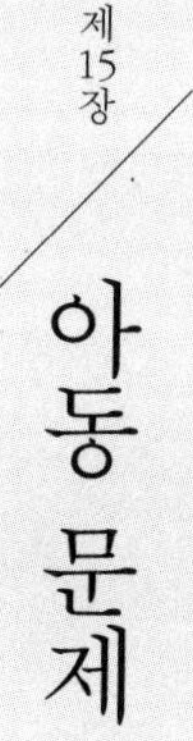

제15장 아동 문제

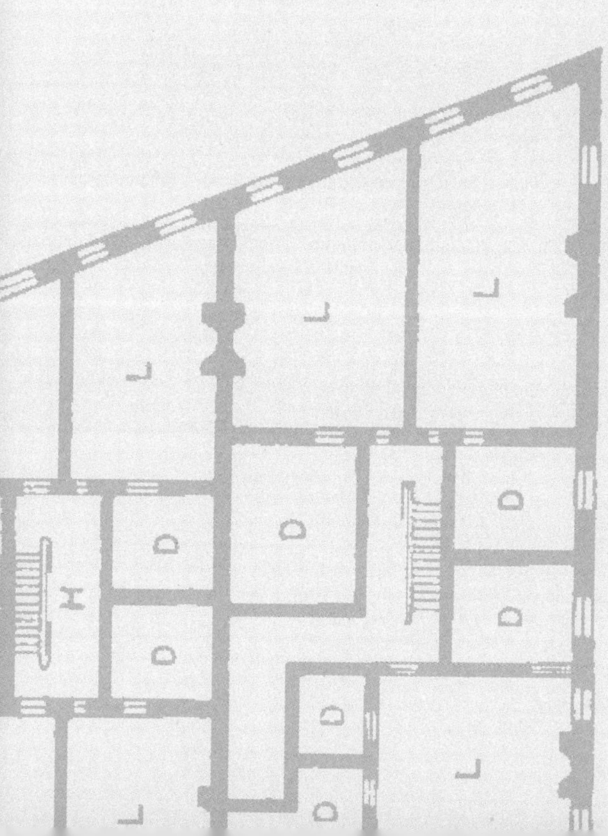

Tenement of 1863, for twelve families on each flat.*

"잔디밭에 들어가지 마시오"라는 벽 글씨 앞에 선 이탈리아인 거주지의 아이들.

이 과밀 상태에서 아이들 문제는 극도로 난처해진다. 그 숫자를 접하면 기가 막힌다. 나는 이미 이스트사이드의 공동주택에 과밀 상태로 사는 아동의 수를 예시했다. 이런 상태가 무한히 반복된다면 이 지역뿐 아니라 세계를 깜짝 놀라게 할 것이다. 왜냐하면 이 아이들이 자신들이 받은 교육에다 — 혹은 교육을 받지 않고서 — 선대에게서 물려받아 성장기에 체화한 본능을 더해 우리의 미래 통치자가 될 것이기 때문이다. 만약 정부와 제도가 필요한 것이라면 말이다. 유권자 중에서 대다수 노동자가 현재 공동주택을 주소지로 등록하고 있다. 나는 언젠가 베이야드 스트리트의 한 공동주택에서 대략 열 살 이하의 아이들이 몇 명이나 되는지 세어본 적이 있다. 이 공동주택 마당 한복판에는 세 변의 길이가 각각 4.5미터쯤 되는 삼각형의 공간이 있는데, 밑변 쪽에 악취 나는 화장실 몇 개, 맞은편 꼭짓점에 수도 시설 하나가 간신히 들어가는 크기다. 이 '마당'에 드는 햇볕은 일반적인 지하실의 일조량 정도다. 이 공동주택의 40가구에서 128명을 셌을 때, 혼자 약속한 이 작업을 절망 속에서 포기하고 말았다. 13가구를 빠뜨렸거나 찾지 못했다. 40가구 평균을 53가구에 적용해보니, 아동의 수는 170명이었다. 이런 통계 작업을 포기한 것이 이번이 처음은 아니다. 그곳에 떼 지어 있는 아이들의 수를 세려고 했으나 그러지 못했다. 그곳에 몇 명의 아이들이 있는지 알고 있는 사람이 과연 있을까, 종종 의구심이 들었다. 아무도 신경써 챙기지 않은 것으로 보이는 익사한 아이들의 시체가 여름이면 강에서 떠올랐다. 지난봄, 노스 리버 부두에서 목재를 운반하던 인부 몇 명은 마지막 목재 밑에서 짓뭉개진 소년의 시체를 발견했다. 나중에 부모가 나타나긴 했으나, 그동안 이 소년이 실종됐다는 신고는 없었다. 무단결석 학생 지도원이 최선을 다해 아이들을 찾아다녔는데도 이런 실종에 대해 모르고 있다니, 어딘지 논리적이지 않다. 이는 무단결석 학생 지도원을 고용하는 부서가 매년 공간 부족 탓에 학교에서 쫓겨나는 아이들이 무수히 많다는 점을 인정하기 때문이다. 6구의 한 대형 공동주택은 현재 뉴욕에서 낙후 지역을 개선하는 데 앞장서온 한 사업가의 자애로움 덕분에 크게 개선되었다. 그러나 불과 얼마 전만 해도 공식 기록상에 "완전한 돼지우리"였고, 그곳의 세입자 478명 중에서 4년 동안 경찰에 체포된 인원이 102명이었다. 그중에서 57명은 과음과 폭력 행위에 관련되었다. 나는 그 공동주택에 얼마나 많은 아이가 있는지 몰랐으나, 무단결석 학생 지도원은 학교에 다닌다는 7명의 아이만 확인한 것으로 보고했다. 나머지 아이들은 자기들보다 나이 많은 형들의 명령에 따라 맥주를 받으러 다녔다. 이 중에서 일부는 그것이 주거 형태의 문제에 불과한 것처럼 자신의 집은 '플랫'이라고 주장했다. 그들은 밤에 거리에서 잤다. 지도원은 건물 입구에서 우유통에 맥주를 담아 마시고 있는 몇 명의 아이들과 마주쳤다. 그 7명은 착한 아이들이었고, 실제로도 지도원에게 맥주를 조금 나눠주려고 함으로써 선함을 증명해 보였다.

공동주택에서 새롭고도 심각한 국면을 이루는 아이들, 이들을 어떻게 해야 하는가 하는 질문은 새삼스러운 것이 아니다. 공동주택에서 찾아볼 수 있는 가장 좋은 환경에서도 이 질문에 답하기는 쉽지 않다. 멍청하거나 둔하지 않다면, 열에 아홉은 일찍 직업교육을 받을 경우 뛰어난 기계공이 될 것이다. 그러나 노동조합의 근시안적인 독선이 그 길을 사실상 막아버렸다. 반면에 우수한 직업학교는 아이들에게 기회를 제공할 수 없어서 입학을 거부하고, 이 아이들은 애초부터 낮은 임금의 단조롭고 고된 일에 얽매여 있다. 이 아이들은 자신들을 부양하기 위해 가족 전부가 일을 해야 하는 가정 형편에서 자란다. 아이들 훈육에서 무엇보다 중요한 요소인 가정은 그러나 아이들에게 몹시 많은 다른 인간 동물과 함께 생활하는 우리의 한 칸, 그 이상의 의미는 없다. 이런 가정이 아이에게 감화를 줄 수 있을지 모르지만, 고양감 같은 것은 거의 없다. 아이들이 거리에서 손을 대게 되는 도박이 가정의 분위기를 망친다. 일관되게 이끌어주는 사람이 없기 때문에 자연스레 태만한 삶의 방식을 취한다. 무단결석 학생 지도원이나 아동협회 직원에게 거리에서 붙잡힌 아이들은 가족의 생계를 돕기 위해 행상이나 구걸을 하고 있었다. 아이들은 소년원으로 보내질 위험까지 무릅쓰고 있는데, 소년원에서는 보통 이들보다 나이가 많은 질 나쁜 아이들한테 물들어서 내면에 숨겨져 있던 악의 잠재력을 빠르게 발현시키게 된다. 뉴욕에는 이런 아이들을 돌보는 '무단결석생 쉼터Truant Home'가 없어서 아이들을 위해 학교 출석을 강제하려는 모든 노력이 실효를 거두지 못한다. 소년원의 위험성은 매우 크다. 결국 자기 자신을 망치는 시도만 하게 만든다. 그 결과 거칠고 젊은 폭한들이 거리에서 익숙한 모습이 되어간다. 이 평범한 아이들이 비록 거칠지라도 자신의 삶에서는 구체적인 모습을 찾을 수 없는 아름다움에 대한 본능과 이상에 대한 동경이 있는지 의심스러운 사람이 있다면, 시험해보기 바란다. 아이에게 들판에서 꺾은 꽃 한 다발을 들고 공동주택 단지로 걸어가게 해보라. 비좁은 공간에서 부딪치며 일상이 되어버린 싸움과 놀이가 순식간에 멈추고 환해지는 얼굴들을 보라. 평화의 이 작은 전령들이 한때 품고 있다가 감추어버린 간절한 사랑의 마음으로 꽃을 달라고 거칠게 애원하는 소리가 들려온다. 그렇게 아이들이 변하도록 놔두자. 나는 한아름의 데이지꽃이 경찰과 그 곤봉보다도 평화를 더 잘 지킬 수 있음을 보았다. 어느 아침, 내 사무실 문을 두드렸던 멀베리 스트리트 골목의 부랑자 대표들을 잊을 수 없다. 그들은 꽃을 구하는, 기묘한 원정길에 오른 것인데, 자기들을 위한 것이 아니라 어느 '부인'을 위한 것이라고 했다. 원하는 것을 구한 뒤에 증정하기 위해 떠나갔던 그 누더기 차림의 지저분한 무리가 보여준 엄숙함은 퍽 진기한 것이었다. 다음날, 한 노인이 나를 찾아와 꽃을 구할 수 있게 해줘서 고맙다는 인사를 했을 때에야 그들이 어두운 뒷방에서 소나무 관에 안치된 채 시청의 극빈자용 영구차를 기다리고 있던 어느 부인의 마지막 길을 꽃으로 장식했음을 알게 되었다. 해가 뜨고 진 적이 없는 그 황량한 벽돌 벽 사이의 메마른 골목이 바로 아이들의 세상이다. 그 골목이 아이들의 어린 시절을 채운다.

어쩌면 그 골목을 벗어나지 못하는 아이는 한둘이 아닐 것이다. 그들은 너무 지저분하고 너무 추레하며 일반적으로 평판이 너무 좋지 않은데다 자신들의 빈민굴에 감쪽같이 숨어 지낸다.

영원히 채워지지 않는 인간의 본능과 갈망은 떠도는 저주로 변한다. 화목하지 않은 집에서 자란 가난한 집의 아이들은 그들보다 좀더 부유한 또래들이 이제 막 뛰어놀기 시작하는 나이에 힘겨운 노동의 삶을 짊어진다. 나는 얼마 전에 멀베리 스트리트의 어느 마당에서 울타리에다 백묵으로 첫 '작문' 연습을 하고 있던 두 아이를 만났다. 아이들이 쓴 글은 이랬다. "잔디바테 드러가지 마시오." 내가 아는 한 반경 500미터 안에 잔디라고는 없다. 아이들은 이 문장을 그저 외우고 있었던 것 같다. 집은 이 아이들에게 공허한 이름이다. 즐거움? 이 주제에 대해 한 시의원이 시내의 공립학교에서 빈곤층 아이들을 상대로 문답식 조사를 해 그 결과를 이렇게 기록했다. 40명 중에서 걸어서 5분도 채 걸리지 않는 곳에 있는 브루클린 다리를 본 적이 있는 아이는 20명, 센트럴 파크에 가본 아이는 고작 3명, 신나는 철도마차를 타본 아이는 15명이다. 재통과 오물이 있는 거리, 그리고 더러운 흙탕물이 흐르는 강, 이것이 아이들의 영역이다. 아이들이 무엇을 배울지도 여기서 선택된다. 그리고 아이들은 빠르게 배운다. 진흙과 오물이 아이들의 삶에 투영되어 있다고 해서 놀라운가? 채 어른이 되기도 전에 오랜 시간을 복역하는 아이들도 있다. 교도소 시설은 우리에게 다른 답을 준다.

지난여름 어느 날, 뉴욕 경찰청에 수용된 온갖 부랑자들 사이에서 누더기 천 하나만 달랑 걸치고 있는 듯한 아이가 하나 있었다. 그 아이가 어디 출신이며 어디 사는지 아무도 몰랐다. 소년 자신도 몰랐고, 보호시설에서 하룻밤을 보낸 뒤에는 구태여 알고 싶어하지도 않았다. 보호시설에서 아이들에게 침대가 제공되고 아침식사로 '완전한 달걀 한 알'과 빵 세 조각을 먹을 수 있음을 알게 된 그 아이는 보호시설을 '끝내주는 곳'이라고 판단했다. 아이는 경찰관들을 위해 10번가의 변형을 가미해 노래 '맥긴티McGinty'를 처음부터 끝까지 부르고는 마음잡고 앉아서 자신과 관련된 조사에 자못 진지하게 임했다. 심문은 다음과 같이 진행되었다.

"얘야, 어느 교회에 다니지?"

"교회에 입고 갈 옷이 없어요." 아이의 행색을 보면 정말 그랬고, 그런 모습으로 뉴욕의 아무 교회에 나타난다면 문간에서 큰 소동이 일 터였다.

"그러면 어느 학교에 다니지?"

"학교에 가지 않아요." 아이가 콧방귀를 뀐다.

"빵은 어디서 사먹니?"

"빵은 사지 않아요. 맥주를 사요." 이 말은 경찰관으로 하여금 결국 아이의 '집'을 찾는 중요한 단서가 술집이라고 판단하게 만들었다. 아이의 말에 따르면, 바닥에 쌓아놓은 지저분한 지푸라기가 침대였고, 하루 끼니는 아침에 먹는 빵 한 조각이 전부였다.

아동구호협회 안으로 들어가면 아버지가 '집을 망쳐버렸고' 어머니가

공동주택의 소녀.

청소년 구기 운동팀.

돌아가신 후에 자기들을 거리로 내보냈다는 두 소녀를 만나게 된다. 또 다른 여자아이는 계모에 의해 쫓겨난 경우인데, "계모에게 자식이 다섯이어서 전처의 자식까지 키울 여력이 되지 않는다고 했기 때문"이다. 이 여자아이는 교회나 주일학교에 가본 기억이 없으며, 예수 그리스도의 이름은 사람들이 맹세할 때 쓰는 말로 알고 있는 것이 전부였다. 그 말의 뜻이 무엇인지도 알지 못했다. 이들은 현재 뉴욕 거리에서 성장하는 이방인 집안 아이들의 전형이다. 반면에 수천 킬로미터 떨어진 곳에서 인정 많은 사람들이 토실토실한 호텐토트 아이들의 미래와 기금 마련을 위해 분주하게 뛰고 있다. 요크의 캐넌 테일러에 따르면 페르시아, 팔레스타인, 아라비아, 이집트에서 109개의 선교단체가 이교도 아이 한 명을 개종하는 데 1년의 시간과 6만 달러의 돈을 쓰고 있다. 선교단체에 아무런 문제가 없다면, 그들은 더 큰 성공을 예상하면서 뉴욕으로 올지 모르겠다.

공동주택의 아동 문제에 강하게 항의하면서 창립된 아동구호협회는 37년 동안 30만 명의 부랑자와 노숙자 그리고 고아를 자체 기숙시설에 받아들였고, 집이 없는 7만 명에게 삶의 보금자리를 찾아주었다. 협회에서 지출한 550만 달러는 아이들을 도둑과 흉악범으로 성장하게 방치하는 것보다 현명한 투자였다. 지난 15년간 뉴욕 주의 안전을 위해 꾸준히 전개해온 전쟁에서 아동학대방지협회의 개입으로 13만 8,891명의 아동이 구조되었다. 이 협회는 2만 5,000명 이상의 힘없는 아이들을 보호했고, 아동을 폭행하고 학대한 1만 6,000명 가까운 범죄자들의 유죄를 입증했다. 지금 제시된 해결책을 보면, 도시의 빈민 문제를 해결하는 핵심은 아동 구호에 있다는 것이 현재로선 가장 설득력을 갖는다. 아이들은 거리의 나쁜 영향이 아니라면 태생적으로 악하거나 비정하지 않고 단순히 약하고 미성숙한 개체여서 이 방법을 더욱 희망적이고도 절실하게 만든다.

제16장

빈민가의 버림받은 아이들

멀베리 스트리트의 '갱 훈련'.

이런저런 장애물 중에서도 첫째는 기아양육원이다. 이곳은 현재 거의 200만 명이 겪고 있는 인생의 낭비, 그 출발점이다. 밤낮으로 기아棄兒들이 모여들지만, 이들의 운명을 바꾸기에는 역부족이다. 약 20년이 지나는 동안, 버림받은 2만 5,000명의 어린 부랑아들이 모성 본능마저 가난과 결핍에 짓눌려버리는 이 축복받은 뉴욕의 거리에서 기독교 문명을 원망하며 절규해왔다. 가난한 사람들만이 자신의 아이들을 버린다. 때때로 신문에 그럴듯하게 등장하는, 잘 차려입은 기아들의 이야기는 순전히 날조된 것이다. 좋은 옷을 입은 갓난아기가 거리에서 발견됐다는 기록은 한 건도 없다. 버려지는 아이들은 누더기 차림이거나 종종 신문에 달랑 덮개 하나에 감싸여 있는 것으로 등장하고, 드물게는 애정 어린 보살핌을 받은 증거로 깨끗한 겉옷을 입고 있다. 이 작은 겉옷에는 여성이 떨리는 손으로 쓴, 나도 언젠가 본 적이 있는 다음과 같은 메모가 핀으로 고정되어 있다. "제발 부탁입니다. 조니를 돌봐주세요. 저는 그럴 수가 없어요." 그러나 이런 예조차 극히 드물다.

뉴욕 시는 기아들을 거두는 일을 자비의 수녀회와 분담하고 있다. 진짜 버려진 아이들, 즉 경찰이 데려오는 빈민가의 아이들은 도시의 피보호자들이다. 가난한 사람들이 집에서 추위에 떠는 한겨울 또는 공동주택의 폭염과 불결한 공기가 숱한 유아들을 질식사시키는 한여름, 버려지는 아이들이 하룻밤에 서너 명씩 부잣집 현관문 앞이나 계단에서 발견된다. 그런데 유복한 가정의 안락함은 비참한 엄마들의 불행과 어떤 식으로든 연결되어 있다. 어쩌면 물에 빠진 사람이 지푸라기를 잡는 심정으로, 아이 엄마는 자신의 아이에게 그 유복한 사람들이 남은 사랑을 줄 수 있으리란 희망을 품는지 모르겠다. 이는 오판이다. 신원 미상의 신생아는 특히 부유층 가정에서 인기가 없다. 버려진 아기가 단번에 집과 친구를 찾는 일 같은 것은 이야기책 밖에서는 절대 일어나지 않는다. 공식적이긴 하나 유기된 아이들의 운명은 덜 로맨틱하고 보통은 짧게 끝난다. 아이들은 경찰청에서 하룻밤을 보낸 뒤 아침에 번호 하나, 젖병 하나와 함께 랜들스 아일랜드Randall's Island의 소아 병원으로 보내진다. 이 아이들의 태반은 입양 준비를 끝내기 전까지는 제대로 입지도 못한다. 유기된 상태에서 오랫동안 생존하는 영아는 극소수다. 아이를 버린 엄마들의 정확한 범죄명은 십중팔구 살인이라고 봐야 한다. 지난해 랜들스 아일랜드 소아 병원에서 수용한 508명의 영아 중에서 333명 즉 65.55퍼센트가 사망했다. 508명 중에서 170명만이 거리에서 발견되었고, 이들의 사망률은 더 높아서 90퍼센트에 육박한다. 나머지는 병원에서 태어났다. 버려진 아이들의 높은 사망률은 놀라운 것이 아니다. 오히려 살아남는다는 것이 더 의아하다. 날씨가 사나운 밤일수록, 경찰서 보육실에는 버려진 아이들의 힘없는 울음소리가 더 또렷하게 들린다. 종종 유기된 상태에서 반죽음이 되어 시설에 온다. 한번은 잔인한 엄마가 살아 있는 갓난아기를 작은 소나무 관에 넣어 주택 지구에 생매장하려다가 경찰에게 발각되었다. 그러나 많은 아이가 공식적인 통계에 포함될 때까지도 살아

남지 못한다. 지난해에만 72구의 영아 시체가 거리에서 발견되었다. 이 중에서 일부는 장례 비용을 아끼려는 부모가 거리에 버린 경우다. 불경기에는 죽거나 산 채로 발견되는 기아들이 눈에 띄게 증가한다. 그러나 시체보관소를 경유하든 소아 병원을 경유하든 간에 이 어린 떠돌이들은 머잖아, 의대생들에게도 소용이 없어지면, 12구씩 한 번에 매장되는 포터스 필드에서 재회한다.

버려진 아이의 대부분은 이스트사이드 출신으로, 이곳에서 젊은 미혼모들에 의해 친모를 알 수 없는 엉뚱한 이름으로 버려진다. 그리고 랜들스 아일랜드의 병원을 거쳐 수치의 증거로서 비정한 세상으로 되돌아온다. 아이들은 공공자선단체들에서 나눠주는 베갯잇 옷을 입는 경우가 심심찮게 있어서 태생을 쉽게 추적할 수 있다. 더 빈번하게는 출생의 어둠을 밝혀주는 단서가 없고, 구태여 죄악과 슬픔의 미스터리를 조사하려는 시도도 없다. 이것은 전 세계에 '아이린 수녀 양육원Sister Irene's Asylum'으로 알려진, 68번가에 있는 대형 양육원인 '자비의 수녀원 부설 기아양육원'의 원칙이기도 하다. 지금은 정문 바로 안쪽, 커다란 중앙 문 아래 놓여 있는 구유가 몇 해 전까지만 해도 밤이 되면 문밖에 놓여 있었다. 구유는 순식간에 채워졌다. 아기들은 한 명씩이 아니라 작은 부대를 이루어 들어왔고, 수녀들은 방어 차원에서 어쩔 수 없이 요람을 안으로 들여놓아야 했다. 지금은 아이 엄마가 문안으로 들어와서 당번 수녀가 지켜보는 가운데 아이를 구유에 넣어야 한다. 아이 엄마는 자신과 아이에 관한 어떤 질문도 받지 않는다. 다만 그곳에 머물면서 자신의 아기와 다른 아기를 돌봐달라는 요청을 받는다. 거절하고 싶다면, 그냥 가면 된다. 요청에 응하겠다면, 곧바로 선량한 수녀들로 이루어진 대가족, 그러니까 21년 동안 수많은 집 없는 아기를 품에 안았던 수녀들의 가족이 된다. 내가 최근에 그 양육원을 방문했던 7월 중순, 20715번이라고 적힌 구유에 또하나의 아기가 담긴 채 안으로 들어왔다. 이처럼 아기의 유기를 미연에 막는 경우에는 당연히 사망률이 낮다. 지난해 양육원에 있는 1,100명의 유아 중에서 사망률은 19퍼센트를 웃돌았다. 기아양육원치고는 상당히 낮은 이 사망률마저도 콜레라 창궐 당시에 고섬 코트에서 있었던 충격적인 사망률과 같다.

지난해에 아이를 키울 능력도 의지도 없는 460명의 엄마들이 자발적인 속죄를 위해 이 양육원에서 자신의 아이뿐 아니라 낯선 부랑아 한 명씩, 그렇게 두 아기를 인생의 전쟁터에서 어떻게든 버틸 수 있을 만큼 건강해질 때까지 돌봤다. 심지어 1,100명보다 더 많은 아기가 양육원 외부의 '엄마'들에게 맡겨지는 이른바 '페이 베이비pay baby'였다. 이렇게 번 돈은 많은 빈민층 가구의 월세를 보조하는 데 쓰인다. 매년 시에서 이 양육원의 보조금으로 지급되는 12만 달러는 적은 금액이 아니다. 매월 첫째 수요일마다 보모들이 임금을 받고 각자 맡은 아기의 건강을 수녀들에게 검사받기 위해 양육원으로 오는데, 이때 보모들이 이루는 행렬은 뉴욕의 진풍경 중에 하나다. 엄격한 감독을 받는 보모들은 점점 자신이 맡은 아

고섬 코트의 그리스인 아이들.

이에게 애정을 느끼고, 아이가 너덧 살이 되어 서부의 가정으로 입양될 때에는 눈물로 작별을 고한다. 수녀들은 아이들의 정신적 고양을 위해 아이들의 마음에 가정의 소중함을 심어준다. 그래서 아이들은 멀리에 있는 '엄마 아빠'를 만나 미지의 가정에 동참하기 위해 즐거이 떠난다.

표면상으로는 단순 유기보다 의도성은 덜하지만 훨씬 더 잔인한 영유아 살인 계획이 탁아소 경영이라는 미명 아래 오랫동안 뉴욕에서 성행했다. 영어에서 탁아소 경영이란 아기가 굶어죽는 것을 의미한다. 더없이 극악한 이 범죄와 싸우기 위해 법제도는 모든 탁아소에 등록을 강제했다. 살인자들은 대놓고 살인을 저지르지 않는다. 자신의 노력으로 통과된 이 법의 집행을 책임지는 협회의 회장인 엘브리지 T. 게리 씨는 이렇게 말한 적이 있다. "탁아소들은 대체로 평판이 나쁜 사람들이 2~4명의 아기를 맡아서 생계비를 보충하는 수단이자 사업입니다. 이들은 부랑아나 사생아를 맡습니다. 아이들에게 상한 우유를 먹이고, 조용히 시키려고 진통제를 먹입니다. 그러다가 아이들이 죽으면 풋내기 젊은 의사한테서 영양실조로 죽었다는 사망진단서를 발부받아 보건국에 제출하고, 이것으로 문제는 끝납니다. 아기는 죽었으나 이의를 제기할 사람은 아무도 없지요." 지난 5년 동안 소수의 탁아소가 아동학대방지협회의 동의와 보건국의 허가 아래 등록되었으나, 이런 범죄자들은 포함되지 않았다. 범죄의 흔적은 종종 검시관이나 경찰에 의해 발견된다. 때로는 일부 신문의 광고란에서 입양을 위장해 불쌍한 아이들을—그것도 현금으로—사

새벽 2시, 『뉴욕 선』지의 인쇄실.

겠다는 비인간적인 장사의 형태로 그 은밀한 마각이 드러나기도 한다. 이런 계획이 어떻게 실행되는가는 한두 해 전에 있었던 한 유명한 이혼 사례를 통해 알려졌다. 아동학대방지협회의 기록 중에 생후 일주일 된 아기(기록명 '파란 눈')를 팔겠다는—판매자는 이것을 입양이라고 했는데—광고가 한 신문에 실린 사례•가 있다. 경찰요원이 옥신각신 흥정을 벌인 끝에 1달러를 주고 아기를 샀고, 그 과정에서 아기를 판 여성을 체포했다. 그러나 법은 무기력하게 이 여성 범죄자를 처벌하지 못했다. 모성의 치욕을 앞에 두고 아이를 낳아 팔릴 때까지 대기중인 12명의 불행한 여성들이 범인의 집에서 발견되었다.

무지와 극복할 수 없는 가난에서 비롯된 탐욕으로 비틀린 인간 본성이, 아이들의 목숨을 **담보**로 한 보험 사기 사건만으로도 어디까지 타락할 수 있는지 알 수 있다. 이 도시에서 지난해에 한 여성이 의붓자식을 상상을 초월할 정도로 학대한 혐의로 재판에 넘겨졌다. 여러 증거를 바탕으로 이 여성이 만행을 저지른 이유 중 하나가 아이 앞으로 들어둔 가련하리만큼 적은 액수의 생명보험금 때문이라는 강한 의혹이 일었다. 간단한 조사만으로 세 개의 보험사가 17달러부터 다양한 금액대로 아이들의 생명보험을 취급한다는 사실이 밝혀졌다. 납입보험료는 주당 5센트에서 25센트였다. 이 사업이 숨기고 있을 엄청난 공포는 일부 회사들의 형식적인 동의서에 등장하는 "아동 생명보험의 투기 행위를 막을 목적으로"라는 문구에 의해 암시되고 있다. 계약서에 따르면, "6세 미만의 아동

• 아동학대방지협회 사례번호 42028번(1889. 5. 16.)

에 대해 납입보험료를 10센트 이상으로 설정할 수 없다". 이 얼마나 야만적인가! 아무리 잔악한 이교도적 발상이라도 과연 이 법정 서류의 행간에 명시되어 있는 것보다 더 극악한 음모를 꾸민 적이 있던가?

이 참담함이 무력한 아이들을 구하기 위해 사방에서 뻗치는 도움의 손길이라는, 좀더 밝은 희망으로 바뀌면 기쁜 안도감 같은 것이 느껴진다. 내가 굳건히 믿고 있는 뉴욕은 세상에서 가장 자비로운 도시다. 가치 있는 도움이 필요하다는 것이 알려졌을 때, 뉴욕처럼 기꺼이 도움에 나서는 도시는 어디에도 없다. 뉴욕처럼 헌신적인 노동자가 많은 곳, 또한 도움의 필요성과 그것을 적절히 제공하는 방법을 알고 있는 사람들이 취할 수 있는 방법이 다양한 곳은 뉴욕 말고 어디에도 없다. 뉴욕의 가난, 빈민굴 그리고 그 고통은 필연적인 무질서와 과밀 그리고 거대한 대도시의 일반적인 형벌을 동반한 유례없는 발전의 결과다. 이 도시의 구조적 불안정, 그 징조를 알리는 증거들은 적지 않다. 아니, 이 구조 아래서 인내심 어린 임금노동자들이 일하는 하루하루, 이 증거들은 급증하고 있다. 빈민 지역에 있는 보육원, 무수한 유치원과 자선학교, 프레시 에어 펀드, 다양한 방법과 온화한 손길로 빈민의 가정과 삶 속으로 향하는 숱한 자선단체들은 아직 해야 할 일이 많고, 노력할수록 더 많은 노력이 필요하며, 점점 더 많은 마음과 손길이 있어야 한다는 사실을 증명하고 있다. 불운 뒤에는 희망이 있다. 현재의 뉴욕은 10년 전에 비해 100배는 더 깨끗하고 개선된, 더 순수한 도시다.

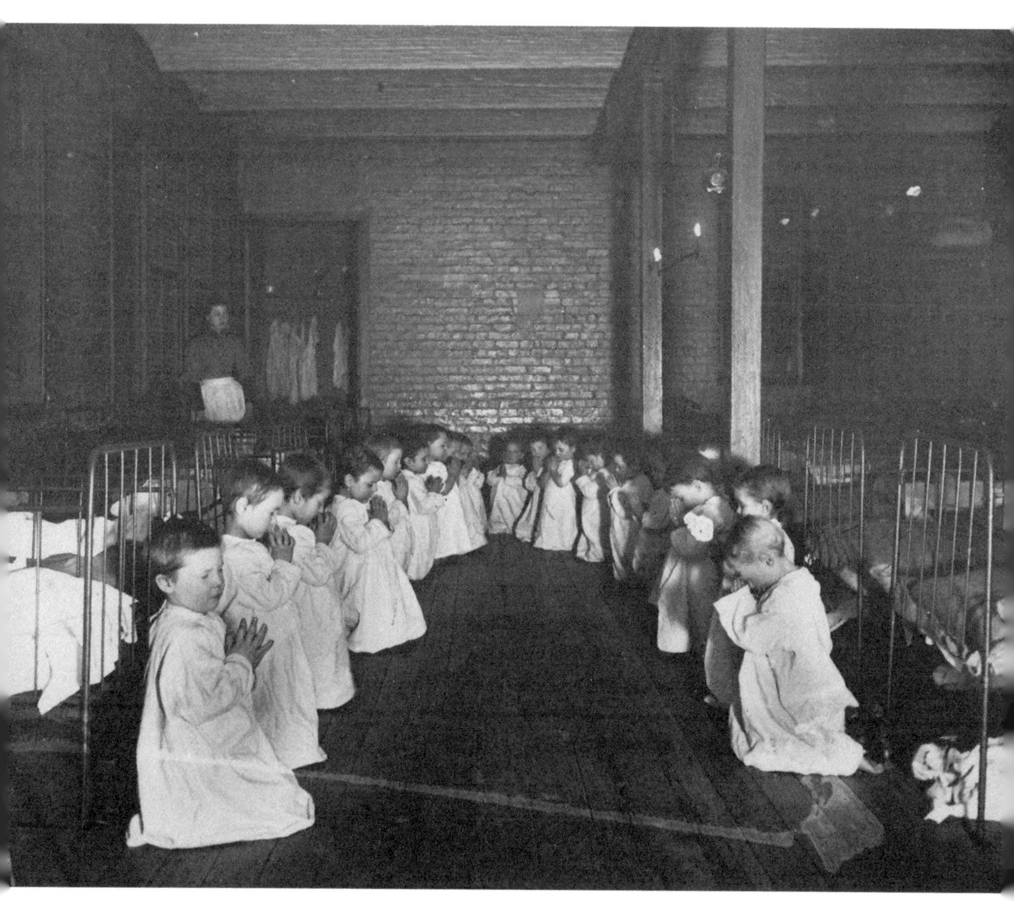

육아실의 기도 시간(파이브 포인츠 직업학교 기숙사).

정신적·육체적 갱생이라는 이 일의 선구자 중에서 두 개의 강력한 기관이 현재 패러다이스 파크의 울퉁불퉁한 오르막길에 이정표처럼 서 있다. 어린 희생자들을 구하기 위해 올드 브루어리의 비열한 악행과 용감히 맞서 싸웠던 소수의 존엄한 여성들은 뉴욕 주의회와 시의회에서도 하지 못했던 일을 해냈다. 파이브 포인츠 선교회와 파이브 포인츠 직업학교 기숙사는 정부 조직이 해내지 못한 일을 해냈다. 이들 단체에 의해 6만 명의 어린이가 거리에서 구조되어 그 작은 발을 더 나은 방향으로 내딛게 되었다. 이들의 일은 여전히 계속되고 있다. 더 많은 부랑아를 거두어 먹이고 가르치며, 아이들의 부모에게 조언뿐 아니라 실질적인 도움을 주고 있다. 이들의 자선은 신념이나 국적을 따지지 않는다. 직업학교 기숙사는 평균 400명 이상의 일일 수습생과 상주 기숙생, 다시 말해 '외부인'과 '내부인'을 수용하는 거대한 보육원이다. 이곳의 영향력은 이 과밀 지역의 상당히 먼 거리까지 미친다. 취객의 욕설 말고는 어떤 축복의 말 한마디도 들려온 적이 없는 집들, 이곳의 폭력과 방치로부터 구조된 수십 명의 아기들이 어느덧 보육원의 취침 시간에 기도문을 외우는 모습은 세상에서 가장 감동적인 광경 중에 하나다. 흰색 잠옷이 잔인한 손길에 의해 학대받고 멍든 작은 몸과 팔다리를 감추고 있는 경우가 비일비재하다. 이 보육원 안에서 이 아이들은 안전할 뿐 아니라 누군가는 오랫동안 찾다가 포기한 행복을 맛본다.

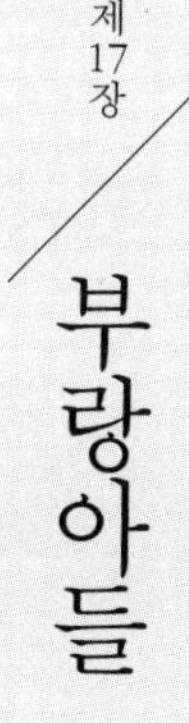

제 17 장

부랑아들

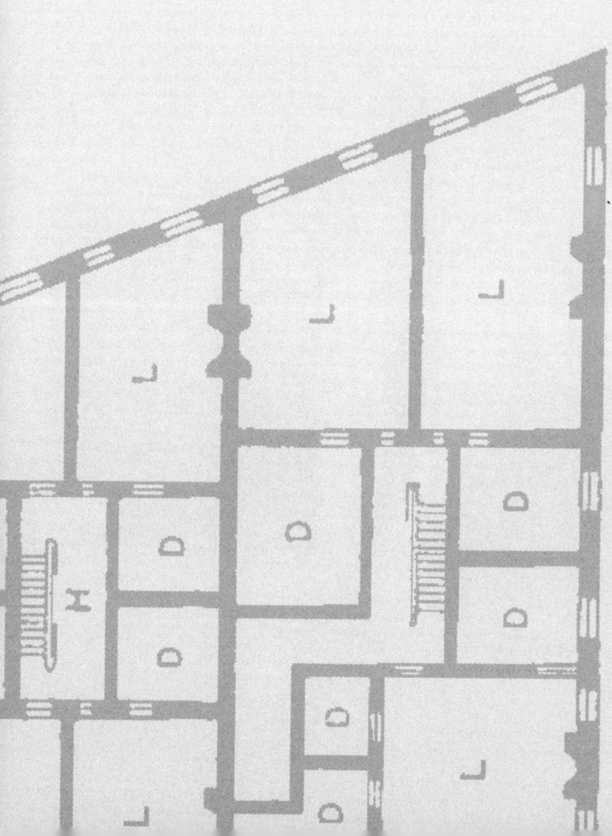

Tenement of 1863,
for twelve families on each flat.

수면 지역의 부랑아들(멀베리 스트리트의 한 교회 모퉁이).

밑바닥 생활을 개선하려는 협회들이 세운 온갖 방책도, 집 없는 방랑아들을 구조하려는 무수한 단체들의 노력도, 집이란 이름이 조롱에 불과한 곳에서 생겨난 노숙의 물줄기를 막을 수 없다. 부랑아는 그들이 보헤미안 본능에 따라 몰려든 뉴욕의 뉴스페이퍼 로Newspaper Row 자체처럼 오래된 실체다. 공동주택에서 밀려나 자립을 결심한 부랑아는 이곳에서 미합중국의 모든 주에서 또 바다 건너 해외에서 온 모험심 강한 가출자들의 군대와 조우한다. 전 세계의 나이든 이민자들이 그랬듯이 이들도 뉴욕의 기묘한 매력에 이끌려 온다. 신문배달원 기숙사의 야간 인구 통계는 다른 지역에서는 함께하기 힘든 작은 인류의 기묘한 혼합을 보여줄 것이다. 이들이 혈혈단신이기에 연민과 한탄의 대상이 되는, 힘없는 꼬맹이들이라고 생각한다면 오산이다. 이런 생각을 가진 선량한 사람이 이 아이들에게 접근했다가는 무자비한 '조롱'을 받을 것이다. 그래서 연민 같은 건 쓸데없다는 확신을 갖고, 선교 노력이 전혀 미치지 않는, 작지만 단단한 깡패 집단이라고 생각하게 될 것이다.

그러나 이것은 두번째 오판에 불과하다. 이 부랑아들은 멋대로 사는 삶의 장단점을 고스란히 안고 있다. 부랑아답게 누구에게도 또 무엇에게도 권위를 느끼지 않고 신의를 빚지지 않는다. 사회가 그들을 억압하려고 할 때마다 때묻은 주먹을 들어올리고, 육식 동물 중에서도 그들과 가장 비슷한 족제비처럼 똑똑하고 예리하다. 완강한 독립심, 자유에 대한 갈망과 확고한 자신감, 여기에다 작은 공동체를 다스릴 수 있게 하는 설익은 정의감까지 결합되어 있다. 이들의 방식은 미합중국법이나 뉴욕 시 조례에 항상 부합하지는 않으며 "대접받고 싶으면 먼저 타인을 대접하라"는 금언에 훨씬 더 가깝다. 이런 것들은 부랑아를 거두어 쓸모 있게 활용할 수 있는 사람에게는 강력한 수단이다. 세계적으로 성공한 은행가, 목사, 변호사, 때로는 국제적 명성을 지닌 정치인들까지 이런 종교적인 노력의 잠재력을 몸소 증명하고 있다. 학문적 직업 또는 여러 갈래의 고귀한 사업, 이런 분야는 지난 20년간 뉴욕 거리의 가난과 그늘로부터 그 찬란한 빛을 빚지고 있다.

거대한 인쇄기의 굉음이 허공을 채우면서 방금 지나간 24시간 동안 벌어진 세계의 역사를 끝없는 흰색 종이 롤에 잉크로 찍어가는 한밤중, 만약에 일 때문에 또는 호기심 때문에 파크 로를 지나거나 프린팅 하우스 스퀘어Printing House Square를 횡단하는 사람이라면 누구든 신문사 건물 주변에 어슬렁거리는 소년의 무리를 봤을 터다. 거리에 눈이 쌓이는 겨울에는 지하 인쇄실에서 덜컥거리는 소음과 함께 열기와 증기가 방출되는 쇠살 통풍구 근처의 따뜻한 곳을 놓고 싸움이 벌어지고, 여름에는 연석에서 어렵게 번 푼돈을 놓고 냉정한 도박사처럼 크랩스crabs 게임에 빠져든다. 여기가 그들의 활동 영역이다. 아동학대방지협회의 직원은 아이들이 '비즈니스'를 하기에는 너무 어리다고 생각하지만, 그렇다고 언제나 그들을 붙잡을 수 있는 것은 아니다. 굴속의 토끼들처럼, 이 작은 부랑아들은 한쪽 눈을 뜬 채로 잠들고 다가오는 위험과 적을 대비해 온몸의 감각을 깨워놓는다. 그들의 적은 그들을 쫓는 것을 주된 임무로 하는 경찰과 그들로부터 소중한 자유를 앗아가려는 각종 단체 관련자다. 첫 경고의 외침에 그들은 흩어지고 사라진다. 그들을 뒤쫓는 것은 자기가 잘 아는 험준한 지역에서 빠르게 도망가는 산양을 추적하는 것과 같다. 열려 있는 문은 없다. 사람들이 모르는 비밀 모퉁이와 통로가 있고, 부랑아들 외에는 아무도 찾지 못하는 비밀 샛길과 지름길이 있다. 선수를 치는 것이 유일한 방법이다. 보도에서 우체국의 지하 2층 보일러실까지 석탄 운반로가 있다. 아동학대방지협회의 직원은 겨울처럼 쌀쌀한 날씨에 아이들이 이 터보건toboggan(앞쪽이 위로 구부러진, 좁고 길게 생긴 썰매의 일종—옮긴이)의 짧은 활주로를 따라 아늑한 숙소로 내려가는 것을 발견했다. 아이들은 남몰래 거리의 덮개를 들어올리고, 일렬로 미끄러져 내려가서 따뜻한 보일러실까지 무사히 도착하는, 이것은 그들의 생각에 안전한 통로다. 그러나 함정이다. 협회 직원은 어느 추운 밤에 이 활주로를 따라—보일러실까지 가는 다른 길은 없으니까—잠든 아이들 사이에 사뿐히 안착했다. 연거푸 본부를 급습당한 아이들은 지난여름에 이곳을 포기했고, 그다음에 발견된 곳은 이스트리버의 바나나 부두 가운데 한 곳 끄트머리 지하였다. 아이들은 이곳을 정식 클럽 회원실처럼 꾸며놓고 30~40명의 집 없는 아이들과 100만 마리는 될 법한 쥐떼와 공유하고 있었다.

뉴스페이퍼 로는 그저 그들의 본부에 지나지 않는다. 그들은 도시 전역에서 발견된다. 인근에서 낮에는 연명 수단을, 밤에는 급습으로부터 안전을 보장하는 잠자리를 제공받는다. 날씨가 포근하면, 길가의 트럭 또는 편안한 헛간이나 부두의 건초 바지선이 좋은 잠자리가 된다. 두 아이는 할렘 브리지의 커다란 철관 끝에 보금자리를 만들었고, 이스트리버의 낡은 보일러를 우아한 아파트처럼 사용하던 또다른 두 아이는 경찰이 오랫동안 쫓고 있던 도둑과 함께 생활하고 있었다. 도둑이 몇 개월 동안이나 경찰의 바로 코앞 지하에 숨어 있으리라고는 예상치 못한 일이었다. 아동구호협회가 자체 기숙사를 처음 개방했을 때, 협회측은 자신들의 자선이 '주일학교 난장판'으로 끌어들이려는 배반의 '종교적인 술수'가 아니라고 어렵사리 소년들을 설득했다. 협회 운영진들은 소년들이 어색하지만 편안한 침대에 누워서 —몇 명은 이미 잠든 것 같았고— 평소의 잠자리와 다른 스타일이 주는 상대적인 장점에 대해 웃으며 의논하는 소리를 들었다. 가장 좋아하는 잠자리는 증기 배출구과 모래상자로 갈렸으나 후자 쪽이 좀더 우세했다. 모래상자 옹호자에 따르면, "몸을 구부리면 그 안에 쏙 들어갈 수 있기" 때문이었다. 그러나 이번에 새로 '발견한' 침대가 지금까지의 잠자리보다 더 좋다는 데 의견이 모였다. "야, 이거 정말 근사한걸!" 담요를 턱까지 끌어올린 한 아이가 말하자, 다른 아이들도 그렇다고 한마디씩 거들었다. 이날 밤, 부랑아들과 협회 운영진들 사이에 암묵적으로 체결된 협정은 이후로 결코 깨지지 않았다. 그들은 절친한 친구가 되었다.

새벽 3시, 『뉴욕 선』지의 사무실에서.

이 많은 부랑아들은 어디서 오는 것일까? 흔한 질문이다. 그 답은 실종된 아이들을 찾아 경찰청을 드나드는 엄마들의 행렬에서 찾을 수 있을 것이다. 아이들이 실종된 지 몇 주 또는 몇 달이 지난 경우가 흔하고, 아이가 정말 걱정되어서라기보다는 가족의 도리 정도만 지키려는 경우도 있다. 체포자 명단에서 이름을 발견하지 못한 경찰청 직원이 예상하는 판에 박은 전망은 '배고프면 돌아올 것'이다. 그러나 이 전망이 항상 맞는 것은 아니다. 오히려 배고파서 집을 나갔을 터다. 부모가 블랙웰 아일랜드나 싱싱Sing Sing 교도소에 수감되는 바람에 사실상 또는 결과적으로는 고아인 아이들이 일부 있으나, '사회'로부터 관심을 제대로 받지 못한 경우다. 각각 열 살과 여덟 살인 존과 윌리처럼 술고래 아버지라는 다른 요인의 사례도 있다. 경찰에 따르면 존과 윌리는 "어디서도 살고 있지 않다". 이 아이들은 학교에 간 적도 없고 읽고 쓸 줄도 모른다. 열두 살 난 누나가 아버지를 위해 집안 살림을 하는데, 아버지는 구걸을 하거나 훔치거나 굶으라고 아이들을 내보냈다. 숨막히는 가난과 중노동을 이 아이들은 견딜 수 없었다. 끼니마다 주먹과 욕설이 날아들었다. 이 모든 것이 부랑아 부대를 양산하는 요인이다. 집안의 병마와 입에 풀칠하기도 버거울 정도로 많은 식구.

"우린 여섯 명이었어요." 내가 신문배달원 기숙사에서 만난 열두세 살 가량 된 개구쟁이 소년이 말했다. "우린 아버지가 없어요. 그러니까 누군가는 돈을 벌어야 했어요." 그 아이가 구두닦이로 생계를 꾸렸다. 출발은 순조로웠다. 공동주택의 집 말고는 아무것도 몰랐던 이 소년에게 거리낄 것은 거의 없었다. 머잖아 거리에서의 거친 삶이 소년을 단단히 옭아맸고, 그 이후 자신의 노력으로는 거기서 빠져나올 수 없었다. 혼자 남겨진 소년은 곧 범죄 경력 자료에 이름을 올린다. "이 소년은 어떻게 될까?" 이 두번째 질문에 답이 될 수 있는 것은 평일에 매일 열리는 형사재판 외에 없을 것이다.

그러나 그 소년은 혼자 남지 않았다. 이 시대의 사회는 그 정도로 자멸적인 의도를 품고 있지 않다. 바로 이 갈림길에서 사회는 스스로를 위해, 또 이 소년을 위해 가장 강력한 방어 수단을 동원했다. 아동학대방지협회가 버림받은 젖먹이에게 한 일, 또 아동구호협회가 집 없는 소년에게 한 일은 아이들의 삶에서 진정한 전환점이다. 이 협회들의 선행은 아무리 과대평가해도 지나치지 않다. 협회가 운영하는 기숙소와 학교와 양육원은 아이들이 즉각 받아들일 수 있는, 싸고 공평한 조건으로 쉼터를 제공함으로써 거리의 탈출로를 봉쇄한다. 두에인 스트리트에 있는 신문배달원을 위한 대규모 기숙소에서 아이들은 다음과 같이 문에 붙어 있는 '알림'을 통해 입소 조건을 간단명료하게 전달받는다. "욕을 하고 입담배를 씹는 소년들은 이곳에서 잘 수 없습니다." 암묵적인 조건이 하나 더 있다. 진짜 집이 없는 소년이어야 한다는 점이다. 그러나 이 조건에 대해 운영자들은 너무 까다롭게 따지지 않을 만큼은 현명하다. 아이들을 내보내는 집들이 사실 가정이라는 이름의 가치를 지니지 못한다는 사실을 잘 알기에 아이들의 신상에 대해 꼬치꼬치 캐묻지 않는다.

이렇게 간단한 절차를 거쳐 집 없는 소년이 입소한다. 누더기옷은 고려 대상이 아니다. 무식하다면 문호는 더 크게 열릴 것이다. 지저분한 행색은 일단 기숙소 안으로 들어오게 되면 오래가지 않는다. 아이들을 지도하는 사람들은 이 특별한 분야에서 비누와 물은 설교만큼이나 효과적인 도덕적 동인이라고 철석같이 믿고 있다. 이런 믿음을 뒷받침하는 경험도 계속되고 있다. 아이들은 말썽을 일으키지 않는 한 마음대로 입소하고 퇴소할 수 있다. 아이의 독립을 방해하는 어떠한 제한도 없다. 자유롭다는 점에서, 또 일을 해서 번 돈으로 숙박료를 지불한다는 점에서 호텔 투숙객과 같다. 이 훌륭한 구호 작업의 토대를 놓고 지금까지 실천하게 만든 사람들의 계획이 얼마나 현명한 것이었는지, 이 현명함은 한두 가지로 설명될 수 있는 것이 아니다. 이 기숙소 안에서 가난은 싹튼 적이 없다. 빈민화, 즉 구호 대상자로 만드는 방식의 자선은 이들의 계획과는 완전히 동떨어져 있다. 자립이 기본 방침이고, 이는 소년들의 억센 특성 속에서 반응을 이끌어내 지체 없이 자신을 위해 노력하게 만들었다. 상인으로 자립해 자기 몸은 건사할 수 있는 소년들이 벌이에 어려움을 느끼는 경우 음식과 잠자리 비용을 낼 수 없을 때 외상을 요청할 수 있고, 이 요청은 아무런 추궁 없이 즉각 수용된다. 소년들은 일에 대해 잘 알거나 경험이 있다면, 예를 들어 구두닦이에 필요한 도구나 신문팔이에 필요한 한아름의 신문을 구입하는 등의 소자본 대출까지 받을 수도 있다. 그러나 아주 큰돈이 걸린 계약처럼 1센트까지 신중하게 처리되고, 대출을 받은 소년은 나중에 자리를 잡는 즉시 상환하기로 되어 있다. 소년이 자신에게 준 신뢰를 저버리는 경우는 극히 드물다. 그와는 정반대로 자립이라는 이 건전한 핵심을 기반으로 격려받은 검소의 습관과 대망을 품은 근면함이 많은 사례에서 증가하는 것으로 확인되고 있다. 소년은 '성장하는' 개체고, 부자로 태어났을 때보다도 더 나은 자질을 지니고 남자의 삶과 일을 향해 나아간다.

침대에 6센트, 빵과 커피로 이루어진 아침식사에 6센트, 돼지고기와 콩으로 이루어진 저녁식사에 6센트, 양은 제한 없이 먹을 수 있을 만큼 먹는다. 아이들에겐 '호텔'급이다. 아이들은 깨끗하고 산뜻한 이층 철제 침대가 종종 100개 이상이 되는 대형 기숙소에서 함께 잔다. 상위층 그러니까 일찍 두각을 나타낸 젊은 자본가들은 친구들을 고용해 임금을 줌으로써 그들 자신의 수익 배분을 늘린다. 상업을 배우면서 주급을 받는 소년들은 사물함이 있고 주변에 커튼이 드리워진 10센트짜리 침대를 사용한다. 야간 학교와 주일 야간 모임은 건물 내에서 열리는데, 기숙소가 꽉 차는 겨울에는 특히 참석률이 좋다. '주일학교 난장판'은 이제 소년들에게 공포의 대상이 아니다. 실내에 가득한 소년들이 소매를 걷어 올리고 '나는 산골짜기의 백합'을 부르는 모습을 보고 나서야 회중찬송의 정확한 의미를 알게 된다. 꼭대기 층 체육관에 있는 체조 그네와 이 웅장한 노래 예배는 소년들에게 막상막하의 인기를 끌고 있다. 부랑아들

"아무 곳에서도 안 살아요."

은 그것이 자기보다 작은 아이에게 비열한 속임수를 쓴 적수를 박살내는 일이든 아니면 주일 '복음 가게(교회)'에 참석하는 일이든 간에 그 순간 가장 흥미로운 일에 자신의 작은 영혼을 온전히 바친다. 이런 특성 때문에 최근에 두에인 스트리트 기숙소에서 소년들이 십시일반 '돈을 모아' 권투 글러브 한 켤레를 샀을 때 좀더 세심한 감독이 필요해졌다. 이 새로운 장난감이 아이들의 눈가에 비누로도 씻어낼 수 없는 작은 멍들을 남기고, 온갖 생채기를 내면서 새로운 놀이기구로서 시험을 거치는 동안, 체조 그네는 어쩔 수 없이 일시적 인기 하락을 겪었다.

어느 날 밤, 나는 저녁을 먹기 전 세면실에 있는 소년들을 촬영하려—솔직히 가장 성공적인 시도였다고 할 수는 없었으나—했다. 아이들이 어찌나 소란스럽던지, 그중 반장 역할을 하는 듯한—물어보진 않았기에—아이가 넌덜머리를 내면서 아주 정중한 말투로 내게 이렇게 울분을 토하는 것이었다. "애들이 얌전하게만 굴어도, 선생님이 좋은 사진을 찍을 수 있을 텐데요!" 아이가 볼멘소리를 했다.

"그래. 그러나 얌전한 건 애초에 이 애들과는 맞지 않는 것 같구나." 내가 말했다.

"어씨! 그러게요." 아이는 내 말을 도발로 받아들였고 점잖았던 말투까지 금세 바뀌었다. "저놈들은 개념이 열라 꽝이에요!"

협회는 시내에 5개의 소년용 기숙소와 1개의 소녀용 기숙소를 운영하고 있다. 두에인 스트리트 기숙소 한 곳만 1855년에 세워진 이후 25만 명에 육박하는 소년들을 수용했고, 총 50만 달러가량의 경비를 지출했다. 기숙소를 전부 합해서 지난해에 1만 2,153명의 소년 소녀가 입소해 교육을 받았다. 소년들은 기숙소에서 제공하는 저금통에 적지 않은 금액의 돈을 모았다. 자물쇠 달린 상자에 돈을 모으고 한 달에 한 번씩 소년 전체의 이익을 위해 상자를 연다. 이뿐 아니라, 협회는 공립학교 기숙사의 자리를 찾지 못했거나 그곳에 들어가기도 여의치 않은 빈민층 자녀를 위해 공립학교와 동등하게 인정받는 직업훈련학교 21곳을 공동주택지구에 설립, 운영하고 있다. 무료 도서실 두 곳, 여학생 교육을 위한 재봉 및 타자 학교 한 곳과 세탁소 한 곳도 있다. 아픈 아이들을 위한 시설이 시내에 한 곳, 해변에 두 곳이 있는데, 여기서 가난한 엄마들이 자신의 아기를 돌볼 수 있다. 장애 소녀들을 위한 바닷가의 오두막, 장애 소년들을 위한 44번가의 브러시 공장도 있다. 레너드 스트리트의 이탈리아 학교 한 곳에만 지난해 평균 600명 이상의 학생들이 참석했다.

그런데 가장 크고 행복한 결과는 이 도시 바깥에 있다. 기숙사와 학교를 통해 다수의 어린 이주민들이 매년 가장 서부에 있는 가정으로 자리를 옮기고, 뉴욕의 유혹과 악덕으로부터 벗어나 홀로서기에 성공한 남녀로 성장한다. 그 수가 수천 명에 이른다. 협회는 이들에게서 결코 관심을 거두지 않는다. 기록에 따르면, 이렇게 출발한 많은 이가 유능한 시민이 되었고, 이주해간 지역 사회에서 자랑스러운 인물이 되었다. 새로운 환경에서 높은 사회적 지위에 오르고 탁월한 성취를 이룬 경우도 적지 않다.

수면 지역의 부랑아들(멀베리 스트리트의 건물 사이 통로).

드물게 나쁜 소식도 전해진다. 이따금씩 빈민굴일지언정 향수를 이기지 못하고 돌아오는 경우가 있다. 그러나 잠시 돌아와 있는 것만으로 향수병은 영원히 치유된다. 나는 언젠가 미시간으로 떠나는 일행을 본 적이 있다. 이들은 부랑아들의 위대한 친구, 즉 애스터 여사가 세상을 떠나기 전에 마지막으로 손수 떠나보낸 아이들이다. 이 일행 중에 파이브 포인츠 직업학교 기숙사 출신의 한 소년이 있었다. 이 소년의 단출한 짐이라고는 맹꽁이자물쇠가 달리고 쇠테가 둘린 상자 하나가 전부였는데, 그 안에는 전 재산인 두 마리의 작고 흰— 붙임성이 좋은— 생쥐가 담겨 있었다. 두 마리 생쥐는 소년과 함께 빵 부스러기 하나에 절절매지 않는 호강을 이룰 비옥한 서부를 꿈꾸면서 떠났다. 생쥐와 사람에게 그 얼마나 좋은 계획인가! 서부의 음식은 사람에게도 생쥐에게도 맞지 않았다. 나는 몇 달 후에 파이프 포인츠의 기숙사에서 생쥐들의 주인을 발견했다. 소년은 돌아와 있었다. 그런데 지금은 다시 보내달라고 간절히 부탁하고 있다. 마침내 뉴욕을 그리워하지 않게 된 것이다. 내가 생쥐에 대해 묻자 소년은 고개를 떨어뜨렸다. 참 슬픈 이야기였다. "쥐들이 먹을 난알이 정말 많았어요. 그걸 참을 수 없었던 거죠. 결국 쥐들은 난알 더미 속에서 송두리째 불에 타버렸어요. 그렇게 끝난 거예요."

애스터 여사는 고귀하고 훌륭한 삶을 사는 동안, 매년 거리에서 집 없는 소년들을 거두어 점잖은 옷을 입혀서 좋은 가정으로 입양 보내는 하나의 전례를 남겼다. 여사는 세상을 떠날 때까지 1,300명가량의 아이들을 입양 보냈고, 그녀처럼 이 사랑의 일을 하고자 하는 의지와 방법을 지닌 사람들이 그녀의 일을 계속해나갈 수 있도록 기금을 남겼다. 대부분의 기숙사와 학교 건물은 부유한 사람들이 자금을 지원함으로써 지어졌는데, 이들 중에는 세상에 이름을 밝히는 것조차 사절한 사람들도 있다. 온갖 불행의 한복판에 빠져 있는 누군가에게 희망과 용기를 주고, 돈벌이와 야욕에만 몰두하는 사려 깊지 않은 대중에게 아직 태어나지 않은 세대까지 축복을 가져다주는 각본 없는 선행에 대해 생각하게 만드는 것은 인생에서 맛볼 수 있는 유쾌한 경험 중에 하나다. 내가 35번가의 소년 기숙사 앞에 세워진 한 여성의 마차를 본 것은 얼마 전의 일이다. 마차의 주인은 그 당시에 외과의사와 함께 브러시 가게에 있는 장애 소년들의 수를 알아내느라 분주하게 움직이고 있었다. 이 협회에서 돌보는 사람 중에서도 가장 불행한 이 소년들에게 인조 팔다리를 마련해주려는 예비 절차였다.

아동구호협회에 의해 세워진 기숙사 중에서 가장 고지대, 즉 67번가에 있는 기숙사는 다른 곳에 비해 상대적으로 나이가 많은 소년들을 위한 것이다. 또하나 다른 점은 이 기숙사가 그 혜택을 받는 청년들의 실제 노동으로 지어졌다는 것이다. 더 많은 거리의 소년들이 여느 집의 별채 같은 분위기의 이 기숙사와 뉴욕 직업학교로 오는 길을 찾아낼 수만 있다면, '이 소년들을 위해 무엇을 해야 하는가?'라는 질문에 가장 자연스러운 해결 방식을 찾아내는 셈이다. 오치무티 대령은 장차 뉴욕의 청소

신문배달원 기숙사에서 저녁식사 전에 씻는 모습.

신문배달원 기숙사의 홀에서 하는 주사위 놀이.

년들이 쉽게 갚을 수 없는 빚을 지게 될 실용적인 박애주의자다. 대령이 확립한—젊은이들이 최소한의 비용으로 2~3개월 안에 직업교육의 실습뿐 아니라 이론까지 습득할 수 있는—직업학교 교육과정은 숙련공들을 그 구심점에 두고 있는데, 다른 여러 도시에서 모방한 체계치고는 기대만큼 아주 빠른 속성 과정은 아니라 해도 그 탁월함은 입증되었다. 이 직업학교는 마침내 실제적인 출발을 내디뎠고, 노동조합원과 조합의 임원들까지 자식을 이곳에 보냈다.•

• 오치무티 대령 본인이 한 말.

제 18 장

럼주 지역

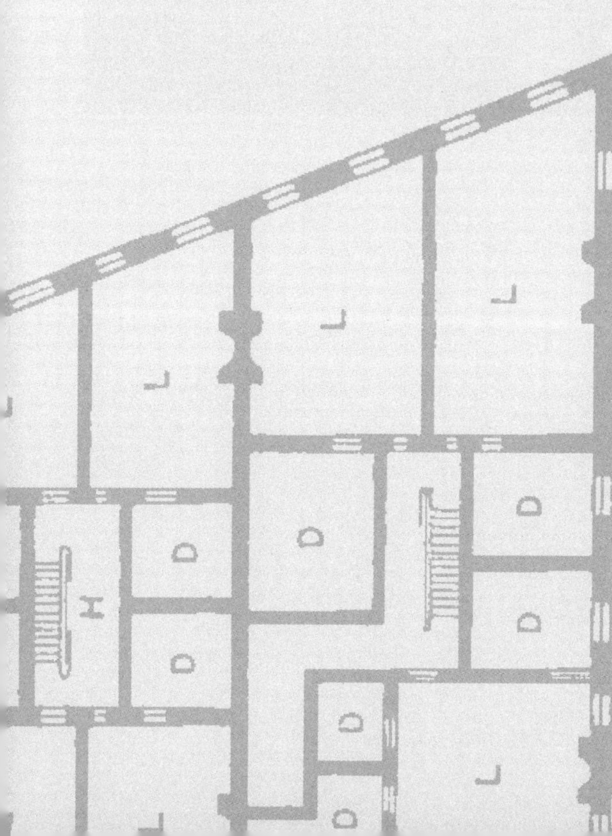

Tenement of 1863, for twelve families on each flat.*

도심의 무허가 술집.

하느님이 교회를 세운 곳 바로 옆에 악마는 술집을 짓는다는 옛말은 뉴욕에서 의미를 잃는다. 악마는 먼저 현장에 도착해 있거나 건축의 측면에서 훨씬 더 많은 진척을 보여왔다. 내가 한번은 그 상황을 알아보기 위해 수를 세어보았는데, 14번가 남쪽에 개신교회와 예배당을 포함해 모든 형태의 예배 장소가 111개인 반면 술집은 4,065개였다. 이곳에 공동주택 인구 중에서 최악의 절반이 살고 있다. 그리고 이 지역에는 현재 술집 중에서 최악의 절반이 포진해 있다. 주택 지구에선 상황이 조금 낫지만, 그래도 현재 교회 하나당 술집이 10개는 족히 된다. 게다가 단골의 수도 훨씬 더 많아서 걱정이다. 확실히 사람들은 일요일을 포함해 주중에도 좀더 자유롭게 더 꾸준히 술집에 간다. 이 사회가 품위와 윤리를 위해 세워놓은 보루 구석구석까지 술집들은 그 거대한 그림자를, 빈민의 삶 속에 스며든 곳 어디든 악의 징조를 드리우고 있다.

어디서도 술집의 영향력이 아주 두드러지거나 암울하게 보이지는 않는다. 불행하게도 술집은 혈육보다도 더 끈끈하게 밀접해 있어서 술집 안에서만 안전하게 몸을 기대고 위안을 받을 수 있다고 사람들을 설득한다. 이것이 사실이기에 큰 논란이 되는데, 대다수 공동주택 지역에서 술집은 유일하게 찾아볼 수 있는 밝고 활기차고 인간적인 장소다. 공동주택이 밀집해 있는 곳이면 어디든 술집도 증가한다. 사람들의 극빈을 토대로 술집은 비대해지고 번성한다. 간접세 세무국이 이미 개업중인 곳을 제외하고 일정한 구역 내에서의 럼주 판매 허가를 내주지 않겠다는 방침을 세운 지 아직 2년이 채 지나지 않았다. 공동주택 지구에는 이 금지령이 제대로 적용되지 않고 있다. 정작 필요한 곳인데 말이다. 가난한 사람들의 주거 지역에서 개방된 도서실이나 화기애애한 커피숍 또는 럼주를 파는 구실이 아니라 진짜 괜찮은 클럽 하나를 찾기 위해서는 수 킬로미터를 걸어야 할지도 모른다. 가난한 사람들이 집에서 느끼는 숨막히는 갑갑함과 불화와 비참함을 달래는 대화의 장소이자 안식처인 클럽, 이곳이 바로 발길 닿는 곳마다 즐비한 술집이다. 사람들은 이곳에서 접하는 술과 더불어 비슷한 수준의 정치적 입장을 취한다. 술집은 뉴욕에서 정치적 크랭크를 돌린다. 그 자연적인 결과가 술 정치다. 다시 말해서, 연임된 시의회 의원 중에서 대다수는 아니라고 해도 적지 않은 수를 차지하는 술집 사장들이 뉴욕에 술맛을 제공하고 있다는 뜻이다. 악명 높은 '뇌물위원회'의 불명예는 이보다 더 추잡한 부패가 발생해 그 악명을 잊게 만들 때까지 사람들의 기억에 남을 것이다.

술집과 사람들의 관계에 대해 비교를 통해 설명해보겠다. 보건국이 1년 6개월 전에 공동주택에 대한 정확한 실사를 벌였을 때, 14번가 이남에서 3만 2,390채의 건물 중에 1만 3,220채가 공동주택으로 분류됐다. 가장 과밀한 네 개 지역인 4번가, 6번가, 10번가, 11번가는 대략 1,200개의 술집을 먹여 살리고, 술집들은 그 보답으로 한 해 체포된 전체 범죄자 수의 27퍼센트를 제공한다. 그 어느 지역보다 인구가 많고 가난한 10구에는 집 없는 숙박인의 3분의 1과 한 해 전체 수감자의 14퍼센트가 있고, 1889년의 경우 485개의 술집이 영업중이었다. 술집 중에서 장사가 되지 않는다는 이유 하나만으로 문을 닫은 경우는 없다. 오히려 다수의 술집 사장들은 부와 명예를 얻었다. 술집을 기반으로 저명한 시민들이 의기양양하게 시의회와 주의회로 입성했다. 이런 술집 중 한 곳은 바닥을 은화로 포장해놓았는데, 이웃에선 최근에도 빵을 달라는 굶주린 노동자들의 절규가 메아리쳤다.

쓴잔을 배반의 독으로 채워 이 폭군들에게 달콤한 보답을 하는 것이 이스트사이드의 가난 하나만은 아니다. 4구는 '터브 오브 블러드Tub of Blood(피를 담은 통)'의 운영자들과 이보다는 덜 충격적인 상호를 단 10여 개의 술집에 관한 고귀한 기록을 자랑스럽게 간직하고 있다. 헬스 키친 지역의 '위치스 브로스Witches' Broth(마녀의 수프)', '플러그 햇Plug Hat(중산모자)' 같은 유흥업소의 업주들이 차지하는 부와 '사회적' 신분은 실로 대단한 것이다. 맨해튼 섬에서 최고의 주택들과 귀족 계급을 자랑하는 또다른 구역은 어디서나 눈에 띄는 블랙앤탠 술집과 댄싱 헬(댄싱 홀이 아닌) 중 한 곳을 운영하는 사람에게 집권 여당의 정치 지도자라는 명예를 선사하고 있다. 범죄자들과 경찰들 모두 그 정치인에게 충성을 바치고 있다. 그러나 나는 뉴욕의 정치사를 쓸 생각은 없다. 게다가 이 리스트는 영영 완성되지 않을 것이다. 간접세 세무국의 합당한 관할에서 벗어나 있고 '가족 입장'도 안 되는 비밀 술집들이 빈민가 안팎에 잠복해 있다. 이 술집들은 김빠진 맥줏집과 마찬가지로 평일 내내 옆문을 통해

술집에서.

밤을 위한 숙소들.

장사를 한다. 이 도시에 무허가 술집이 얼마나 많은지는 알 수 없다. 이 문제를 조사한 사람들은 1,000개 전후로 보고 있다. 경찰은 술집 두세 곳을 임의 조사하고 경찰청에 보고한다. 그 결과 즉결심판소에서 한차례 익살극이 벌어지고 나면 사건은 종결될 것이다. 럼주와 '권력'은 동의어다. 한쪽의 이익이 다른 쪽의 관심 밖에 있는 경우는 거의 없다.

법을 공공연히 무시하는 사람들을 제외하고, 술집들은 모두 미성년자에게 맥주를 비롯한 일체의 알코올음료를 팔지 않는다고 굵은 글씨로 적어놓는다. 만에 하나, 빈 맥주통과 술값을 가져온 아이가 있다면 뉴욕의 일반 맥줏집에서 과연 이 아이를 빈손으로 돌려보낼까, 나는 의구심이 들었다. 한번은 어느 차가운 11월의 밤에 한 꼬마를 뒤따라간 적이 있다. 꼬마는 맨발로 떨면서 얼어붙은 보도에 금방이라도 술병을 떨어뜨릴 것처럼 위태로이 멀베리 스트리트의 한 술집, 알고 보니 벽에 미성년자에게 술을 팔지 않는다는 안내문이 걸려 있는 술집으로 들어갔다. 내가 개입을 하자 술집 주인은 마치 내가 가게문을 닫고 집에 가라고 말한 것처럼 펄쩍 뛰었다. 실제로도 법정 영업시간인 오전 1시가 지났기 때문에 그렇게 말할 수도 있었다. 뿐만 아니라 술집 주인은 꼬마의 술병을 채우는 동안, 내게 불같이 화를 내면서 꺼지라고, 남의 일에 신경 끄라고 거칠게 말하기도 했다. 신문 구독자들은 1년 전쯤에 자신의 아버지가 일하는 이스트사이드의 작업장으로 하루종일 맥주를 날랐던 한 소년에 관한 기사를 기억할 것이다. 소년이 자기 몫으로 마셨던 술에 취해서 잠을 자려고 지하작업장으로 기어들어간 당시는 토요일 밤이었다. 일요일에 소년의 부모는 소년을 찾아서 사방을 돌아다녔다. 그러나 소년이 발견된 것은 월요일 아침 즉 작업장이 문을 열었을 때였다. 소년은 죽은 채 그곳에 득시글거리던 쥐떼에 먹혀서 시체의 절반만 남아 있었다.

술집은 가난을 낳고 정치를 부패시킨다. 정직과 맞바꾼 럼주는 두뇌까지 훔쳐가버리고, 결국에는 잘못을 저지르게 해 법의 심판 앞에 내팽개쳐 전과자로 만든다. 어린이의 타락은 되돌릴 수 없다. 무엇으로도 불가능하다. 어린 영혼의 타락은 사회의 중추를 약화시킨다. 술집에 의해 자라고 채워진 '그라울러'가 뉴욕 거리의 아이들을 교화시키려는 더없이 끈질긴 노력을 좌절시키면서 그들의 삶 속에 떠돈다. 거기서 벗어날 방법이 없다. 아이가 한번 그 어두운 손길에 붙잡히면 희망이 없다.

제 19 장

독보리의 수확

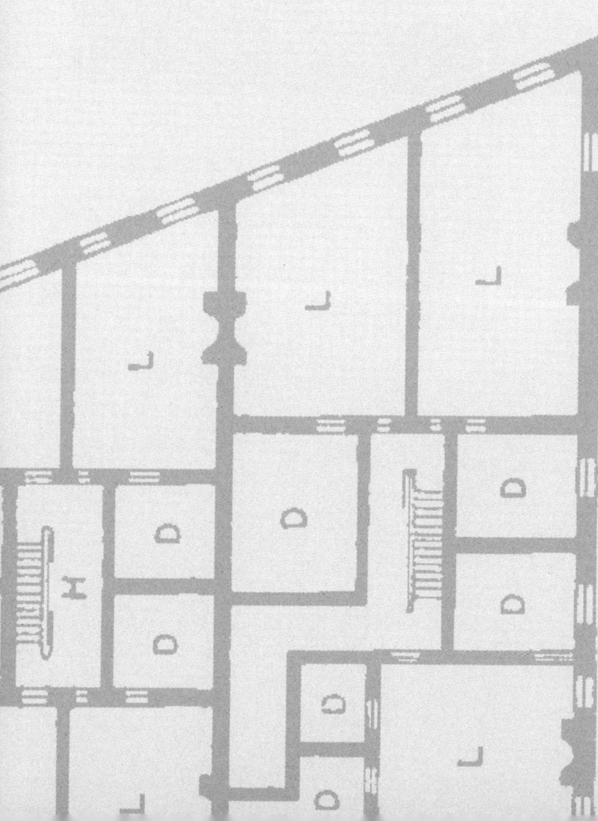

Tenement of 1863, for twelve families on each flat.*

강도와 도둑, 전형적인 불량배들(경찰 당국의 범죄자 사진대장에서).

'그라울러(맥주 담는 통)'는 악한이 되는 출발점이다. 그것은 '갱단'에 들어간 신참의 소년기를 옭아맨다. 그러다가 잠시 교도소 앞에서만 소년을 놓아주고, 소년은 교도소에서 도둑 훈련을 마친 뒤 출소해 세상과 마주한다. 은밀하게 또는 무력으로 남의 것을 훔치면서 세상은 그에게 갚아야 할 빚이 있다는 신념을 주입한다. 갓난아기나 다름없는 이 아이가 난생처음으로 그라울러에 맥주를 담아 나르는 그 순간부터 아이는 그라울러에서 도저히 벗어날 수 없게 되고, 아이와 그라울러는 평생 동안 동업 관계를 형성한다. 여기에는 적어도 의리라는 장점이 있다. 술집은 유일하게 소년을 친절하게 대해준다. 정직한 놀이는 거리에서 금지된다. 공 던지기를 하면 경찰에 체포되고, 뒤뜰에는 놀 만한 공간이 없다. 아이들로 북적대는 두 동의 대규모 공동주택 중간에서 나는 이런 불길한 알림판을 본 적이 있다. "**이 뜰에서 놀다가 붙잡힌 아이들은 모두 법에 따라 처벌됨.**"

해안가를 따라 자리한 부둣가 노숙자들의 소굴에서, 또 가로숫길 위에서 어린 악당들은 마음에 맞는 친구들을 많이 발견한다. 모퉁이마다 일당이 있고, 서로 경쟁자라고 하기에는 적절한 표현은 아니지만 모두가 공통의 프로그램을 가지고 있다. 공통의 야망을 품고서 법과 질서에 도전하는 것. 여기서 야망이란 "은팔찌를 차서", 다시 말해 체포되어서 친구들에게 영웅이 되는 것이다. 식료품점 금고를 성공적으로 급습한다면 괜찮은 점수를 따는 것이고, 경찰에게도 범인 검거가 승진 요인이 되기 때문에 주목을 받을 수 있다. 갱단은 뉴욕에서 하나의 제도다. 경찰은 밤마다 극한 소모전으로 치닫는 갱단과의 전투에서 부상을 입고 치료를 받으면서도 정작 갱단의 존재를 부인하고 있다. 반면에 신문들은 선정적인 세세함으로 갱단이 나쁜 전통을 지속하고 단원들로 하여금 최악이 아니면 차악의 악한을 꿈꾸도록 부추기는 상황들을 기사화하고 있다. 갱은 공동주택의 성장에서 나온 익은 과일이다. 자유를 얻기 위해 가정을 희생한 세대나 모국의 이익을 위해 모국을 떠나온 세대의 구속에 대한 본능적인 적개심을 물려받은 갱이 공동주택에서 싹을 틔운 것이다. 공동주택은 그 씨를 거두고 키웠다. 격한 미국인 기질은 그보다 차분한 풍토에서라면 흔한 '싸움꾼' 정도에 머물 사람을 살인자로 만드는 데 일조한다. 뉴욕의 갱단은 오랜 억압과 새로운 억압 모두에 맞서는 반항의 본질을 대변하면서 슬럼이라는 비옥한 토양에서 성장했다. 이런 조직들은 미국에서 태어난 영국인, 아일랜드인, 독일인의 자식들로 구성된다. 갱단은 그 기원이 되는 공동주택의 상황을 정확히 반영한다. 머리힐에 어울리는 것이 평화와 질서라면, 체리 스트리트나 배틀 로에는 살인이다. 독립기념일의 웅변가들이 살고 싶어하는 바로 이 땅에서, 유럽의 억압받은 이민자들은 그야말로 완벽하게 '동화'되고 있다. 그 결과물을 우리가 감당해야 하는 것이다.

뉴욕 갱단의 기원이 그렇다. 그 역사를 쓰기란 쉽지 않다. 갱단은 지난 두 세대 동안 페이지마다 핏빛으로 점철된 뉴욕 범죄사의 가장 큰 부분을 차지할 것이다. 1세기 전에 파리가 그 도시의 잘못에 복수하고자 세운 단두대보다 지금 뉴욕의 네메시스가 더 잔혹하고 차별적이다. 차이는 의도에 있다. 단두대 처벌에는 진지한 목적이 있었다. 우리 뉴욕에서의 살인은 부주의한 사건, 즉 순간적인 야만성이다. 허세와 강도, 이것이 갱단의 진짜 목적이다. 허세는 경찰에 대한 공격을, 강도는 시민에 대한 공격을 촉발한다. 지난봄에 단 일주일 동안, 신문 기사들은 공공의 거리에서 젊은 강도들이 무고한 시민들을 상대로 자행한 여섯 건의 살인 공격을 다루었다. 얼마나 더 많은 사건이 경찰—'정의를 위하여' 이런 위법 행위들을 막는 데 최선을 다하는—에 의해 진압되었는지는 알 수 없다. 형사 법원이 기록을 시작한 이래 이런 사건들은 늘 있어왔다. 갱단의 활동이 비교적 뜸했던 기간이 지나간 올여름에 이스트사이드 조직들의 난동이 재개되었고, 관할 경찰은 예비 병력까지 투입해 갱단을 진압하는 일이 계속 반복되었다. 갱단은 산발적으로 활동하는 특성을 지니고 있다. 웨스트사이드가 폭발 상태에 있으면, 이스트사이드는 '잠복' 상태다. 또 깡패들이 노스 리버에서 또는 싱싱 교도소에서 복수의 기회를 엿보고 있으면, 3번가의 동쪽 공동주택가에서는 새로운 문제가 터지기 마련이다. 이런 결과가 나온 것은 역설적이게도 갱단을 진압하려는 경찰의 노력 때문이다. 지역적인 알력에도 불구하고, 공공의 적 앞에서 쫓기는 경쟁자들에게 기꺼이 동료애를 보여주려는 폭력 조직의 묵계 같은 것이 존재한다. 갱단들은 배터리에서 할렘에 이르기까지, 이 도시를 떠처럼 휘감고 있다. 그래서 여기저기 흩어져 있는 갱단을 '체인 갱단'이라는 집합적인 명칭으로 부르는 것은 갱단 간의 연대가 일반적인 추측보다 더 공고하다는 믿음에서 비롯된 것이다. 이스트사이드 지역이 너무 과열되었다고 판단한다면, 이곳을 가로질러간 다음에 이름을 바꾸고 은신처를 찾아내 거기서 새로운 범죄를 구상하면 그뿐이다. 이것은 셔츠를 갈아입는 것보다 더 쉬운 일이다. 악명이 자자할수록 환영받고 새로운 분야에서 보스로 인정받는다.

이런 모든 면에서 짐작해보건대, 뉴욕의 갱은 천성적으로 호랑이처럼 피에 굶주려 있고 불굴의 용기를 지닌, 아주 난폭한 사람 같다. 그런데 실은 정반대로 한심한 겁쟁이다. 그의 잔인함은 호랑이가 아닌 늑대의 본능이다. 자기가 위험에 처했을 경우에만 무리를 지어 사냥에 나선다. 지나친 허세에다 동료 앞에서 튀어보고 싶은 충동까지 더해져 두려움이나 조심성을 싹 잊어버린다. 이것은 어디서 얻거나 빌리거나 아니면 훔친—게다가 어디에나 널려 있는—온갖 플래시 픽션(아주 짧은 분량의 소설—옮긴이)과 싸구려 통속소설을 섭렵한 결과이고, 이런 자양분을 토대로 그의 기질 속에서 무성하고 병적으로 자라난 강렬한 극적 요소들의 결과다. 그는 언제나 기묘한 모순덩어리다. 입이 걸걸한 술꾼일 뿐 아니라 단돈 1센트에도 무방비 상태의 이방인을 죽일 준비가 되어 있고, 술이 깨어서는 또 술을 먹기 위해 돈을 달라고 착한 엄마를 멍이 들도록 때린다.• 이런 그가 "신사답지 못하다"는 비난을 참을 수 없는 모욕으로

• 이 어머니는 다음날 아침이면 법정에서 자신을 저버린 아들을 풀어달라고 눈물로 호소할 것이다. 군인이었던 남편을 잃고 과부가 되었다는 한 가난한 여성이 지난여름에 '킹스 도터 공동주택 구호위원회 Tenement-house Relief Committee of the King's Daughters'에 들어가고자 지원했다. 돌봐줄 일가붙이가 없으니 극빈자 시설로 보내달라는 것이었다. 그런데 조사 과정에서 그녀에게 네 명의 장성한 아들이 있다는 사실이 밝혀졌다. 아들들은 전부 갱단원이었다. 네 아들은 그녀를 정기적으로 폭행해 그녀가 힘겹게 벌거나 구걸한 돈을 모조리 가져갔다. 그녀는 "착한 성품을 지닌, 존경할 만한 여성"이었다. 그녀가 거짓말을 한 것은 순전히 못된 아들들을 감싸기 위해서였다.

받아들이고 격분하니 모순이 아닐 수 없다. 싸울 때는 브래스 너클(싸울 때 손가락 사이에 키우는 쇳조각— 옮긴이)과 치명적인 모래 자루 또는 지붕에서 던지는 벽돌 조각처럼 비겁자의 무기로 무장하면서도 진지한 페어플레이의 열혈 찬미자다. 열 명 넘는 조직원의 머리가 깨진 대가로 경찰관 한 명을 쓰러뜨리면서도 언제 그랬느냐는 듯이 물에 빠진 아이나 여성을 목숨 걸고 구해내기도 한다. 그가 비열한 깡패인지 아니면 남다른 훈련과 남다른 사회 조건하에서 영웅의 기질을 지니고 있는지는 그를 어떤 각도에서 보는가에 달려 있다. 어떤 상황에서도 재치를 발휘하고, 런던 빈민가의 깡패보다는 비열함이 덜하다. 보여주기와 박수를 너무 좋아하는 나머지 바다 건너의 쌍둥이 형제에게는 전혀 없는 허세가 끝이 없을 정도다. 나는 이런 부류의 인물, 그러니까 열아홉 살이 채 되지 않은 강도 살인자가 두려움 없이 담담하게 교수대에 오르는 모습을 아주 생생하게 기억하고 있다. 겉으로 보기에는 일급 쇼의 주인공이 되었다는 은밀한 환희와 자부심에 사로잡혀 있었으나, 그의 삶은 곧이어 공동주택 인생에서 맛볼 수 있는 행복의 정점, 즉 으리으리한 장례식으로 끝났다. 나름의 보상이 그에게 주어진 셈이다. 그의 이름은 현재까지 웨스트사이드의 갱단원 사이에서 마법의 부적이고, 야심만만한 동료들 속에서 무명인 갱단원이 '무리를 압도할' 때까지 명예로이 간직된다.

갱단원 맥글로인을 유명하게 만든 범죄는 무장하지 않은 술집 주인을 비겁하게 살인한 것이다. 술집 주인은 야밤에 술집을 약탈하고 있던

그라울러 채우기.

이 폭력배와 마주쳤다. 맥글로인은 쉽게 도망칠 수 있었으나, 꽁무니 빼는 것을 창피하게 여겼다. 그의 행동은 사회와 충돌하는 갱단의 영웅주의 기준에서 보면 공정한 처사였다. 아직은 앳된 소년들이 갱단 내에서 발판을 마련하고 싶은 야망으로 저지르는 첫번째이자 장기간 지속되는 단계는 대개 '아리랑치기', 다시 말해 술에 취해 이리저리 헤매거나 쓰러져 잠든 사람들을 상대로 강도짓을 하는 것이다. 그러나 첫 강도짓을 함으로써 단번에 정식 단원으로 승격된다. 나이는 어리지만 더는 '꼬마'가 아니라 나머지 단원들과 동등한 폭력배가 되는 것이다. 심지어 머잖아—당연한 결과로— 신문에 흉악범으로 이름을 올림으로써 영광의 잔을 가득 채우게 될 것이다. 나는 언젠가 웨스트 37번가 부두에서 성공적으로 한 건을 끝내고 맥주통을 주거니 받거니 하는 어린 갱단원들을 우연히 목격하고 사진 촬영을 제안했다. 이들은 사진사를 조심하기엔 나이가 어리고 경계심도 없다. 이들이 사진사와 안면을 트는 것은 대개 처음 수갑을 차고 있거나 경찰에 체포될 때다. 어쩌면 조심성은 있으나 그것보다 허세가 더 강해서인지 모르겠다. 갱들은 예외 없이 사진사 앞에서 포즈 취하는 것을 무엇보다 좋아한다. 그리고 혐오스러운 갱단원일수록 대개는 이런 야망이 더 강하다. 나는 촬영을 준비하면서 슬쩍 담배 사진 얘기를 꺼냈는데, 효과가 바로 나타났다. 그다음에는 이 일당 '특유의' 대담함을 사진에 담는 일만 남았다. 그중 한 명이 헛간에 기대어 잠든 시늉을 하듯 널브러졌고, 다른 두 명이 매우 도발적으로 널브러진 동료의

'작업' 방법을 시연해 보이는 갱단원들.

주머니를 능숙하게 뒤졌다. 그들은 나를 위해 일을 어떻게 '해치우는지' 보여주는 것이라고 설명했다. 나머지 단원들은 이 촬영의 중요성을 지나치게 실감하는 바람에 한꺼번에 사진을 찍어달라며 우르르 헛간 위로 올라갔다. 지붕 가장자리에 앉아서 발을 허공에 늘어뜨리고 자기들 딴에는 생각할 수 있는 온갖 포즈를 다 취해 보였다. 이들이 평화를 좋아하는 무해한 청년들이라고 독자들이 오해할까봐 이 말을 해야겠다. 그들을 만나고 난 지 30분이 지나 그곳에서 세 블록 떨어진 경찰서에 들렀을 때, 그 '몽고메리 가드'의 두 친구가 내가 막 그들과 헤어져 돌아온 길에서 유대인 행상에게 강도짓 하다가 체포되어 있었다. 게다가 '그냥 재미삼아' 유대인의 목을 자르려고 했단다. "유대인이 길을 따라 오는데 마침 톱이 있더라고요. 그래서 그걸로 놈을 후려친 거죠, 뭐." 경찰이 알려준 바에 따르면, 이 두 범죄자는 '쓰레기' 데니스와 '찌꺼기' 폴리였다.

갱단의 작은 오락거리가 언제나 무해하게, 마음을 크게 상한 유대인의 입장에서 보더라도 이번처럼 별 탈 없이 끝나지는 않는다. 몽고메리 가드의 영역에서 그리 멀지 않은 포버티 갭, 이곳에는 앞에서 커닝햄 가족의 사진을 설명하면서 언급했던 살인 장면과는 정반대의 상황이 벌어졌다. 홀로 노부모를 부양해온 한 소년이 한두 달 전에 '앨리 갱단'의 폭력에 의해 사망했다. 이는 멀지 않은 곳에서 그 유대인 행상을 상심하게 만든, 요컨대 정직하게 생계를 꾸리는 사람들을 공격하는 동일 유형의 범죄다. 다음날 아침, 그러니까 어린 힐리의 죽음이 알려지기 전, 나는 앨리 갱단의 일부가 그 살해된 소년의 집이 있는 뒤채 공동주택과 같은 줄, 빈방 바닥의 짚더미 속에서 잠들어 있는 것을 발견했다. 그 공동주택의 세입자 한 명이 비밀리에 그곳으로 나를 데려다주면서 나쁜 폭력배들은 다 교수형에 처해진다고 장담했다. 그런데 10분 후에 그가 뻔뻔하게도 갱단원들 앞에서 그들이 진중하고 남에게 폐를 끼치지 않는다며 칭찬을 하는 바람에 나는 아연실색해 하마터면 그의 이중성을 비난할 뻔했다. 나는 그를 쏘아봤다가 그만 입을 다물었다. 그는 단지 자신의 가정을 지키고 싶었던 것이고, 그와 동시에 자신의 안전을 도모하면서 그 살인 폭력배들을 처벌하는 방향으로 최대한 도움을 주고자 했던 것이다. 이 사건은 무모한 갱단 하나가 이웃을 어느 정도까지 공포로 몰아넣는지 보여준다.

그럼에도 포버티 갭에는 점잖은 사람들이 몇 명이나마 남아 있었다. 반면에 헬스 키친이나 이곳에 맞먹는 이스트리버 강변의 39번가 끝 그리고 1번가를 따라 쭉 내려간 '더 빌리지'의 경우에는, 래그 갱과 그 동맹 조직들이 경찰과의 정기적인 전쟁에서 배반을 두려워할 필요가 없다. 이웃주민 전체가 이런 폭력 사태에 관련이 있다. 여성이 전면에 나서기도 하는데, 일부는 순전히 '재미' 때문이고 대개는 남편과 형제 그리고 애인들이 이 싸움에 가담해서 여성들의 도움을 필요로 하기 때문이다. 굴뚝 꼭대기는 무기고가 되고, 유사시를 대비해 위층 방마다 깨진 벽돌과 보도블록을 예비 보급품으로 신중하게 쌓아놓는다. 이런 지역에서 문제가 생길 때마다 경찰이 건물 지붕을 수색하지만, 이때조차 여성들은 안전하게 도망치기보다 목숨 걸고 저항한다. 갱단도 마찬가지다. 경찰은 폭력배와 그 조직에 대해 한 가지 해결책밖에 없음을 알고 있다. 그래서 어디서든 기회가 될 때마다 그 방법을 사용하는 데 주저하지 않는다. 그래야 경찰이 불시에 갱단의 공격을 당했을 때 그 보답을 받게 될 것이다. 폭력배가 중범죄로 수배중이 아니라면, 경찰이 구태여 그를 체포하는 경우는 드물다. 체포해봐야 몇 시간 만에 풀려난다. 이로 인해 폭력배는 더욱 대담해진다. 지난번에 그를 구해준 정치적 배경이 이번에도 유효하리라는 것을 알고 있기 때문이다. 십중팔구 이런 거래의 이면에는 술집이 있다.

이런 이유뿐 아니라 많은 경험을 통해 최선책을 알고 있는 경찰은 긴 야경봉의 범위 안에 들어오지 않을 때에는 갱단을 그냥 내버려둔다. 갱들은 보통은 공동주택에, 가끔씩은 부두나 쓰레기 매립지에 자신들의 '클럽 조직원실'을 두고 술을 마시고 카드 게임을 하거나 범죄를 모의하기 위해 모이곤 한다. 그들이 훔친 물건을 처분해주는 사람이 장물아비들이다. 갱들은 여우처럼 자신의 소굴로 가는 구멍을 한 개 이상씩 만들어놓는다. 구불구불 돌아가는 길과 통로를 따라 추적하기는 불가능하다. 어린 도둑들은 이 길들을 속속들이 꿰고 있다. 아무도 찾지 못하는 통로를 이용해 지붕과 울타리로 갈 수 있다. 그들의 아지트는 보통 탈출 가능성을 기준으로 선택된다. 일단 한 공동주택을 아지트로 결정하고 술자리—이 지역의 은어로 '깡통 파티'—신고식과 함께 갱단이 이곳을 점유하면, 이 공동주택은 급속한 타락의 징후를 보인다. 유일한 해결책은 이

침입자들을 내쫓는 것뿐이다. 나는 도둑들이 밤낮으로 왕래하는 바람에 귀중한 사유재산이 크게 훼손된 사례를 눈여겨보았다. 도둑들이 이 통로를 선택한 이유는 서로 연결된 몇 개의 홀과 마당을 경유하면 이 공동주택 단지가 나오기 때문이었다. 이곳은 곧 '살인자들의 샛길'로 알려졌다. 이 공동주택에 대한 불만은 마지막 수단으로서 보건국에 민원으로 제기되었다. 이곳으로 파견된 노련한 조사관은 공동주택 건물주에게 거리와 거리를 연결하는 지점에 벽돌 벽을 세워보는 것이 좋겠다고 제안했고, 건물주는 그 제안에 따랐다. 불과 수개월 만에 이 주택의 분위기는 완전히 바뀌어서 통로가 발견되기 전처럼 안락한 곳이 되었다.

이곳 6구에서 악명 높은 와이오Whyos 갱단이 수년 전에 벤드 최악의 조직과 파이브 포인츠의 잔존 조직을 흡수했다. 이 갱단은 그 두목이 살인죄로 교수형을 당하면서 마침내 와해되었다. 거침없이 범죄를 일삼아왔던 두목은 교수대의 어둠 속에서 귀기울이던—오래전부터 사형수를 담당한 경험으로 이런 일에는 단련이 된—고해신부의 안색을 창백하게 만들었다. 특정 정당이나 정파를 위해 선거에 관여하고 그 대가로 돈이나 현물을 받았던 이 거대한 와이오 갱단은 '6구의 권력'이었다. 이후로 큰 야망과 선배 조직을 능가할 수 있다는 기대감으로 무장한 또다른 갱단들이 출현했다. 갱단을 탄생시켰던 조건들이 여전했고, 사실상 바뀌지도 않았다. 번스 경위는 뉴욕 전역에서 젊은 폭력배가 그에 필적할 정도로 사례를 만들어온 도둑보다 더 '유능'하고 배짱이 두둑하다는 진술에 힘을 실어준다. 폭력배가 도둑에 비해 더 일찍 범죄의 세계에 발을 들여 놓는다는 진술도 마찬가지다. 지난 30년간의 통계 조사에 따르면, 수감 중인 형사범들 사이에 토착민이 증가 추세에 있다던• 프레드 H. 와인스 신부는 "그들이 어리다는 건 정말 놀라운 사실"이라고 말한다. 와인스 신부의 관찰 결과를 뉴욕의 즉결재판소에 국한한다면, "뉴욕의 수감자 비율이 미국 전체의 평균보다 2.25배나 많다"는 점이 부각될 것이다. 이 계산에는 청소년 범죄자를 위한 소년원은 포함하지 않았기 때문에 그 수치가 더욱 충격적이다. 1889년에 경찰에 체포된 8만 2,200명 중에서 1만 505명이 20세 이하다. 아동학대방지협회는 최근 보고서에서 '소수 사례'로서 빈집털이 도구를 지닌 채 체포되었거나 범죄 현장에서 체포된 9세부터 15세 사이의 '전문 강도' 18건을 나열했다. 이들 중에서 4명은 성인 바지를 입기에는 아직 작은 체구인데, 공공 도로에서 한 행인을 붙잡고 73달러를 빼앗았다. 한 명은 16세로 '49번가에서 유명한 십대 강도단의 우두머리'였다. 그는 현재 살인죄로 19년형을 선고받고 뉴욕 주 교도소에서 복역중이다. 18건 중에서 4건이 소녀들의 범죄인데, 이들은 더 나쁠 수 없을 정도로 최악이었다. 머잖아 이들은 갱단원들과 동거하면서 자신의 만족을 위해 동거남들에게 범죄를 저지르도록 부추기고 '짭새'와 대치할 때는 함께 싸울 것이다.

패러다이스 파크 갱단이 지난여름에 일삼은 노상강도짓을 보면, 와해된 와이오 갱단의 잔존 세력들이 아직 꺼지지 않은 불씨를 되살리고 있

• 1850년에 외국 태생 수감자는 미국 태생에 비해 다섯 배 이상 많았다. 현재(1880)는 두 배가 채 되지 않는다(10차 인구조사, 미국 교도소).

음이 드러난다. 와이오 갱단은 상대적으로 규모가 작은데다 독보적인 두목 드리스콜이 교수형을 당하자, 폭발한 대중의 분노에 저항하지 못하고 해체될 수밖에 없었다. 이것은 이따금씩 사라져간 유명 갱단들의 역사다. 얼마 지나지 않아서 또다른 대담한 리더가 주변에 흩어져 있는 세력들을 규합하면 사회와의 전쟁은 다시 시작된다. 가장 많이 알려진 갱단의 이름만 열거해도 이 책의 몇 쪽을 채울 것이다. 록 갱, 래그 갱, 스테이블 갱, 쇼트 테일 갱 등등. 낮에는 활동 구역인 선술집 구석에서 빈둥거리고, 밤에는 길가 상점들을 털거나 강가에서 비틀거리는 취객이 길을 잃고 헤맬 때까지 기다린다. 술에 취하지 않고 남의 일에 참견하지 않는 사람들은 길을 물어서 외지인임을 드러내지 않는다면, 또는 혼자서 갱 20명과 대적하는 경찰관이 아니라면 갱단의 표적이 되지 않는다. 술 취한 여행자가 그들의 먹잇감이었고, 그 먹잇감을 찾는 데는 오래 걸리지 않았다. 뉴욕의 어디서든 강까지는 멀지 않다. 자기가 어디로 가고 있는지 모르는 사람은 머잖아 강에 도착한다. 미련하게 저항했거나 소리를 질렀을 테지만, 망자는 말이 없다. '부유 시체'가 가끔씩 뭍으로 올라오는데, 호주머니가 뒤집혀 있다고 해서 항상 부둣가 노숙자들이 시체를 뒤졌다는 증거가 되지는 않는다. 경찰은 해안뿐 아니라 강까지 순찰하면서 지속적으로 절도범들을 수색하고 있으나 체포하는 경우는 드물다. 경찰이 보트를 타고 총격전을 펼치며 추격한 끝에 따라잡는다 해도, 절도범들은 용이한 탈출로를 알고 있는 동시에 불리한 증거를 없애버린다. 절

잭슨 스트리트 부두 밑(나중에 콜리어스 후크 파크로 바뀜), '쇼트 테일 갱'(1889년경).

도범들은 보트를 뒤집어엎으면 그만이다. 그러고는 전부가 진짜 쥐떼처럼 헤엄을 친다. 잃어버린 약탈품은 다음날 잠수를 하거나 닻 모양의 갈고리를 써서 유유히 건져올린다. 잃어버린 보트는 별것 아니다. 또 훔치면 되고, 언제든 범죄를 저지를 준비는 되어 있다.

갱단 대부분이 운영하는 사교 '클럽'은 피크닉이나 무도회에 일가견이 있는 정치인이나 가게 사장들을 협박하는 구실이 된다. 요컨대 시의 원직에 있는 가게 주인들이나 정치인들을 협박하는 구실이다. '도둑들의 무도회'는 이스트사이드에서 자선 무도회—당연히 사회적 결은 다르지만—처럼 널리 알려지고 관행으로 굳어져 있다. 물론 도둑들의 무도회라는 이름으로 적어도 인쇄 매체에서는 통용되지 않지만 말이다. 사실상 뉴욕의 조직폭력배는 최후에 자신이 도둑이라고 인정한다. 도박을 구실로 자신의 직업을 그럴듯하게 포장한다. 훔치지 않는다. 남의 돈이나 시계를 '딴다'. 이런 그가 경찰 조서에는 '투기업자'라고 기록되어 있다. 만약에 그가 '자발적인' 기부금을 원할 때, 그것을 거부하는 만용을 부리는 가게 주인이 있다면, 그는 으슥한 밤에 갱단과 함께 가게 주인을 다시 찾는다. 헬스 키친 갱과 래그 갱은 최근에 훔친 화약으로 말을 듣지 않는 상점들을 폭파함으로써 두각을 나타내왔다. 이런 일화가 연회를 망치지는 않는다 해도, 십중팔구 살인으로 끝나는 취중 난투극의 원인을 제공한다. 내가 기억하기로는 경찰 병력이 허드슨 강변이나 사운드 해협의 피크닉 숲에서 벌어지는 아비규환의 난장판으로 출동하지 않고 조용히

회의중에 술통을 든 갱(웨스트 37번가 부두에서의 '몽고메리 가드').

강에서 벌어지는 절도범 추격.

지나간 계절이 없다. 허드슨 강 상류의 한 평화로운 마을은 보트에 가득 실려오는 나들이옷 차림의 소풍객과 화물로 인한 민폐를 견디다가 더는 인내를 미덕으로 삼지 않기로 했다. 격분한 주민들은 부두에 곡사포를 설치하고, 뭍에 오르는 소풍객 일행을 위협했다. 장전한 곡사포를 겨누자, 난폭한 폭력배들도 항복했고 그날 허드슨 강에서만큼은 평화가 깨지지 않았다.

감화와 보호에도 불구하고 갱단원은 결국 벼랑 끝까지 가고 만다. 빈번하진 않지만 간혹 그 끝은 교수형이다. 유죄를 선고받은 폭력배들은 조직원의 박수를 받으면서 1년이나 2년간 복역한다. 감옥에서 자기보다 나이 많은 도둑들을 만나고, 그의 제자가 되어서 스승의 전과를 기록한 어마어마한 업적들을 존경과 감탄으로 귀담아듣는다. 그는 교도소의 낙인이 찍힌 채 사회로 돌아와 옛 동료들로부터 영웅 대접을 받는데, 이는 나머지 세상으로부터 받은 모든 냉대를 상쇄해준다. 설령 감옥의 속박과 중노동이 싫어서 다른 일을 하려고 해봐도, 십중팔구는 아무도 그와 가까이하려고 하지 않는다. 만약에 자기만의 실용적인 방식으로 박애주의를 실천하고 있는 번스 경위 같은 사람의 도움이 있다면, 일자리를 얻을 것이다. 그러나 그는 아주 작은 도발과 더없이 사소한 실수에도 해고될 것이다. 곧 예전의 환경 속으로 뒷걸음질해 들어가고, 도둑과 타락한 여성들이 그러하듯 기이하고도 불가사의한 방식으로 종적을 감춘다. 그가 어떻게 되었는지 아무도 말해줄 수 없다. 그는 범죄자의 순위에서 '뜨내기', 즉 좀도둑이나 빈집털이범 또는 평범한 사기꾼 이상으로는 결코 올라가지 못한다. 이마저도 자기가 아닌 남의 계획에 따라 맹목적으로 그것도 가장 적은 보수에 가장 큰 위험을 무릅쓰고 저지른 범죄다. '그라울러'가 그에게 행운 또는 우정을 가져다주었다고 말할 수는 없다.

제20장

뉴욕의 여성 노동자

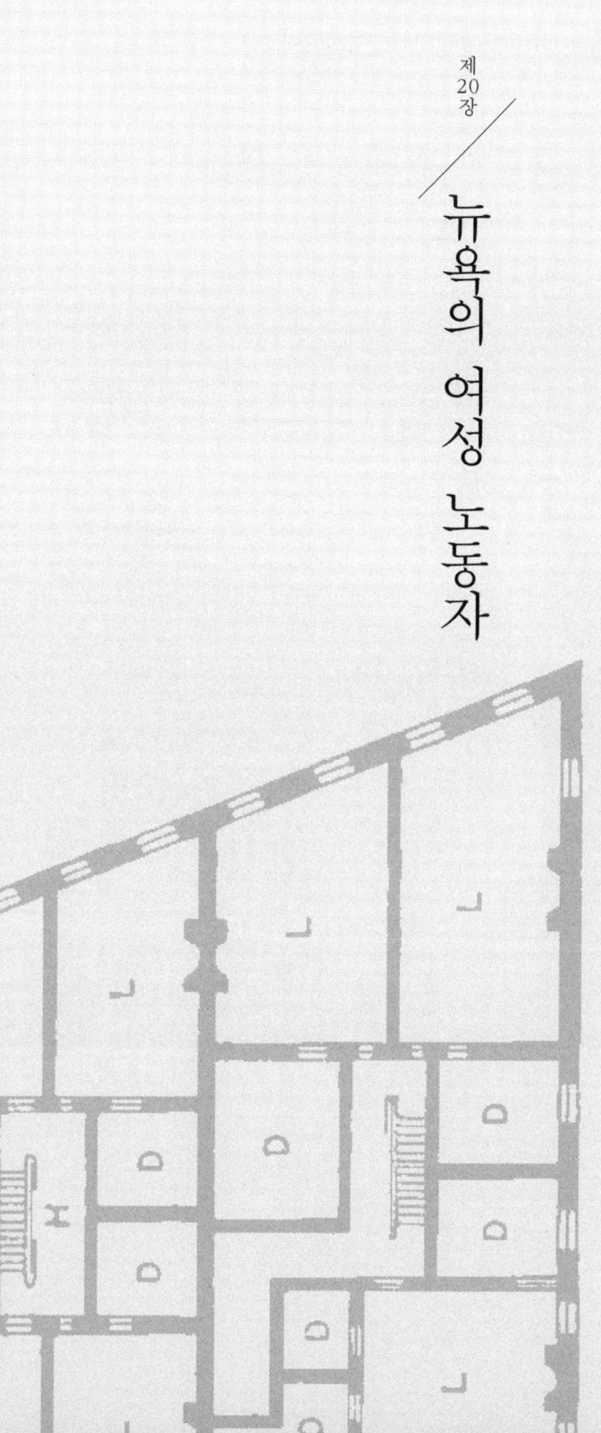

Tenement of 1863,
for twelve families on each flat.*

스웨터에게 고용되어 바지를 바느질하는 고섬 코트의 여성들.

부정으로 씨를 뿌리고 격노로 베어들인 독보리의 수확 중에서 경찰 보고서가 알려주는 이야기가 있다. 「셔츠의 노래」를 쓴 작가도 뉴욕 여성 노동자의 슬프고 지친 삶에 대해 노래했다. 밤낮으로 공동주택을 메아리치는 울부짖음이 있다.

> 아, 신이여! 저 빵은 너무도 귀하고,
> 이 육신은 너무도 하찮습니다![*]

뉴욕의 대규모 공청회에서 여성노동자협회가 다음과 같은 보고서를 제출한 지 6개월이 채 지나지 않았다. "잘 알려진 대로 남성의 임금은 최저생계비 밑으로 떨어지지 않는 반면, 여성의 임금은 최저한계선이 없다. 굴욕의 길이 언제나 여성에게 열려 있기 때문이다. 여성이 벌어들이는 낮은 임금으로 다른 도움 없이, 생필품을 포기하지 않고 살아가기는 완전히 불가능하다. (중략) 많은 여성이 어쩔 수 없이 나쁜 수단에 의존한다." 이 보고서가 나오기 불과 몇 주 전, 한 온화하고 품위 있는 여성의 소식에 사람들은 큰 충격에 빠졌다. 낯선 사람들 속에서 생계를 꾸려가야만 하는 극빈 상태였던 그 여성은 다락방 창문으로 몸을 던짐으로써 수치보다는 죽음을 택했다. "세탁이든 뭐든 정직한 일이면 가리지 않고 할 생각이었어요." 이 여성은 거센 폭풍우 속에서 부질없이 일자리를 찾아 헤매느라 흠뻑 젖고 굶주린 상태에서 이렇게 적었다. 일을 구하려고 몇 주

* 토머스 후드Thomas Hood의 「셔츠의 노래Song of the Shirt」(1843) 중에서.

동안 거리를 헤맸으나, 제안을 받은 것이라곤 부정한 일뿐이었다. 이 글의 잉크가 채 마르기도 전에 이스트사이드 공동주택의 또다른 여성이 유서를 썼다. "몸이 좋지 않고 잠을 못 자도 일을 해야만 해요. 기운이 없어요. 내 장례식에서 이 노래를 불러주세요. '내 영혼이 쉴 집은 어디 있나?'" 이 여성의 사연은 『뉴욕시티미션소사이어티』 2월호에 두 가지 전형적인 "자포자기 사례" 중 하나로 소개되었다. 이런 사연은 모든 선교활동 과정에서 생기는 일, 빈민 지역에서 일하는 모든 경찰 출입 기자와 의사들의 경험과 상당히 유사하다.

뉴욕에서 15만 명 이상의 여성과 소녀가 생계를 책임지고 있는 것으로 추산된다. 그러나 이 숫자는 자신의 노동력에 전적으로 의존하고 있지는 않지만 일을 해 가계 소득에 보탬을 주고 있는 다수를 고려한다면, 실제보다 훨씬 적은 수치다. 아무튼 이 숫자만으로도 전체 여성 임금노동자의 상당수를 차지하고, 나머지 다수가 그들의 임금으로 굶주리는 반면 일부는 그렇지 않다는 사실이 특징적이다. 그들이 기꺼이 받아들이는 임금, 그것이 가질 수 있는 전부다. 대중의 분노에 물리는 편리한 재갈 역할을 하는 '수요와 공급의 영원한 법칙'과 관련해, 거리를 따라 철저히 관찰하고 조사함으로써 실제적인 여성 차별에 대해 알 수 있다. 여성 판매원의 예를 들어보자. 여성노동자협회의 조사에 따르면, 여성 노동자의 평균 주급인 2~4.5달러마저 시간을 허비했다는 이유로 고용주가 과도하게 매긴 벌금에 의해 삭감된다는 사실이 밝혀졌다. 주급 2달러를 받는 소녀가 하루에 총 167달러의 현찰 거래를 기록한 반면, 15달러를 받는 남자 판매원은 같은 매장에서 불과 125달러를 기록하고 있다. 그런데 소녀는 사소한 실수에도 2달러의 주급에서 60센트의 벌금을 내야 한다. 꽤 규모가 큰 상점에서는 앉아 있는 판매원에게 벌금을 부과한다. 이 상점에서는 다른 곳에서 전반적으로 무시되는 법 규정, 즉 판매원을 위한 좌석을 갖추라는 규정이 잘 지켜지고 있다. 문제는 좌석이 있긴 하지만, 여기 앉는 여성 노동자에게는 벌금을 매긴다는 점이다.

주급 1.75달러를 받으면서 특정 시기마다 16시간까지 연장 근무를 해야 하는 여점원들 중에는 자신이 사용하는 앞치마값까지 부담하라고 요구받는 경우도 있다. 이들이 해고되는 흔한 사유는 열기는 갑갑하게 차오르는데 환기는 충분히 하지 않아 '날마다 기절을 하고 시체처럼 안색이 창백하기 때문'이고, 너무 오랜 기간 근무를 했기 때문이다. 정당하게 임금 인상을 기대할 수 있는 장기 근로, 이것 외에 여성 판매원들이 해고되어야 하는 실책은 없다. 경우에 따라서는 이 야만적인 이유를 노골적으로 해고 사유라고 말해주기도 한다.

이런 사실들은 아동의 노동력을 착취하는 악명 높은 사업에서 자행되는 학대와 저임금이 어느 정도일지 조금은 짐작게 한다. 소녀들은 13세가 되기 전에 상점으로 보내지는데, 이 아이들이 돈을 벌어 가계를 도와야 하기 때문이다. 남자아이가 일하려고 하지 않거나 거리의 유혹에 빠져 가출한 경우, 여자아이들만이라도 빈둥거려서는 안 되는 이유가 된다.

소녀들은 일자리를 유지하기 위해 나이를 속이고 14세 이상이라고 거짓으로 말한다. 그런데 이런 조심성은 불필요해 보인다. 여성조사위원회에 따르면, 아이들 대다수가 미성년 상태에서 상점에 고용되었으나, 무단결석 학생 지도원이 방문한 경우는 단 한 건이었다. 무단결석 학생 지도원이 방문하더라도 1년에 한 번, 그나마 제일 어린 아이들을 집으로 돌려보낸다. 그러나 한 달 안에 아이들은 모두 원래의 일터로 돌아오고, 다시는 방해를 받지 않는다. 고된 육체노동뿐 아니라 긴 노동시간, 숨막히는 작업장, 기아와 임금 문제까지 결합된 공장의 경우, 문제는 훨씬 더 심각하다. 아동 고용을 금지하는 법안이 통과되었고, 술집 운영자가 아동에게 술을 팔지 못하게 하는 법령과 마찬가지로 실행 방안도 마련되었다. 뉴욕의 공장 수는 대략 1만 2,000개로 **추정**되고, 이번 여름까지 이 모든 공장의 아동 고용 상황을 점검하고 공장주들이 법을 준수하고 있는지 확인한 조사관은 단 한 명이다.

15만 여성 노동자의 평균 일당은 60센트, 그러나 이 통계는 괜찮은 '출납원'이 받는 일당 2달러와 이스트사이드 공장에서 하루종일 일하고 30센트를 받는 불쌍한 소녀의 일당을 포함한 것으로, 오히려 평균이 지나치게 높게 계산된 것 같다. 그러나 이 변변찮은 임금은 다수 노동자들의 식비와 월세, 옷값뿐 아니라 '오락비'까지 포함한다. 브로드웨이 하우스의 제조부서에서 일하는 한 여성의 사례는 그녀와 같은 많은 노동자의 상황을 대변한다. 그녀의 평균 임금은 주급 3달러다. 방세가 주당

1.5달러다. 아침은 커피 한 잔으로 때우고 점심은 먹지 못한다. 하루 한 끼가 그녀에게 허락된 식사의 전부다. 이 여성은 젊고 아름답다. 앞날이 창창하다. 그녀가 '이른 나이에 무턱대고 하는 결혼', 요컨대 도덕주의자들이 빈민의 고통을 가져오는 여러 이유 중의 하나라고 주장하는 그 결혼에 대해 일말의 죄의식이라도 가지고 있다면 기적적인 일일까? 그런 노예 상태에서 벗어날 수만 있다면 어디든 시집가도 좋을 것 같은 상황에서 말이다. "삼시 세끼를 제때 챙겨 먹었더니 아주 건강해진 느낌이 들어요." '여성의 집' 한 곳에 머물고 있는 여성이 한 말이다. 바느질하는 두 명의 소녀가 식모 일을 찾아 이곳으로 왔고, 음식만큼은 충분히 먹을 수 있게 되었다. 이들은 한동안 하루에 한끼만으로 버티다가 배고픔에 쫓겨 미국에서 태어난 소녀의 자존심으로는 허락할 수 없을 그런 곳의 문을 두드린 것이다. 물론 가난은 이 소녀들이 택한 독립의 대가이긴 했지만.

공동주택 작업장, 공공시설, 농부의 아내와 딸들이 서로 치열하게 경쟁하지만 어느 쪽도 바느질하는 여성들의 운명을 개선시키지는 않는다. 이스트사이드의 스웨터는 플란넬 셔츠를 독점해왔다. 지금은 플란넬 셔츠 12벌에 45센트 가격으로 생산하고, 유대인 노동자들에겐 20센트에서 35센트의 임금을 준다. 셔츠 제조업자들의 파업 기간 동안, 뉴욕 시 조정위원회에서 이루어진 증언에 따르면, 여성 노동자의 경우에 작업장에서 11시간, 집에서 4시간을 일하지만 가장 많이 벌어도 주당 6달러를 넘은 적이 없다. 이뿐 아니라 여성 노동자가 새벽 4시부터 밤 11시까지 일했다는 진술도 나왔다. 이 여성들은 실과 재봉틀 기계 값까지 자신들의 임금에서 제했다. 흰 셔츠는 많은 소녀가 몸을 의탁하고 있는 공사립 시설과 시골로 보내졌다. 현재 뉴욕의 셔츠 제조업자는 불과 2~3년 전에 비해 그 수가 절반 밑으로 떨어졌고, 가장 큰 회사들 중에서 일부는 작업장을 폐쇄했다. 속옷 제조업도 상황은 다르지 않다. 규모가 큰 브로드웨이의 한 회사는 메인 주의 농촌 여성들을 고용해 거의 모든 작업을 진행해왔다. 이 여성들은 나들이옷 한 벌이나 결혼식 예복을 살 만한 주급 2~3달러를 벌 수 있으면 만족해했다. 그들 때문에 뉴욕의 여성들이 굶주린다는 생각은 꿈에도 하지 못한 채, 셔츠뿐 아니라 수의까지 바느질하고 있는 것이다. 이들의 용돈벌이는 뉴욕의 수많은 바느질 여공의 임금 수준을 결정한다. 현재 속옷 만드는 노동자의 평균 임금은 주급 3달러를 넘지 않는데, 이 정도 수준이면 이스턴 힐스의 경쟁자들이 취미 삼아서 기꺼이 받아들이는 금액이다. 셔츠 제조업의 임금이 그나마 나은데, 가장 섬세한 이 주문제작 작업이 여성들을 위해 남겨진 일의 전부이기 때문이다.

캘리코(날염을 한 거친 면직물—옮긴이) 가운은 12벌에 1달러 50센트—하루에 보통 5벌에서 6벌, 아주 능숙한 재봉사는 8벌에서 10벌을 만들 수 있다—, 넥타이는 (가장 생산성이 좋은 날에는) 12개에 25센트에서 75센트, 이것이 여성 임금의 실상이다. 그런데도 사람들은 공동주택에

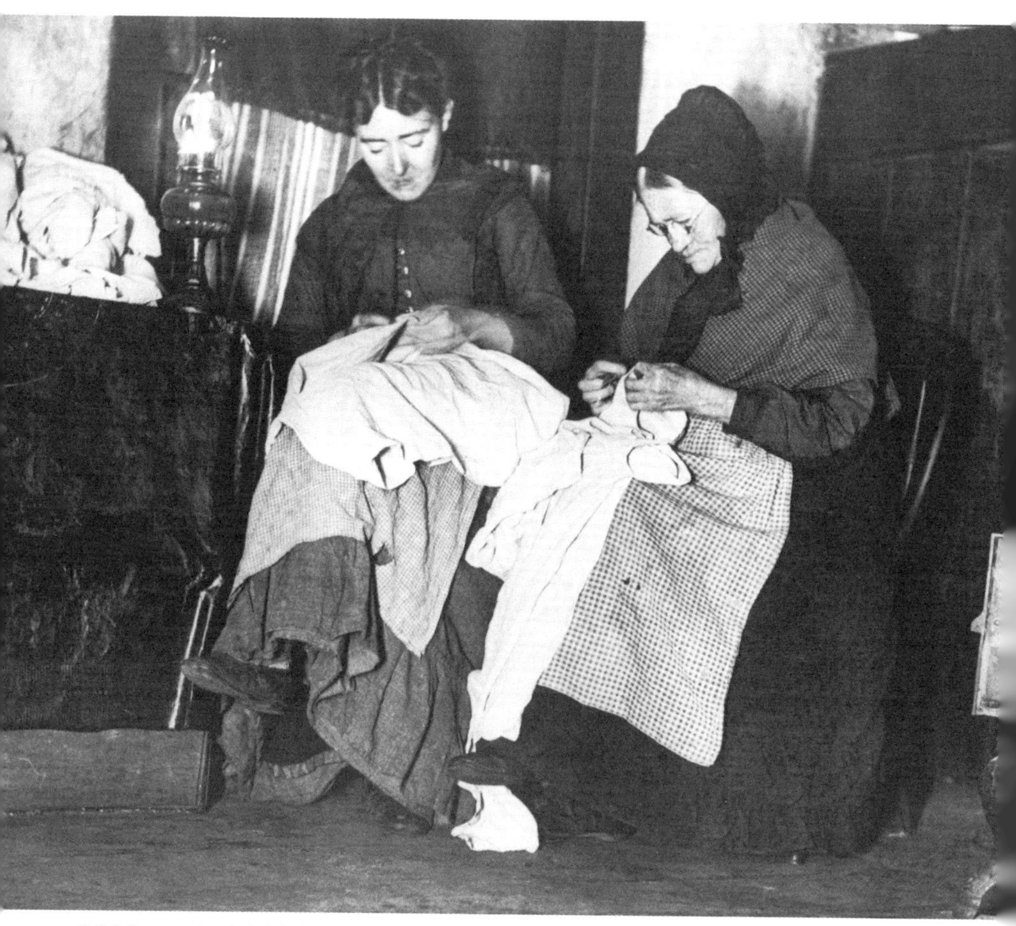

엘리자베스 스트리트의 다락방에서 굶주리면서 바느질하는 사람들.

서 이루어지는 빈민들의 작업 능력을 줄기차게 의심하고 있으니! 이탈리아인들도 뒤늦게 스웨터를 동반한 이 영세한 분야에 들어섰다. 여성들은 아사 수준으로 떨어지지 않았을 뿐이다. 오랫동안 최저 수준인 임금마저도 집밖에서는 얻을 수 있는 확률이 희박하다. 나는 최근에 평생을 마음으로 또 실질적으로도 빈자를 위해 살아온 한 여의사를 통해 한 가지 사례에 주목하게 되었다. 이스트사이드의 어느 다락방에서 종이봉지 만드는 일을 하는, 어린 두 자녀를 둔 미망인에 관한 이야기다. 그녀가 여의사에게 한 말에 따르면, 그녀의 아버지는 종이봉지 만드는 일로 꽤 벌이가 좋았다. 그러나 그녀 자신은 작은 삼각 봉지 600개당 겨우 5센트를 받았고, 손을 정신없이 놀리고 풀 솔을 아주 능숙하게 다루어야만 하루에 25센트에서 30센트를 벌 수 있었다. 월세로 나가는 돈은 4달러였다. 나머지 돈으로 그녀 자신과 아이들이 먹을 음식을 샀다. 이들의 어려움을 치유한 것은 여의사의 의술보다는 지갑이었다.

나는 몇 가지 명백한 사실만을 다루려고 했다. 사실 자체에 논평이 포함되어 있다. 지치고 힘겨운 중노동이 이루어지는 작업장, 이곳의 골방 즉 공동주택의 가정은 뉴욕 주 노동국의 보고서에 따르면, "고상하고 여성스러운 절제가 유지될 수 없는 곳이다. 많은 여성이 정조를 버렸다고 해서 과연 놀라운 일일까?" 지난 크리스마스이브에 나는 일 때문에 웨스트사이드 공동주택 사이의 어두컴컴한 거리로 나간 적이 있다. 한 노파가 중풍으로 계단에 쓰러져 있었다. 의사는 노파가 다시는 오른쪽 손

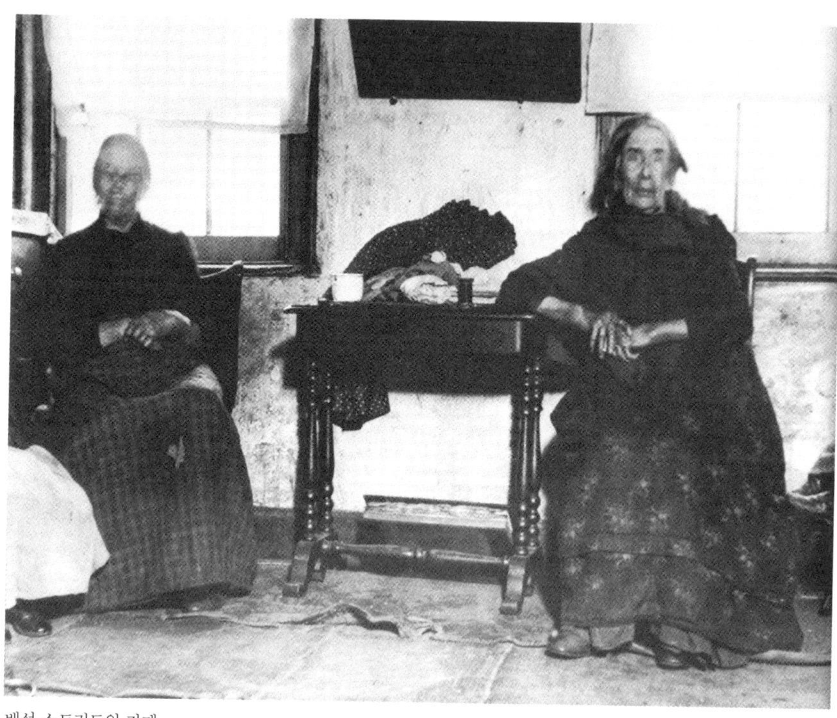

밴섬 스트리트의 자매.

이나 발을 쓰지 못할 것이라고 말했다. 몸의 한쪽이 마비된 것이었다. 스산한 방, 침대 옆에 노파의 늙은 언니가 불구의 몸으로 절망 속에 앉아 있었다. 40년 전에 다섯 명의 형제와 어머니가 이방인들의 틈바구니에 보금자리를 만들고 생계를 꾸리기 위해 아일랜드 북부에서 이곳으로 이주했다. 그들은 레이스 자수를 놓았고, 괜찮은 보수의 일자리를 쉽게 얻었다. 세월이 흐르는 동안, 나머지 형제와 어머니는 세상을 떠났다. 세월이 가고 힘겨운 노동이 계속될수록 손가락은 굽고 눈은 침침해졌으나 그래도 남은 두 자매는 꿋꿋하게 정직한 삶을 살아왔다. 머잖아 그중 한 명이 쓰러졌다. 두 손은 마비되었고 의욕을 잃었다. 남은 한 명이 밤낮을 가리지 않고—그녀 자신이 휴식을 원치 않은 것 같다—일을 계속해나갔다. 그런데 지금 그녀마저도 휴일 동안에 하려고 일거리를 받으러 가게로 가다가 그만 쓰러진 것이다. 이들의 전쟁도 이제 끝났다. 이들을 기다리고 있는 것은 굶주림 아니면 구빈원이다. 이런 예측 앞에서 자매의 자긍심은 꺾이고 움츠러들었다.

이들은 생의 뒤편에 와 있는 노인이다. 그늘 속에 앉아서 기다리는 것 외에 이들을 위해 남아 있는 것은 없다. 그러나 젊은 시절의 뜨거운 피를 안고 하루벌이 60센트에도 삶과 아름다운 세상에 대한 애정을 포기하지 않은 채 뚜벅뚜벅 마지막까지 길을 걸어가는 많은 사람, 이들 중에서 혹여 '언제나 앞에 열려 있는' 수치의 길로 발을 디뎠다 해서 이들을 비난할 수 있을까? 도덕주의자의 대답을 기다려보자. 현명한 경제학자들이 수요와 공급의 법칙을 적용해 대답해보길, 정의를 구걸하는 이 도시의 자선단체들에게 그 대답을 들려주길 기다려보자.

뉴욕의 여성 노동자들을 향한 변함없는 신뢰에 대해 말하자면, 가는 길이 거칠고 삶과의 전쟁이 절망적일지언정 그들이 타락하는 경우는 극히 드물다. 그들은 용감하고 고결하며 성실하다. 뉴욕의 방탕한 여성들은 다른 나라와 마찬가지로 같은 여성들로부터 신뢰를 얻지 못한다. 뉴욕의 여성 노동자들은 자존심이 센 만큼 용기가 있다. "미국 여성은 절대 징징대지 않는다"는 말은 이미 오래전에 속담이 되었다. 군말 없이 자신의 운명을 받아들인 이들은 매사 최선을 다하는 한편, 필요하다면 한 끼 혹은 하루 식사의 절반을 희생하면서 소중한 자립생활을 유지한다. 공동주택의 가정과 어린 시절의 전통은 이 여성들에게 사치를 가르치지 않았을 뿐 아니라 작업장보다 집안일을 더 좋아하는 기질을 단련시키지도 않았다. 이들의 용기는 보상받을 것이다. 여성의 직업이 더욱더 많이 사회 계획에 포함되어야 한다는 신념이 서서히 확산될수록, 더 나은 날이 밝아온다. 일하는 여성들의 동호회, 노동조합, 이익단체의 조직은 비록 그런 움직임을 방해하는 장애물이 있음에도 불구하고 더 나은 미래를 증명하고 있다. 이들은 더 가난했던 앞선 세대의 대의를 이룬 이타적인 희생에 따라, 불공정한 세상으로부터 너무도 오랫동안 여성을 거부해온 정의를 쟁취하기 위해 한층 더 노력할 것이다.

제21장

공동주택의 구호 대상자

Tenement of 1863, for twelve families on each flat.*

자신의 다락방에 있는 늙은 인디언, 브누아 부인(허드슨 스트리트).

지금까지 나와 함께 나머지 절반의 운명을 쫓아온 독자들은 지난 8년 동안 뉴욕에서 13만 5,595가구가 구호금을 신청하거나 수급했다는 사실에 그리 놀라지는 않을 것이다. 그러나 지난 5년 동안 이 도시에서 사망한 10명 중 1명이 포터스 필드에 묻혔다는 정보에는 동요를 느낄 것 같다. 이런 사실들은 섬뜩한 이야기를 암시하고 있다. 첫번째 사실은 150만 명의 인구 중에서 거의 50만 명 가까이가 8년 내내는 아니라고 해도 그 중 일부 기간 동안 끼니를 구걸해야 하는 상황으로 몰렸거나 구호품을 받았다는 의미다. 이 수치에는 착오가 없다. 자선조직협회의 기록에서 인용한 수치로서, 협회가 존속해온 동시대를 기록한 것이다. 협회는 이 기록이 완벽하다고 주장하지도 않는다. 어느 정도 타당할 수는 있으나, 협회의 통계전문가들은 구호 대상자의 평균 가족 구성원 수를 뉴욕 인구 전체의 산정 기준인 4.5인보다 적은 3.5인으로 상정하고 있다. 그들은 일상 경험을 토대로 사망자와 이사를 간 사람 또는 한시적인 자급 생활자를 고려해 구호 대상자의 85퍼센트가 여전히 의존의 경계선 안에 있거나 그 선상에 머물고 있다고 추산한다. 이렇게 많은 빈민의 통계가 얼마나 정확한가는 협회에서 1년 동안 조사한 5,169명의 사례별 분류로 입증된다. 그 결과는 이렇다. 지속적인 구호 지원이 필요한 경우 327명(6.4퍼센트), 한시적 구호 지원이 필요한 경우 1,269명(24.4퍼센트), 구호 지원보다 일자리가 필요한 경우 2,698명(52.2퍼센트), 구호 지원이 필요 없는 경우 875명(17퍼센트).

다시 말해서 전체의 6.5% 가까이가 완전히 무기력한 고아, 장애인 또는 최고령층이다. 이 중에서 4분의 1은 자립의 길을 가느냐 아니면 영원한 구호 대상자의 길을 가느냐의 갈림길에 서 있다. 절반 이상을 차지하는 실업자들은 아무 일거리도 구할 수 없는 빈곤층이고, 이 중 6분의 1은 사기꾼이자 전문적인 동냥아치로서, 자신의 자식들까지 같은 길을 걷게 훈련시킨다. "일을 하지 않겠다면 먹지도 마라." 보스턴에서 실시한 유사한 조사에서 거의 똑같은 결과가 나왔다는 점은 주목할 가치가 있다. 보스턴의 역시나 사실적인 자선 기록에는 보살핌이 필요한 절망적인 사례가 몇 건 더 있었으나, 일자리 부족으로 무력감에 빠진 인구 비율은 뉴욕의 조사 결과와 정확히 일치했다. 희망, 용기, 금전, 목적 상실은 뉴욕에만 국한된 것이 아니다. 전 세계 어디서나 발견되는 현상이지만 뉴욕은 최대치에 도달해 있다. 증거가 더 필요하다면, 구빈법의 지원을 받는 매장이 성행하고 있다는 점에서 찾아볼 수 있다. 포터스 필드는 절망적이고도 절대적인 굴복을 상징한다. 아무리 비참한 삶이었을지라도 마지막으로 품을 수 있는 소망은 볼썽사납지 않게 매장되는 것이다. 그러나 1883년에서 1888년까지 5년 동안, 빈민 묘지의 평균 매장건은 사망자의 10.03퍼센트였다. 1889년에는 9.64퍼센트였다. 그해에 병원과 공공시설 그리고 사설 구빈원에서 숨진 빈민 5명 가운데 1명이 빈민 묘지에 매장된 것이다.

13만 5,595가구가 최소 3만 1,000채의 공동주택에서 살고 있다. 사회에서는 건물로 칭하고 있으나, 내가 일부러 공동주택이라고 표현하는 이유는 99퍼센트 이상이 거대한 바라크에서 거주하고, 나머지는 여기저기 흩어져 있는 판잣집 아니면 좀더 잘사는 계층의 집에서 사는 위장 빈곤층이기 때문이다. 여기서 고려해야 할 사항은 구호금으로 살아가는 사람들이 지속적으로 이사를 다님으로써 통계 당해에만 활동적인 거지 한 명이 10여 채의 집에 사는 것으로 집계된 경우다. 그럼에도 불구하고 공동주택의 상당수는 피구호민의 보금자리다. 이런 공동주택은 천연두의 온상이기도 하다. 하지만 천연두도 피구호민의 불만보다는 전염성이 강하지 않다.

화단에서 잡초가 자라듯 공동주택에서 구호 대상자들이 자연스럽게 늘어가고 있다. 공동주택은 범죄와 마찬가지로 도덕적 혼란이 싹트는 데 더없이 비옥한 토양이다. 공동주택의 환경은 도덕적 혼란을 부추기는데, 일단 자리를 잡게 되면 가장 심각한 육체의 질병보다도 더 제거하기 어렵다. 도둑은 **구호 대상자**보다 훨씬 더 다루기 쉽다. 구호 대상인 극빈자들에게는 아무것도 없다. 자신의 가난처럼 아무런 희망도 없다. 내가 말하는 것은 구호 대상자이지 그냥 빈민이 아니다. 둘 사이에는 극명한 차이가 있다. 그러나 이 둘 사이에 비스듬히 걸쳐 있는 공동주택이 그 차이를 가리고 희미하게 만들어버린다. "결국은 인격의 문제더군요." 이 진력나는 문제와 평생을 싸워온 한 자선가의 판단이 그랬다. 그리고 결국은 개성과 인격을 파괴하는 공동주택의 문제이기도 하다. 언젠가 현명하고

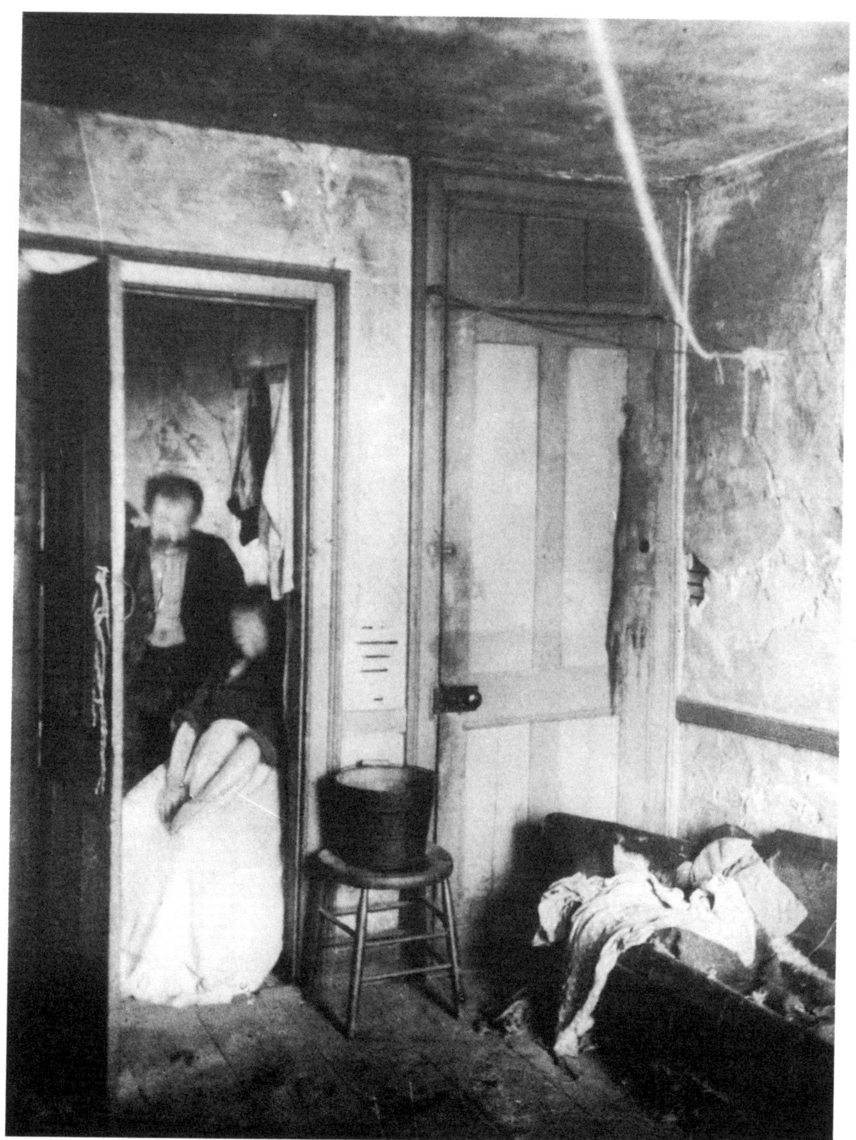

집기들이 갖춰져 있는 빈민 바라크 건물의 한 셋방(웨스트 38번가).

자애로운 의사 한 명이 내게 말했다. "내가 아는 한, 지난 9년 동안 공동 주택의 빈민 가정에서 지속성 있는 개선이 이루어진 사례는 딱 한 건이었어요." 그 의사보다 경험이 더 많은 나로서도 더 많은, 더 나은 사례를 알지 못했다.

거지는 일하지 않아도 세상이 먹여 살려주리라는 '폭력배식' 삶의 원칙을 따르지만, 공돈을 수금하기 위해 폭력을 사용하지는 않는다. 취객을 상대로 강도짓을 할 만한 배짱도 없다. 가장 큰 일탈이라고 해봐야 지켜보는 이 없을 때 빨랫줄에서 옷을 훔치거나 푼돈을 꼭 쥐고서 빵이나 맥주 심부름을 하러 뛰어가는 꼬맹이를 터는 것이다. 이런 경우에도 완력보다는 책략을 사용하려고 한다. 간혹 주변에 아무도 없을 때는 무력을 사용해 악당의 면모를 보여주기도 하지만 말이다. 위장된 가난의 망토 아래서 '수금'하는 방법은 무궁무진하고, 종종 사람 자체에 대해서는 아닐지라도 그 사람의 창의성에 대한 믿음을 반영한다. 내가 이런 유의 인간을 처음 겪고 나서 충격을 받았던 기억이 생생하다. 그 거지는 여성이었다. 나는 사무실을 오가는 길에 정기적으로 적선을 해왔다. 그 대상은 채텀 스퀘어에서 넝마에 감싸여 축 쳐진 갓난아기와 함께 앉아서 "가난뱅이 좀 도와주세요"라고 구슬피 애원하는 노파였다. 내가 가엾게 여기고 조금이나마 도움이 되고 싶었던 것은 갓난아기 때문이었다. 그런데 어느 밤이었다. 나는 노파의 무릎에서 굴러떨어질 뻔한 아기를 간신히 구해냈는데, 알고 보니 지금까지 내가 돈을 적선하여 돕고 싶었던 갓난아기는 그냥 넝마 덩어리였을 뿐 애초부터 아기는 없었다. 게다가 노파는 술고래였다. 그 이후로 거리에서 가짜 아기, 빌려온 아기, 약에 취한 아기들을 접하면서 그들을 꺼리게 되었다. 나중에는 대부분이 거리에서 사라져서 다행이지만, 간혹 눈에 띄기도 한다. 지난겨울만 해도 아동학대방지협회 소속 경찰관들이 불쌍한 여아를 데리고 매디슨 애비뉴를 따라 구걸하는 한 여자를 구속했다. 여자아이의 누더기옷과 여윈 얼굴은 그 수전노가 얼마나 인색했는지를 짐작케 했다. 지폐와 동전으로 5달러 넘는 돈이 여자의 지갑에서 나왔고, 그녀의 말대로 가난과 굶주림이 사실인지 백스터 스트리트 공동주택의 자택을 조사한 결과, 그녀가 정기적인 구호 대상자이면서 자본가라는 사실을 알려주는 예금통장이 발견되었다. 이 여성은 250달러의 벌금형에 처해졌으나, 여생을 오롯이 감옥에서 보내게 하는 것에 비해서는 분명 솜방망이 처벌이다. 불행하게도 그녀와 같은 부류이면서 아직 실패하지 않은 거지들이 뉴욕에 더 있다.

거리에서의 구걸 행위를 범죄로 규정하는 것 외에는 이 도시에서 가시적인 수준까지 이 악폐를 없앨 방법이 없다. 그러기까지 얼마나 많은 노력이 있었는지는 자선조직협회 한 곳의 활동만 봐도 유추할 수 있다. 자선조직협회는 지난 5년 동안 노상거지 2,594명을 연행하고 이 중에서 상습범 1,474명에게 유죄 선고를 내리는 데 영향을 끼쳤다. 이 협회가 작년에 상대한 걸인이 612명이었다. 경찰 보고서에 따르면, 1889년 구걸 행위로 체포된 사람은 고작 19명이지만, 이마저도 실제 죄목은 '부랑죄'였다. 부랑죄로 체포된 2,633명 중에서 947명이 여성이었다. 여성 중 상당수는 '청소부'라는 독특한 형태의 부랑거지들이 둥지를 틀고 있는 10구의 싸구려 선술집에서 붙잡혔다. 청소부는 최소한 일주일에 하루만큼은 (일반적으로 유대교 안식일에는) 일을 할 의지가 있다는 점에서 보통의 구호 대상자보다는 낫다. 정통파 유대인은 금요일 저녁부터 토요일 일몰까지 어떤 일도 할 수 없어서 이 시간 동안 청소부들이 러드로 스트리트를 점거한다. 청소부들은 이 유서 깊은 종교의 제단에서 대신 일을 해주고 받는 푼돈으로 인근의 한 '음침한 곳'에서 일주일에 최소 이삼일은 술을 사먹는다. 나머지 나흘은 구걸을 해서 산다. 이들의 단골을 거의 다 좌우하는 증류주 양조장들이 유대인 거주지 안에 또는 그 경계 바로 너머에 있다. 최근에 헤스터 스트리트의 양조장 한 곳에서 맥주를 마신 노파들이 소란을 피운다는 이웃주민들의 신고로 경찰이 불시 단속에 나섰을 때, 32명의 늙은 '청소부'들이 행진하듯이 경찰서로 연행되었다.

이 거지 행렬을 구성하는 국적에 대한 선입견과 실상은 딴판이라 흥미롭다. 명단의 맨 앞은 15퍼센트의 아일랜드인이, 그다음은 약간 적은 12퍼센트의 토박이 미국인이 차지하는 반면, 본국에서는 구걸을 예술적 수준으로 끌어올린다는 이탈리아인은 정작 2퍼센트를 넘지 않았다. 8퍼센트가 독일인이었다. 이 비율은 뉴욕의 인종 분포도로는 설명되지 않는다. 다양한 요인이 이런 결과를 가져온 것이 분명하다. 내가 생각하는 중요한 요인은 공동주택 그 자체다. 공동주택이 일을 하기 위해 뉴욕으로

맹인 거지(1888년).

온—강요에 의한 것이 아니라면 구걸을 하려고 이민까지 올 거지는 없으니까—이탈리아인을 타락시키는 것은 아니다. 이탈리아인은 분명히 가장 밑바닥부터 시작한다. 아일랜드인의 경우는 다르다. 공동주택 특히 최하 수준의 공동주택은, 가장 뛰어나고 강한 본능이 폭력이고 그 때문에 누구보다 빠르고 철저하게 타락하고 마는 켈트인의 나쁜 본성과 독특한 유사성을 지니고 있는 것 같다. 12퍼센트의 '토박이'는 이 과정에서 나온 결과, 즉 빈민가의 2세대 혹은 3세대 세습 거지다.

장님 걸인만 유일하게 뉴욕 거리에서 별다른 제지를 받지 않는데, 당국에서도 이들을 어떻게 해야 할지 뾰족한 방법이 없기 때문이다. 장님 걸인이 독립할 나이를 지났다면, 적용할 수 있는 규정이 없다. 그들이 1년에 한 번씩 시에서 받는 30달러에서 40달러의 수당은 집주인들의 호의를 사는 역할을 한다. 나머지는 길거리 모퉁이에서 연필을 파는 불운과 얇은 위장술로 감당해야 한다. 시에서 이들에게 일을 해서 생계를 꾸릴 수 있는 체계적인 방법을 제공하기(예를 들어 필라델피아에서처럼) 전까지는, 무작정 거리에서 내쫓는 것은 굶어죽으라는 사형선고나 마찬가지다. 그래서 진짜 장님이고 '아이'를 데리고 나오지 않는다면 제지를 받지 않고 구걸을 한다. 직업적인 구걸은 인간의 가장 큰 불행을 이용해 정작 그 불행의 비옥한 토대가 되는 동정심을 얻어내는 행위를 서슴지 않는다. 많은 뉴욕 시민이 "파리가 포위됐을 때 포탄에 실명했다"는 프랑스인 교사를 기억할 것이다. 그가 체포되고 경찰에 의해 자녀들이 아동학대방지

1센트 커피.

협회로 보내졌을 때, 그는 기적적으로 시력을 회복했다. 최근에 들려온 소문에 따르면, 하트포드에서 '박물관'을 운영하면서 재정적으로 성공한 관리자 행세를 하고 있다. 구구절절한 사연을 적은—수년 동안 뉴욕의 거리를 배경으로 했고 그 덕에 지금의 박물관 사업에 밑천이 된 돈을 벌게 해주었을—그의 알림판은, 다른 박물관에서 그 자신이 저지른 악행의 경고로서 보관되고 있지 않다면, 아마도 그 자신의 박물관에서 진기한 물건들과 함께 전시되고 있을지도 모르겠다. 이런 인간이 또 있으니, 이번엔 여성이다. 기형아를 안고서 수년 동안 구걸을 한 이 여성은 그 덕분에 제노바의 한 구빈원에 15프랑의 월급을 받는 조건으로 고용되었다. 그녀가 꽤 많은 돈을 번 것으로 봐서 이것은 괜찮은 투자였다. 아동학대방지협회가 밝혀낸 바에 따르면, 그녀는 그 이전에 오싹한 왕초 노릇을 하면서 사실상 노예장사를 했던 것으로 드러났다. 바다 건너 가난한 부모들로부터 이탈리아 아동들을 사와서 프랑스 전역을 걸어서 구걸하도록 만들었던 것이다. 이렇게 도보로 도착한 항구에서 이번에는 이 도시, 뉴욕으로 보내졌고, 잔인한 주인들은 이 아이들을 매질하고 굶겨서 구걸하러 내보냈다. 이 과정에서 종종 사람들의 동정을 더욱더 자아내려고 무자비한 신체 절단을 자행하기도 했다.

그러나 공동주택은 거리의 어떤 비참한 상황보다도 충동적이고 무분별한 자선을 노리는 사기 행각에 더 좋고 더 안전한 기회를 제공한다. 다정다감하고 경계심이 없는 사람들에게는 공동주택 그 자체가 도와달라

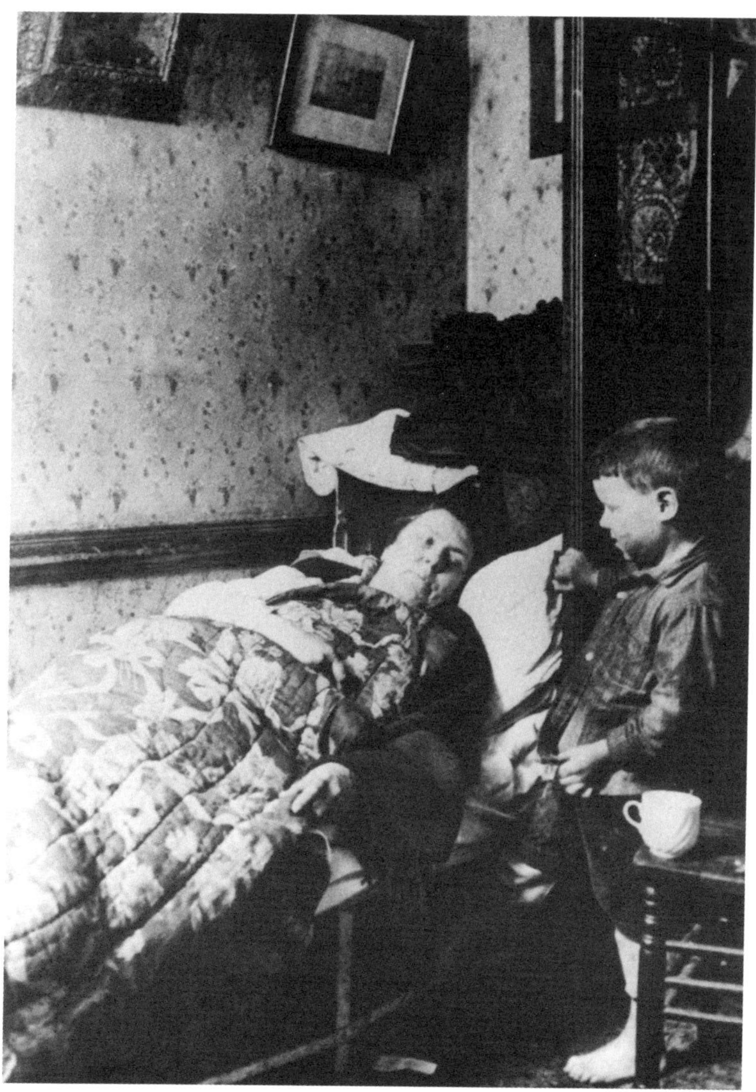

'가정 간호.'

리빙턴 스트리트 쓰레기 매립장 속에서(1890년경).

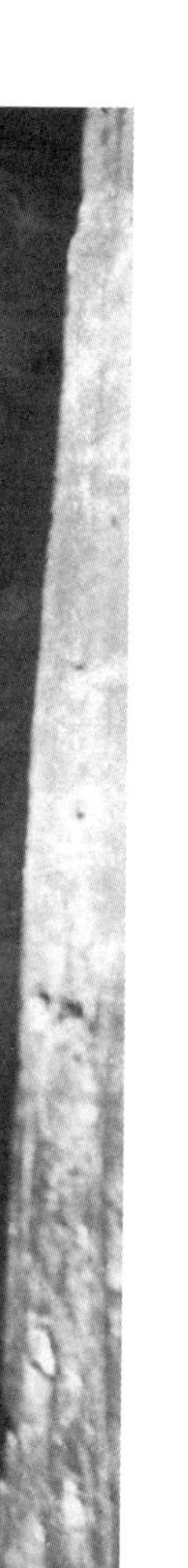

는 가장 강력한 탄원이다. 최근에 모트 스트리트의 굴속 같은—'병든' 남편과 절망에 빠진 아내 그리고 '최소한의 생필품'도 없이 누더기 차림으로 오물 속에 방치된 여섯 아이들이 있는—집에서처럼 절규가 솟구친다면, 당연히 이들을 돕기 위한 성금이 몰려들 것이다. 이런 사례에서 사기행각을 걱정해 조금만 비판적으로 자선조직협회의 '블랙리스트'를 요구하거나 문의해보아도 '병든' 것은 게으름에 지나지 않고 생필품 부족은 물건을 내다파는 가족의 내력으로 밝혀지는 경우가 허다하다.

공동주택은 그 지붕 아래서 채굴중인 금광을 위해 일찍부터 깨어난다. 신문의 호소에 공감한 방문자들이 날이 밝기 세 시간 전부터 공동주택으로 꼬리를 물고 찾아온다. 그러나 두세 명의 '폭력배'들이 골목을 막아서고 공동주택의 다락방에서 벌어진 비참한 상황에 눈물과 연민을 품고 온 사람들로부터 통행세를 뜯어낸다.

직업적인 거지의 속임수와 이 과정에서 공동주택을 어떻게 활용했는가를 쓰자면 책 한 권 분량이 될 것이다. 보스턴의 한 '과부'는 눈물과 비탄 속에서 남편을 17차례나 매장했는데—그러나 남편은 언제나 건강하게 살아 있었고—그때마다 장례비용을 국민 세금으로 치렀다. 이런 예는 뉴욕에도 있다. 뉴욕의 거리에서 '신사 부랑자'는 익숙한 모습이다. 또한 유익한 회개 이야기로 시내의 모든 신앙 부흥 전도 집회를 휩쓸고 다니는, 그러나 예배가 끝나면 교회에서 가장 가까운 술집으로 추락해버리는 '한때 존경받았던 감리교 신자'도 익숙하다. 이 사람은 자신의 전공에 최적화된 환경을 찾아 공동주택에서 교회로 작업장을 옮긴 것에 불과하다. 빈민의 가정에서 실제 고통을 겪으면서 게으름뱅이들을 굶주리게 함으로써 자활의 길로 이끌어가는 바울의 계획을 강화하는 효과적인 방법이 있었으면 하고 소망하는 사람들은 많다. 요컨대 '일하지 않으면 먹지도 마라'의 원칙 말이다.

지난 7월 보건국의 한 '여름 의사'가 킹스 도터 공동주택위원회에 보낸 전갈에 따르면, 한 공동주택 지역에서 아픈 아이를 포함한 한 가족 전체가 아사 직전에 있다고 했다. 그 주소지는 언급이 없었다. 의사가 주소를 깜박하고 기록하지 않은 것인데, 나중에 그 실수를 발견하고 필요한 인력을 그 집에 보냈지만 이미 너무 늦었다. 아픈 아기는 이미 숨을 거두었고, 아이 엄마는 실성했기 때문이다. 간호사가 도착한 현장에서 정직한 노동자지만 오랫동안 일자리를 찾지 못하던 아기 아빠가 짚이 들어 있는 오렌지 상자에 아기의 시체를 집어넣고 있었다. 구호 대상자를 위한 장례 지원을 받기 위해 시체보관소로 가져가려는 것 같았다. 집 안에는 빵 한 조각 남아 있지 않았고, 다른 아이들은 굶주림에 울고 있었다. 이 사례뿐 아니라 기존 사례의 절반 이상에서도 시급한 것은 일자리와 최저생활임금이었다. 자선은 위급한 상황에 전혀 도움이 되지 않는다. 오히려 곤경에 처한 사람들에게 자존감과 자립심을 심어주려는 진정한 도움을 폄훼하고 구호 대상자로 전락시킴으로써 상황을 더 악화시킬 때가 많다. 자선조직협회가 8년간 펼쳐온 노력의 결과, 4,500가구가 의연금을 받지 않고도 '도움을 주는 방문' 제도를 통해 구호 대상자의 굴레에서 벗어나 (이것이 적절한 표현일지는 모르나) 당당하게 자립했고, 빈민주거환경개선협회를 비롯한 유사 단체들은 같은 방식을 택해 노력의 방향을 잘 잡는다면 어떤 성과를 낼 수 있는가를 보여주고 있다. 뉴욕이 매년 사용하는 공적·사적 의연금은 800만 달러 정도로 추산된다. 이 중에서 적은 금액을 노동부서에 슬기롭게 투자한다면, 구직자와 현재 취업중인 사람 모두 상당한 생활보장의 혜택을 누릴 수 있을 것이다. 또한 상당액을 그냥 묶어두는 것보다는 더 나쁜 상황에 투자함으로써 수익을 낼 수 있을 뿐 아니라 최상의 결과까지 가져올 것이다. 그러나 궁극적이고 가장 큰 요구 즉 실제적인 구제는 그 원인—'아무것도 기대할 것이 없는 계층'을 위해 지어졌고 그 목적을 100퍼센트 달성한 공동주택—을 제거하는 것이다. 공동주택 개혁이야말로 뉴욕의 빈민 문제를 해결할 핵심 요소이다. 우리는 결코 공동주택도 빈민도 없앨 수 없다. 이 둘은 언제나 뉴욕에 공존할 것이다. 하지만 공동주택을 개혁하는 것은 지금까지 찾지 못했고 앞으로도 없을 방법들을 총동원하는 것보다 빈민을 없애는 데 더 효과적일 것이다.

제22장

퇴물과 폐물

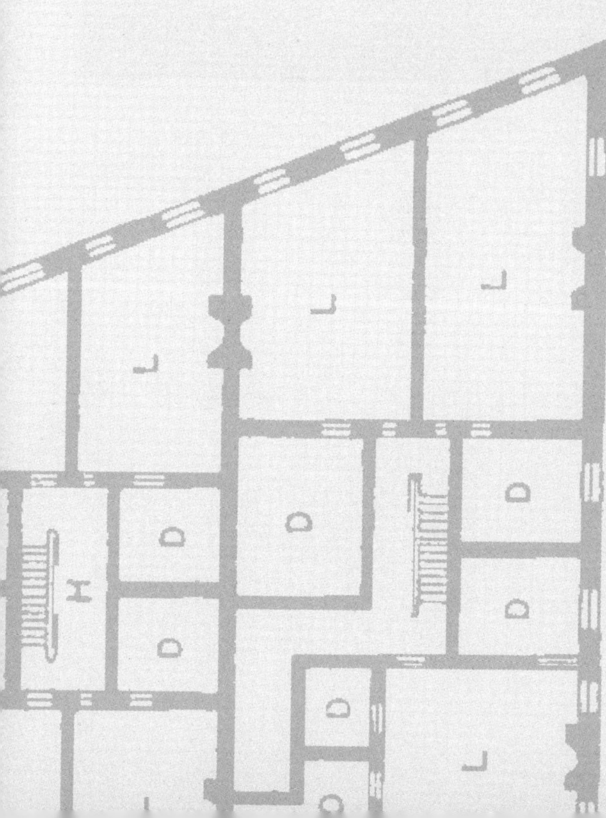

엘드리지 스트리트 경찰서의 늙은 숙박인(1890년경).

북적이는 도시를 뒤로하고 이스트 리버 너머로 해가 질 때, 노역장의 어두운 그림자가 마치 경멸하는 손가락처럼 이웃의 구빈원을 가리킨다. 건물의 돌벽이 말이라도 할 수 있다면, 두 건물 사이에 어둠의 장막이 드리워지기 전에 이렇게 말할 것이다. "너와 나는 형제다. 나는 너보다 도덕적인 면에서 더 파탄하지 않았다. 우리는 같은 부모 밑에서 태어났다. 공동주택과 술집이라는 쌍둥이 젖가슴이 우리를 키웠다. 악덕과 낭비가 서로 도왔다. 거지여, 너의 형제를 보라!" 구빈원은 침묵 속에서 그들의 씁쓸한 관계를 인정하고 있다.

강을 따라 멀리 롱아일랜드 해협까지 일렬로 늘어서 있는 섬들 너머로 절반의 하층은 그 흉한 몰골을 숨기고 있다. 예외가 있다면 유명한 방문객들이 초대되고 전시 행정의 자부심으로 관계 당국이 빈곤의 곪은 상처를 드러내는 '쇼데이show day'다. 이 광경은 독자를 위해 아껴두겠다. 지금은 그 근원을 폭로하는 것이 목적이다. 수많은 구제불능의 폐인을 수용하고 있는 자선병원부터 먼저 살펴보자. 그다음은 배틀 로와 포버티 갭에서 체포된 '폭력배들'이 돌벽과 쇠창살 뒤에서 세상이 공짜로 먹여주는 삶을 사는 교도소다. 어느 날 내가 그곳에 가 있는 동안, 저녁식사 중에 세 사람이 서로 시비를 걸었다는 이유로 끌려나와 600명의 동료가 지켜보는 가운데 벽을 바라보는 징계를 받았다. 그들을 감옥에 오게 만든 강도 행각과 '폭행'이 벌어진 강 건너의 술집 간판들이 또렷하게 보이건만, 그들은 교도관이 돌아서기가 무섭게 이곳에서 구할 수 없는 위스키 다음으로 최고 물건인 담배를 달라고 내게 애원했다. 가끔씩 이런 갈망에 교도소나 구빈원에 있는 사람들이 굴복하는데, 그 결과 "딱 한 잔만 더"라며 감질나게 애태우는 목표를 위해 목숨을 걸고 거센 물결 속으로 뛰어들기도 한다. 설령 무장한 해안 경비대에 붙잡히지 않아서 혹은 힘이 떨어지지 않아서 계속 헤엄칠 수 있다고 해도, 지나가는 증기선에 부딪혀 익사하는 경우가 태반이다.

그다음이 술집, 숙박업소, 부랑자의 소굴을 전전하다가 낙오한 사람들이 있는 노역장으로, 이곳은 도시의 수리점이라기보다 '멸자滅字통hell-box'•이다. 1889년만 해도 노역장에 등록된 인원은 2만 2,477명에 이르고, 이 가운데 일부는 이전보다 20배나 많은 인원을 수용하고 있다. 이곳은 슬럼의 인기 있는 여름 휴양지인데, 실제로는 여름뿐 아니라 1년 내내 성업중이다. 노역장을 자주 찾는 단골 중에서 적지 않은 사람들이 범죄 행위라는 형식적인 절차도 없이 주기적으로, 뉴욕에서 더는 일자리를 구할 수 없을 때 마지막 기회를 잡으려고 노역장이 있는 이 섬으로 돌아온다. 그리 많은 일은 아닐지라도 아무튼 일을 한다는 것이 노역장의 원칙이다. '노역장 걸음걸이'는 이 섬에서 반드시 지켜야 하는 관례다. 이 걸음걸이와 게으름뱅이에게나 걸맞은 굼뜬 걸음을 구분하기 위해서다. 자연과 인간의 기술이 이 섬들을 아름답게 만들었다. 그러나 뜰마다 잡초가 무성하게 자랐고, 거미들은 거침없이 거미줄을 치고 있다. 스무 명을 고용하면 족할 일이 이곳에서는 수백 수천 명이 해도 역부족이다.

• 인쇄소에서 부러지고 닳아서 못 쓰는 활자 버리는 통을 '헬 박스hell-box'라고 하는데, 그렇게 모은 것들을 주물 공장에서 고쳐서 다시 주조했다.

누구는 검은색의 뭉툭한 클레이 파이프를 피우기도 하고 누구는 바느질을 하거나 이도 저도 아니라면 그냥 빈둥거리면서 누구랄 것도 없이 구시렁거리는 노파들이 구빈원을 울타리 치고 있는 나무 아래 줄줄이 서 있거나 앉아 있다. 아니면 햇빛 속에서 목발이나 기다란 지팡이에 의지해 느릿느릿 주변을 돌아다닌다. 그들은 바로 그 순간 맞은편 강가의 바위에서 연이어 보이는 '그라울러 갱'과 같은 부류다. 그들은 해 뜰 때부터 해 질 때까지 날씨나 삼시 세끼에 대해 투덜거리고 고함친다. 돼지고기와 콩, 옥수수 수프와 양배추, 추수감사절 음식에 대해, 또는 즐겁지 않았던 과거, 편하다고 인정하지 않는 현재, 전망 없는 미래에 대해 투덜거리고 고함친다. 옆 건물에 있는 괴팍스러운 노인들은 비교도 되지 않는다. 오랜 시간 구빈원을 책임져오면서 상당수의 괴팍하고 불행한 노파들과 지속적으로 접촉해 지나치게 퉁명스럽고 야비해진 감독관에게 다가가 100명 정도의 노인들을 모아서 단체 사진을 찍을 수 있느냐고 허락을 구할 때 꽤나 조바심이 났다. 그는 내 말을 제대로 듣지 않았다.

"모아서?" 그가 소리쳤다. "그 많은 할망구들을 모은다니, 거 참 잘됐네. 모조리 상자 속에 쑤셔넣어서 하트 아일랜드로 보내기 전까지는 절대 조용히 있지 않을걸. 할망구들이 장례식에서처럼 울고불고 시끄럽지 않을 거라고 생각한다면 오산이야."

그의 잘못을 일깨워주는 것이 나의 벅찬 의무라는 생각이 들었다. 내가 노파들의 사진을 찍으려는 것뿐이라고 말하자, 그는 말없이 질색하는 표정으로 고개를 돌려버렸다. 그는 훗날 임종을 앞두고 아마도 나를 이 섬을 방문한 가장 멍청한 인간으로 기억할 것이다.

죽기 위해 구빈원에 보내진 노인들은 자식을 위해 힘닿을 때까지 일해 왔으나, 정작 그들을 이곳에 보낸 사람이 다름 아닌 그 무정한 자식들임을 생각하면, 그들의 불평과 불만이 이해하기 어려운 것은 아니다. 그리고 모진 가난이 그들을 그곳으로 내팽개쳤다. 가난한 모국에서 이민 온 이 노인들의 상당수는 이들을 지원해야 하는 부담에서 벗어나려는 모국의 정부에 의해 미국으로 보내졌다고 볼 만한 이유가 있다. 한 훌륭한 선교사는 이런 글을 썼다. "구빈원은 바울이 묘사한 심판의 날을 보여주는 슬픈 삽화다." 이것은 얼마 전에 한 의사 친구가 내게 한 말을 떠올리게 했다. "많은 엄마가 자식의 죽음을 앞두고 내게 이렇게들 말하지. '애를 죽게 놔둘 여유가 없어요. 장례비용이 너무 비싸요.' 어린아이가 죽으면 솔직히 엄마가 슬퍼할 여유도 없어. '돈을 어디서 구하나?' 이 문제가 쇄도하거든. 자연적인 감정과 애정은 공동주택에서 짓눌려버리지." 이 의사 친구의 경험은 서글프게도 목사의 설교문에 잘 어울린다.

블랙웰 아일랜드 정신병원의 여성 환자들이 오후 산책을 하고 있다. 그 뒤로 너른 잔디밭에서 더 이상한 행렬 그러니까 칙칙한 회색 환자복을 입은 한 무리의 여성이 야릇한 장식물을 치장한—유모차와 서커스 전차의 중간쯤 되는 것 같은—기묘한 형태의 작은 마차 쪽으로 빠르게 움직이고 있다. 한 환자가 마차의 좌석에 묶여 있다. 이것은 원래의 인간적인 목적을 간과하고 냉소적인 무지에서 한때 '체인 갱chain-gang'(강제 노역에 동원하기 위하여 사슬로 함께 묶인 죄수들—옮긴이)으로 불리던 모습이다. 이들은 자살 충동에 시달리고 있는 환자다. 강이 눈앞에 보이는 상황이라 한시도 방심할 수 없으나 그래도 치료의 필수 코스로서 매일 산책을 해야 한다. 그래서 운동과 오락을 동시에 제공하고자 한 현명한 의사가 발명한 것이 바로 이 마차다. 구내에서의 한차례 왕복 일주도 이런 전략에 속하는 것 같다. 우리가 멈춰 서서 지나가는 마차를 지켜보는 동안, 잿빛 석조 건물의 창살 친 한 창문에서 익숙한 노래 한 소절이 구슬피 흘러나왔다. 노래하는 목소리는 감미로웠으나 형언할 수 없을 정도로 슬펐다. "아, 내 마음은 얼마나 지쳐가는지, 저 멀리—" 노랫소리는 갑자기 낮고 거친 웃음소리로 끝났다. 가사를 까먹은 것이다. 우리 근처에서 줄곧 그 창문을 올려다보고 있던 한 여자가 두 손을 치켜 올리더니 비명을 질렀다. 다른 환자들이 불안하게 동요했다. 여자 옆에 있던 간호사가 엄하면서도 달래는 말투로 뭐라고 말했다. 병원 직원이 다급히 우리에게 다가와서는 멈춰 서 있지 말라고 부탁했다. 환자들이 다니는 길목에 낯선 사람들이 서성이고 있으면 안 되는 것 같았다. 환자들을 자극하기 십상이다. 우리가 직원과 함께 발걸음을 옮기자, 환자들이 다시 차분해진 모습으로 지나갔다. 한편 보이지 않는 가수의 곤혹스러운 목소리는 아직도 과거의 잃어버린 기억 사이에서 떠오르지 않는 가사를 헛되이 더듬고 있었다. "아, 내 마음은 얼마나 지쳐가는지, 저멀리—."

"의사선생님, 저 여자는 누군가요?"

"가망 없는 경우죠. 저 환자분은 영영 집으로 돌아가지 못할 겁니다."

이 정신병원에 수용된 여성 환자는 1,700명 정도다. 워즈 아일랜드에 있는 남성 정신병원은 훨씬 더 많은 환자를 수용하고 있다. 1889년 전체 시립정신병원에 입원 허가를 받은 환자가 총 1,419명이었고, 그해 말 입원중인 시립정신병원의 환자는 총 4,913명이었다. 시의 구호금에 의존하도록 방치된 이 무력하고 불행한 계층은 그 수가 꾸준히 불길한 증가세를 보이고 있다. 매년 200명이 증가했고, 오래전부터 이미 초과밀 상태에 있었던 정신병원들은 초과된 환자들을 수용하기 위해 롱아일랜드에 거대한 '진료소'를 지어야 했다. 늘 쫓기고 과로에 찌든 삶의 중압감과 가난이 이런 증가세와 긴밀하게 관련되어 있다. 삶의 중압감은 가난한 사람들의 전부이기 때문이다. 그것은 "한 세대에서 다른 세대로 모든 시대를 관통해 돌고 돌아 전해진 과거의 무능과 범죄와 정신적 악덕의 섬뜩한"• 결과다. 이 섬의 저주는 한 번이라도 그 경계 안으로 들어온 모든 이에게 떠돌고 있다. 이 사실들을 있는 그대로 관찰할 수 있는 위치에 있었던 루이스 L. 시먼 박사는 다년간의 경험을 바탕으로 이렇게 말한다. "이런 정신병원이 있는 섬들에 '감금된' 사람들 중에서 남녀를 불문하고 무사히 도시로 돌아가는 경우는 없어요. 정신병원은 이곳에 수용된 사람들의 현재 또는 미래에 설정된 (눈에 보이기도 하고 숨겨져 있기도 한) 유치권인 셈입니다. 종종 입증되듯이, 이 유치권은 사회 복귀라는 최상의 목적과

• 블랙웰 아일랜드 정신병원 과장을 역임한 루이스 L. 시먼이 저술해 미국과학진흥회(1886)에 제출한 「대도시의 사회적 낭비Social Waste of a Great City」.

웨스트 35번가 쓰레기 매립장 밑에서.

가장 공평한 기회보다도 더 강해요. 이 지하세계는 일단 '복역한' 낙오자나 범법자들에게 예외 없이 가혹한 굴레를 씌우죠. 자신을 옭아맨 올가미에서 벗어나려는 비천한 자들의 몸부림 속에 종종 비극이 있어요. 그러나 이 큰 소용돌이는 무자비합니다. 미래의 도망자들은 해부대 또는 빈민 묘지에서 생을 마감할 때까지 탐욕스러운 범죄와 가난의 소용돌이 속으로 다시, 또다시 빠져들죠. 윤리학자 아니면 과학자가 할 수 있는 일이 있을까요? 거의 없어요. 낙오하고 버려진 사람들은 황폐한 삶의 찌꺼기이고 파편일 뿐이지요. 꼭 필요한 질병예방, 영양식단, 교육과 같은 봉사 활동이 근원부터 시작되어야 합니다. 이런 섬에는 싱싱한 가지들은 없고 시들고 마른 옹이투성이 줄기만 있으니 도덕적·사회적 영향에 무감각해지지요."

슬프지만 사실이다. 교도소와 노역장, 구빈원을 떠났다가 다시 돌아오기를 반복하면서 매번 더 희망을 잃고 이 섬의 속박 속에서 황폐한 삶을 살아가야 하는 운명, 가장 평범한 관리자들도 한눈에 이런 사람들을 가려낼 수 있다.

벨뷰 병원의 알코올 중독 치료 병동은 이스트 리버를 오가는 그들의 여정에서 꽤 많은 사람이 들르는 중간 기착지다. 지난해 이 병동에 입원한 환자는 3,694명, 병원 전체 환자인 1만 3,813명의 4분의 1을 훨씬 상회하는 수치다. 빈민 병원의 알코올 중독 환자는 하루 평균 600명을 넘는다. 지난해 자선교정부의 감독하에 있는 교도소, 병원, 노역장, 구빈원을 통틀어 하루 평균 환자 수는 약 1만 4,000명이었다. 시설의 효과적인 운영을 위해서는 환자 10명당 1명의 관리인이 필요했다. 1889년의 경우 교도소와 뉴욕 시의 공공시설 그리고 블랙웰 아일랜드의 시설에 수용된 총인원은 13만 8,332명이었다. 구빈원에만 3만 8,600명이 수용되었고, 9,765명이 이 시설들에서 새해를 시작했다. 그리고 삶에 짙은 그림자로 드리워질 구빈원의 검은 그늘에서 태어난 생명이 553명으로, 이를 전부 합하면 4만 8,918명이었다. 이들을 돌보는 데 234만 3,372달러의 경비를 지출했다. 1889년도 경찰 예산은 440만 9,550달러 94센트, 형사법원과 그 관련 기관의 예산은 40만 3,190달러였다. 그 결과 피구호민, 범죄자, 빈민 환자를 돌보고 관리하는 데 들어간 세금이 715만 6,112달러 94센트였다.

제23장

칼을 든 남자

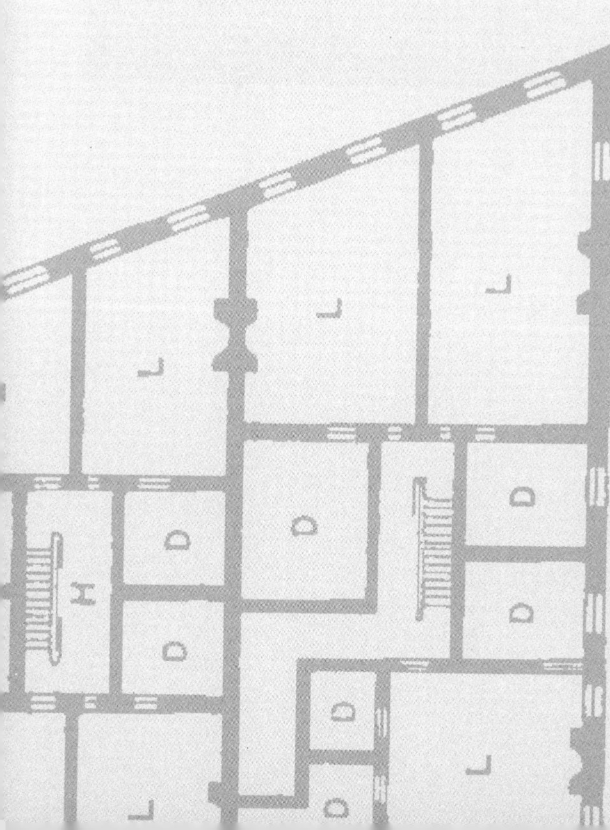

웨스트 52번가 직업학교에 다니는 소녀.

언젠가 한 남자가 5번가와 14번가의 모퉁이에 서서 번화가의 대형 상점들을 들락거리며 부와 유행을 싣고 가는 마차들을 음울하게 쳐다보고 있었다. 그는 가난했고 굶주렸고 기진맥진해 있었다. 그의 머릿속에는 이런 생각이 떠올랐다. '토실토실한 말들 뒤에 앉아 있는 저 사람들, 내일 걱정일랑 하지 않아. 저들은 굶주림이란 걸 말로만 들어봤겠지. 저들이 한 시간 쇼핑하면서 써버리는 돈이면, 나와 어린 자식들이 일 년 내내 버틸 수 있어.' 불 꺼진 차가운 난로 주변에서 빵을 달라고 울어대는 어린 자식들의 모습이 눈앞에 선했다. 이윽고 그는 인파 속으로 뛰어들더니 복수의 칼을 마구 휘둘렀다.

이 남자는 물론 체포되어 수감되었다. 지금은 혹여 어느 정신병원에서 사람들에게서 잊히고 있는지도 모르겠다. 지금도 마차들은 즐거운 표정의 손님들을 태우고 대형 상점들을 오가고 있다. 세상은 기억하고 싶지 않은 것을 쉽게, 너무도 쉽게 잊는다.

그럼에도 불구하고 그 남자와 그의 칼은 사명을 띠고 있었다. 남자와 칼이 나름의 무지하고 성마른 방식으로 표한 것은 경고, 요컨대 이 사건이 있기 불과 며칠 전에 가장 보수적이고 공평무사한 공공단체 중 한 곳에서 내보낸 다음과 같은 경고와 일맥상통하는 것이었다. "우리의 유일한 두려움은 이 개혁이라는 것이 개인 재산과 선량한 풍속을 해치는 대중의 분노를 통해 이루어질지 모른다는 데 있다."• 이 말은 무지한 부와 무지한 가난이라는 대대로 해결되지 않은 문제에 하나의 해결책, 즉 미국

• 빈민주거환경개선협회 44회 연차보고(1887년).

땅에서 찾아볼 수 없어야 하지만 최근 들어 들려오고 있는 외침—'계급에 맞서는 군중'의 외침—을 통해 알려진 폭력의 해결책을 의미한다.

또다른 해결책, 즉 정의의 해결책이 있다. 양자택일. 어느 쪽을 택해야 할까?

"글쎄요." 선의를 지닌 사람들은 이렇게 말한다. "문제를 그런 식으로 생각할 필요는 없잖아요. 우리는 공동주택 곳곳을 다니면서 사람들을 관찰했어요. 좋은 사람들이 많아요. 그 사람들이 안락하게 사는 건 아닐 거예요. 당신은 어떻게 생각해요? 그 사람들은 가난해요. 그래도 그들이 사는 집은 우리가 유럽의 빈민가에서 보고 읽어본 적이 있는 오두막과는 달라요. 상대적으로 괜찮은 집이에요. 게다가 그중에는 브라운스톤 건물도 있잖아요."

그렇다! 맞는 말이다. 뉴욕에서 최악의 공동주택도 대체로 나빠 보이지 않는다. 헬스 키친도 머더러스 로Murderers' Row도 겉모습에는 진짜 특징이 찍혀 있지 않다. 공동주택들은 그리 오래되지 않았다. 세입자도 그렇다. 뉴욕의 폭력배들은 런던의 폭력배들이 인상을 찌푸리고 넘어갈 일에도 기꺼이 살인할 준비가 되어 있다. 그런데도 대체로 외모가 그렇게 잔인해 보이지 않는다. 이번에도 같은 이유 때문일 것이다. 즉 혈통도 오래되지 않았다. 빈민가에서 한두 세대만 더 지나면, 모든 것이 바뀔 것이다. 공동주택에서의 삶이 지닌 함축적인 사실을 포착하기 위해서는 이면을 봐야 한다. 겉은 먹음직스러운데 속은 썩어 있는 사과들이 많다. 공동주택의 사망률이 최근에 뉴욕 시 전체의 사망률보다 낮았다는 (그리고 교도소의 경우가 가장 낮았다는) 인구통계청의 주장은 공동주택에 관한 좀더 나은 논쟁점을 주고 있다. 이는 두 가지를 의미한다. 하나는 지난 20년 동안 공동주택에 집중되다시피 한 위생 당국의 노력이 상당한 결실을 맺었고, 최근에 지은 것일수록 예전의 공동주택보다 낫다는 것이다. 이 점에서는 어느 정도 희망이 있다. 다른 하나는, 공동주택 거주자의 전반적인 혈통이 공동주택의 조건에 맞게 퇴보해왔고, 부패와 싸우는 동안 그것에 저항력을 지니게 되었다는 점이다. 이는 가장 중요하고 가장 강력한 자기보존 본능에 필수적이고도 당연한 자연법칙이다. 우리는 모두 어느 정도까지는 우리를 둘러싸고 있는 물리적·정신적 환경의 피조물이다. 그렇다고 위안이 되는가? 지금까지 우리가 살펴본 것을 바탕으로 이런 질문이 생기지 않는가? 그렇다면 이 공동주택의 피조물은 어떤 부류의 피조물인가? 나는 '폭력배' 이야기를 통해 그와 비슷한 형태를 그려보려고 노력했다. 칼을 든 남자의 사례가 암시하는 바가 전혀 없었다는 말인가?

좀더 들어가보겠다. 나는 뉴욕의 공동주택이 더 오래된 도시들의 공동주택에 비해 빈민가처럼 보이지 않는다는 것을 장점으로만 보지 않는다. 이는 언제나 다수를 차지하는, 선의를 지녔으나 무지한 사람들이 공동주택의 진짜 특징을 뒤늦게 인식하게 만든다.

뉴욕의 '위험한 계급'은 오래전에 눈에 띌 수밖에 없었다. 그들이 위험

잠을 자는 부랑아들.

한 이유는 그들의 범죄 때문이라기보다는 그들과 부류가 다른 사람들의 범죄에 대한 무지 때문이었다. 사회에 대한 위험은 공동주택의 가난에서 비롯된 것이 아니라 공동주택을 육성한 그릇된 부—'아무것도 기대할 것이 없는' 계층으로부터 고리의 이자를 받아내는—에서 비롯된 것이다. 이것이 광범위한 토대가 되었고, 이 위에 세워진 건물 또한 그 토대와 부합했다. 이러한 점이 바로 차별화된 교육의 온갖 혜택을 누려온 사람들에 의해 부자와 빈자를 분리하는 선의 '불안정한' 측면으로 이해됨으로써 불안의 그럴듯한 원인이 되었다. 이 날카로운 예측을 통해 칼을 든 남자의 그림자가 희미하게나마 보일는지 모르겠다.

2년 전에 치커링 홀에서 개최된—앞에서 언급한—대규모 집회 동안 며칠 밤낮으로 이 유령을 없애기 위한 방법을 두고 토론이 이어졌다. 다시 말해 옛 신념의 안전한 계류장으로부터 점점 더 빠르게 멀어져 표류하고 있는 100만 명 이상의 거대한 군중에게 어떻게 감화를 주고 붙잡아 줄 수 있는가를 토론했다. 목사와 그 신도들도 교파와 교단을 불문하고 이 토론에 참석했다. 빈민들 속에서 일해온 또하나의 위대한 기독교도들을 위해 한마디도 버릴 것이 없는 훌륭한 토론이었다. 현명하고 참된 논의가 많았고, 공동주택 거주민들의 영적인 요구에 성공적으로 부합할 수 있는 방법들도 많이 개진되었다. 그러나 소수의 사업가들이 장기적인 안목으로 기독교도 건축업자들의 절규에 귀기울이면서 거침없이 지적해온 상황의 진짜 핵심에 대한 논의는 집회 내내 이루어지지 않았다. 이를테면

"보고 자란 것이 인간의 탐욕뿐인 이들에게 어떻게 신의 사랑을 이해시킬 수 있겠습니까?" 정의의 복음인 '박애와 5퍼센트 수익'이라는 해결책은 칼을 든 남자의 대안으로서 반드시 시도해볼 필요가 있다.

"선생은 이 사람들의 물질적인 조건을 지나치게 중시하고 있진 않나요? 정신적인 측면을 등한시하고 말입니다." 지난겨울, 할렘 교회에서 설교를 마친 한 선량한 목사가 내게 말했다. 나는 대답했다. "맞아요! 최악의 공동주택 환경에서는 호소력 있는 정신 요소를 찾기 어려우니까요. 목사님이 제일 먼저 할 일은 이 사람들을 자존감을 가질 수 있는 곳에 데려다놓는 겁니다. 사과에 관한 논점을 뒤바꿔보세요. 겉보기에 썩은 사과에서 실한 속을 기대할 수는 없잖아요."

제24장

지금까지의 노력

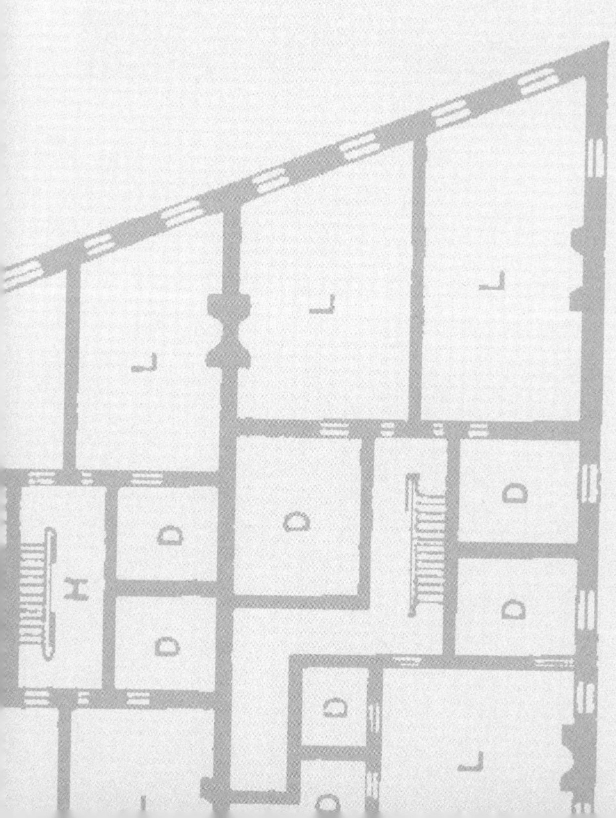

블리커 스트리트와 휴스턴 스트리트 사이, 모트 스트리트의 바라크 건물.

20년 동안 뉴욕은 공동주택 문제를 해결하기 위해 어떤 노력을 기울여왔나?

법은 맡은 역할을 해왔다. 늘 대단한 성과를 거둔 것은 아니라서 일시적인 미봉책에 불과할 때도 있었다. 각성된 시민의 양심이 이 문제를 처리하는 데 있어서 보건국에 전권에 가까운 권한을 주었다. 그러나 속도가 느린 보수주의를 실행 지침으로 삼아서 강제보다는 계도를 통해 더 나은 방식을 가져오겠다는 희망을, 인내심 없는 개혁가들은 항상 현명한 방편으로 보지는 않았다. 크고 많은 장애물 또한 있었다. 근래 위생 규정에 따라서 이루어진 개선들을 전부 진정한 성과로 볼 수 있느냐는 까다로운 질문이 남아 있기는 하나, 관계 부처들이 태만하게 시간을 헛되이 보낸 것은 아니었다. 최악에 가까운 나쁜 공동주택들이 아직 즐비하다. 그러나 빈민의 삶을 악화시키는 거대한 요인 한 가지는 처리되었고, 이들의 삶을 희망도 야망도 꿈꿀 수 없었던 틀에서 빠져나오게 만드는 조치들이 분명히 시행되어왔다. 요컨대, 부지 전체를 바라크 건물로 채우는 것은 이제 불법이다. 공기와 햇빛은 법적 요구 사항이 되었고, 뒤채 공동주택의 전성기는 지나갔다. 2년 전까지만 해도 10만 명이 뒤채라는 비인간적인 소굴에서 살았으나, 이후로 상당수가 철거되었다. 그 수는 꾸준히 줄어들어서 결국에는 부주의했던 과거의 나쁜 전통으로만 남을 것이다. 환기가 되지 않는 어두운 침실도 개방 하수도 사라질 것이다. 요즘 공동주택의 삶에 드리운 저주, 즉 무더운 여름철의 물 부족 문제 또

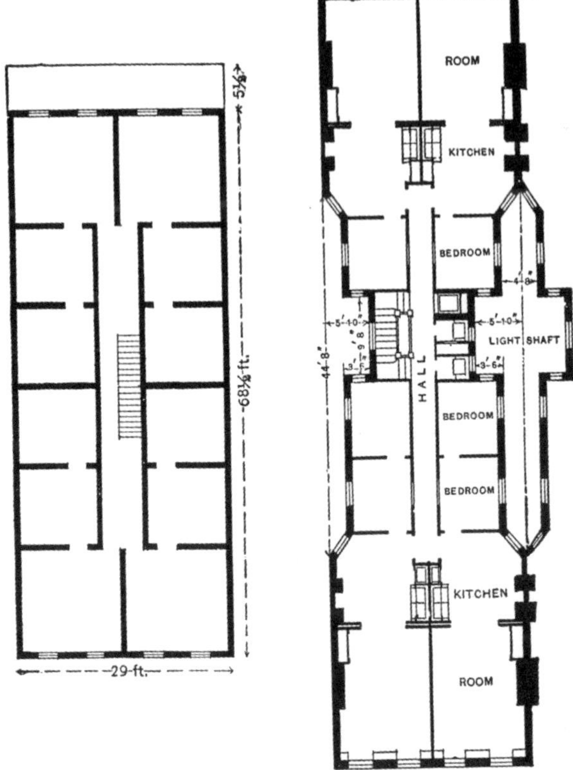

20년 동안의 공동주택의 발전. 구식 공동주택(왼쪽)과 현재의 공동주택.

한 개선될 것이고, 세입자들의 정신적·육체적 구제를 위한 장기적 조치도 취해질 것이다.

여론도 얼마간 역할을 해왔으나, 아주 미미한 수준이었다. 대체로 평화로이 선잠을 자던 여론은 공동체의 품위와 건강이 극단적으로 침범당하거나 무시무시한 전염병이 우리의 현관문을 두드릴 때가 되면 벌떼처럼 일어나지만, 이것은 금세 사그라지는 분노다. 이와 같은 목적의 불안정함은 전체 건강에 즉각적인 위험이 되지 않는 문제에 대해 관계 당국이 더디게 대응하는 데 상당 부분 책임이 있다. 법이 본래의 목적에 맞게 효과적으로 집행되기 위해서는 온전히 깨어 있는 여론의 더욱 강력하고 자발적인 지지가 필요하다. 위생 공무원들이 위험한 주택 문제를 다루면서 건물 주인들이 사적 권리로 여기고 있는—그래서 언제든 끝까지 싸울 준비가 되어 있는— 부분을 지속적으로 '침해'하고 있다는 점을 유념할 필요가 있다. 더없이 강한 압력이 있어야 공무원들이 전체의 이익을 위해 사적 권리를 양보해야 한다는 확신을 갖게 될 것이다. 사람들에게 타인의 재산을 훔친 도둑을 숨겨주지 말라고 설득하기는 쉽다. 그러나 자신의 집을 위험한 덫으로 방치함으로써 이웃과 세입자를 서서히 죽일 권리가 없음을 일깨우는 것은 참으로 어려운 과제로 보인다. 나쁜 영향이 서서히 진행되기에 건물주의 정신적 시야를 가리는 것이다. 주택의 배관을 고치라는 시정 명령에 수단과 방법을 총동원해 맞서 싸우는 건물주의 경우, 실제적인 폭력으로 세입자를 죽인다기보다는 고문을 방조하는 셈이다. 이는 의심할 여지 없이 세입자뿐 아니라 집주인에 대해서도 필요한 교육의 문제다.

그럼에도 불구하고 집주인은 자신의 역할을 해왔다. 주로 더 싸워봐야 소용이 없을 때—그렇다고 늘 정중하지는 않게—항복하는 방식을 취했다. 그러나 예외도 있다. 자신의 이익만큼이나 세입자들의 진정한 복지를 염두에 두고 주택을 짓고 고치는 사람들 말이다. 자선, 소일거리 또는 일시적 열정으로 시작한다면, 언제나 어디서나 비참하게 실패할 것이다. 이를 시적 정의라고 칭하든 성스러운 정의 또는 다른 무엇으로 칭하든 간에 바뀌지 않을 엄연한 사실이다. 노동자들이 살기에 괜찮은 집을 원한다는 전제와 그것을 요구할 권리에 바탕을 두지 않은 그 어떤 계획도 그들을 구제하는 데 실패한다. 누군가 사고자 하는 것에 적절한 가격을 지불하는 공정한 교환이어야 한다. 어떠한 자선 계획이든 간에 그것은 사람들을 구호 대상자로—겉으로는 아닌 척 위장할 수 있으나—전락시키고, 사람들을 계속 수렁 속으로 빠뜨려서 속수무책으로 죽게 할 뿐이다. 이 원칙이 전체 계획에 스며들어 있어야 한다. 모범 공동주택의 전문적인 운영이 성공하는 때는 최상의 의도를 지닌 아마추어적인 운영이 완전한 실패라고 낙심해 포기하는 지점이다. 풍부한 자본과 온정의 지원을 받은 최상의 계획들 가운데 상당 부분이 같은 암초에 걸려 좌초되었다. 노력을 촉진했던 감정이 지나친 바람에 사업적으로 운영해야 한다는 점을 망각한 것이다.

두에인 스트리트 기숙사의 신문배달원.

좀더 넓은 의미에서 사업은 최악의 공동주택을 일소하는 데 있어 다른 요인들을 전부 합친 것보다도 더 큰 역할을 해왔다. 때때로 그 속도가 깜짝 놀랄 정도로 빠르다. 관심을 가지고 있던 일부 견본 주택을 2~3주 정도 지난 뒤 다시 찾아가봤더니, 어느새 건물은 철거되고 인부들은 6미터 지하에 대형 창고의 토대를 놓고 있었다. 모트 스트리트에 있는 '빅 플랫'의 경우도 바로 그랬다. 지난겨울 몇 개월 동안 그곳에 가볼 기회가 없었던 나는 뜻밖에도 그곳을 다시 찾아갈 수 없었다. 몇 달 전까지만 해도 눈에 확 띄는 건물이었기 때문인데, 나 자신의 우둔함에 어이가 없었다. 번지수를 확인한 후에야 제대로 찾아갔는데, 사라진 것은 '플랫' 자체였다. 그것을 대신해서 6층짜리 공장이 마치 아주 오래전부터 그곳에 있었던 것처럼 버티고 있었고, 각 층마다 모두들 분주히 일하고 있었다.

이 '빅 플랫'은 좋은 의도로 공동주택을 지을 때 왜 실패하는지 실례를 보여준다. 고섬 코트처럼 빅 플랫도 원래는 모범 공동주택의 일환으로 지어졌으나 얼마 지나지 않아서 고섬 코트와 어느 쪽이 더 불결한지 경쟁하기 시작했다. 이곳은 도둑과 치안 사범들의 온상이 되었고, 경찰에게는 끝없는 골칫거리를 만들어냈다. 적절한 관리 감독이 부족하다는 것 외에 직접적인 이유로는 도둑과 '깡패'들이 득시글거리는 인근의 두 거리로 접근하기 쉽다는 점을 들 수 있다. 이 접근로는 건축업자들이 원래 통풍을 위해 마련했던 것인데, 범죄자들이 점령하면서부터 정직한 사람들은 이런 길을 피해 갔다. 내가 다른 지면에서 언급한 '살인자들의 샛길'과 여기에 벽돌 벽을 세워 통행을 막은 위생 검사관의 시도도 유사한 사례다.

현재 공동주택 세입자의 삶을 개선하려는 노력들을 방해하는 요인들은 주로 세입자 본인에게서 발견된다. 특히 극빈층이 그렇다. 그들은 무능하고 유해하며 어리석다. 그들을 이렇게 만들어놓은 것은 한마디로 말해서 공동주택이다. 빈민을 위해 싸우려는 사람들은 먼저 빈민과 싸워야 한다는 옛말은 서글프지만 진실이다. 솔직히 말해서 과거 빈민을 위한 활동에서 노력의 진실성이 신뢰를 얻은 경우는 거의 없다. 나는 꽤 유명한 어느 자선가의 좌절을 떠올린다. 그의 심장 박동은 그 무엇보다 타인의 고통에 민감하게 반응했다. 많은 건물을 소유했던 그는 자신의 공동주택에 고정식 욕조, 위생시설 배관, 목조 벽장을 비롯해 전부 최신식 설비를 갖추었다. 그리고 이 으리으리한 시설들을 유능한 관리인도 두지 않은 채 거친 세입자들에게 넘겼고, 이 새로움이 서로 잘 어울리는지 지켜보았다. 그는 세입자들의 권익을 위해 노력한 만큼 그들이 당연히 고마워할 것이라고 생각했다. 물론 그랬다. 세입자들은 목조 벽장에서 훌륭한 불쏘시개를 발견했고, 수도와 도관은 고물상에서 짭짤한 현금이 되어 돌아왔다. 집주인은 석 달 만에 개량시설의 남은 부분을 철거해야만 했다. 도관은 절단되어 건물 전체가 물바다였고, 세면대는 씻는 것을 제외한 온갖 용도로 사용되었으며, 목조 벽장은 흔적조차 남지 않았다. 박애주의자였던 집주인은 그날 이후로 공동주택 주민들이 완전히 타락한 사람들이라고 굳게 믿었다. 다른 사람들도 그럴듯한 논쟁에 의해 비슷한 추론에 도달했다. 요컨대 그들을 분노하게 만든 태만과 무지가 개혁하려고 애써왔던 공동주택의 일관된 결과물이었다는 점, 그래서 그 결과물까지도 개혁을 위한 노력에 포함해야 한다는 점을 간과했기 때문이다. 모범 공동주택 지역의 건물주들은 세입자들이 편안하게 정착하게 해주고 적절한 관리 아래서 그동안의 잘못을 속죄하도록 이끌겠다는 큰 희망을 품고 있었다. 그런데 한편에서는 한 도급업자가 브라운스톤 장식과 외관을 지닌, 튼튼하지 않지만 보기에는 좋은 이른바 '스킨' 공동주택 몇 채를 날림으로 지었다. 그 결과 주거 환경이 괜찮았던 세입자의 상당수가 신축된 스킨 공동주택으로 빠져나갔다. 이는 자선 계획가들의 입장에서는 비뚤어진 심술의 아주 놀라운 사례다. 그러나 결국은 이상할 것이 없었다. 이 모든 것이 내가 말한 집주인에 대한 교육의 문제다.

천천히 이루어지는 교육에서 당장 놀라운 성과를 기대할 필요는 없다. 오히려 그 반대로 될 공산이 크다. 온갖 불결함에 스스로 적응하고, 처음과는 완전히 다른 수준까지 부패를 축적해 강화하는 공동주택의 능력은 굉장히 놀랍다. 성홍열, 홍역 또는 디프테리아 환자가 이 바라크 건물에 한 명이라도 발병하는 경우, 시작 단계에서 이 전염병을 박멸하지 못하면 건물로, 단지로, 지역으로 순식간에 퍼져서 인구의 절반이 사망한다. 부랑자들이 활동하는 지역 인근에서 제기되는 성난 항의에 시달리던 경찰이 질 나쁜 무허가 술집들을 급습하는 경우도 그렇다. 단속에 쫓긴

'경찰을 피해서 숨기.'

부랑자들은 공동주택의 셋방으로 안전하게 숨어듦으로써 개별적으로 또 전체적으로도 지금까지 알려진 어떤 무허가 술집보다도 훨씬 더 파괴적인 전염병의 독립된 중심지를 무수히 형성하는 결과로 이어진다. 이 때문에 아주 많은 무허가 술집을 경찰이 내버려둔다고 생각하고 싶지는 않다. 그러나 그럴 개연성은 크다. 경찰은 이런 과정을 매우 잘 알고 있는 데다 그 사태를 막기에는 완전히 역부족이다.

공동주택의 태생적인 문제처럼 이 태생적인 능력—공동주택 인구의 끊임없이 폭발적인 증가세와 그 결과 점점 극심해지는 과밀—은 문제 해결의 주된 장애물이다. 1869년, 뉴욕의 공동주택 수는 1만 4,872채였고, 이곳의 인구는 46만 8,492명이었다. 1879년에 공동주택은 약 2만 1,000채로 추산되었고, 주거민은 50만 명을 넘어섰다. 1869년 이후 최초로 시행된 정식 인구조사에 따르면, 1888년 말에 3만 2,390채의 공동주택에 109만 3,701명이 살았다. 현재 공동주택의 수는 뒤채 2,630채를 포함해 총 3만 7,316채이고, 이곳의 거주 인구는 125만 명을 넘는다. 증가한 인구의 상당 부분(특히 해외 이민자들)은 이미 비상식적인 과밀 상태에 처해 있는 14번가 이남으로 몰렸고, 이곳에서 시도되는 개선의 노력들은 전부 좌절되고 있다. 이와 동시에 새로운 빈민가들이 확장되고 있어서 이 확장세를 꺾을 단호한 조치가 필요하다. 대도시로의 인구 유입 또한 꾸준한 요인으로 고려되어야 한다. 인구 유입은 앞으로도 오랫동안 감소하기보다 증가할 것이다. 19세기 초 도시 인구의 비율은 25명 중 1명이었다. 1880년에는 4.5명 중 1명, 그리고 1890년의 인구조사 결과는 4명 중 1명으로 집계될 공산이 매우 크다. 과밀 인구가 교외로 나갈 방법이 없는 상황에서 이런 증가세를 잡으려는 개선책은 모두 실패하다시피 했다. 1874년에 보긴국이 문제 해결의 방법으로 자신감을 보였던 신속한 이주는 지금 헛된 희망으로 받아들여지고 있다.

뉴욕의 노동자들은 안락함을 포기해서라도—비용을 얼마든지 지불해서라도—직장 가까이에 살려고 한다. 뉴욕은 결코 과밀 상태 이전으로 돌아갈 수 없을 것이다. 더이상의 개선책이 없을 때 정부는 되도록이면 균일하게 인구를 분산시키려고 노력한다. 올해 상반기에만 휴스턴 스트리트 이남의 200채가 조금 안 되는 공동주택에서 1,068명이 위생 경찰의 야간 검문에 걸려 퇴거 조치 당했으나, 이 정도 숫자로 성과를 내기엔 턱없이 부족했다. 주거 지역의 공동주택들은 사실상 방치되어 있는 셈이다.

종종 모든 개선책의 속도를 앞서가면서, 어제는 상황의 요구에 부합했던 것을 오늘은 쓸모없는 것으로 만들어버리는 뉴욕 경제 상황의 급변 또한 문제 해결을 어렵게 만드는 또다른 원인이다. 그 밖에도 흔한 장애물로는—신문에서 많이 다루지는 않지만 개인적으론 아일랜드에서만큼 아주 흔한 문제라고 생각하는—부재지주가 있다. 사실 부재지주는 무수히 많은 문제에 책임이 있다. 보건국이 자리를 잡았을 때 위생 개혁가들을 좌절시킨 장애물 중에 하나가 부재지주였다. 1869년에 상당수

고섬 코트의 소녀들(1889년).

의 세입자들이 완전히 방치된 상태였고, 셋집을 보수해달라는 그들의 요구에 돌아온 유일한 답변이라고는 월세를 내든가 아니면 나가라는 말이었다. "조회를 해보면 종종 건물주가 뉴욕의 상류층 지역이나 인근 도시에 살고 있는 부유한 신사나 부인이었고, 간혹은 유럽에 살고 있기도 했다. 건물은 대개 대리인이 도맡아서 관리했고, 관리 지침은 간단명료했다. '월세는 선불로 받고, 월세를 내지 못하는 임차인은 퇴거시킨다.'" 담당 위원회는 10가구 이상이 사는 공동주택의 소유주는 반드시 관리인을 두고, 이 관리인이 보건국의 감독을 받게 한다는 법안을 발의했다. 불행히도 이 시점에서 위원회의 권한이 위축되었고, 그 결과 이 법안은 시행된 적이 없다. 만약에 이 법안이 시행되었더라면, 보건국은 많은 문제를, 세입자는 이루 말할 수 없는 고통을 덜 수 있었을 터다. 부재지주라는 종족은 뉴욕에서 결코 멸종되지 않을 것이다. 뉴욕의 부동산을 상속받았으나 사는 곳은 멀었던, 훌륭한 인품의 한 부재지주가 자신의 허름한 공동주택을 보고 격분했던 일이 있다. 그는 어안이 벙벙할 정도로 충격을 받았는데, 무엇보다 자신이 격분한 상황에 대해 비난을 받아야 할 사람이 바로 자기 자신이라는 점 때문에 그랬다. 그러나 나는 그의 진심을 감안하더라도 그가 전적으로 책임을 져야 한다고는 생각하지 않았다.

이 건물주의 경험은 법제도가 초기 개혁가들에게 제공하지 못했던 개선책을 시사하고 있다. 요컨대 단호하게 지시하고 안내할 줄 아는, 자질이 뛰어나고 유능한 관리인이 어떤 형태의 공동주택 개혁 계획이든 간

밤에 자고 있는 부랑아들.

에 필수 조건임이 완벽하게 입증되었다. 이는 공동주택의 주목할 만한 사례에서 효과가 입증된, 그리고 앞으로는 더 많은 사례에서 그렇게 될 임대업의 확실한 전제조건이다. 심지어 더 열악한 공동주택에서도 건물주가 거주하고 있는 곳은 예외 없이 최상의 환경을 보여준다. 이는 어쨌든 희망적인 조짐이다. 엄청난 대가를 치르지 않고는 조력을 얻기 어렵다는 것은 뉴욕에서 빈민의 적절한 주거 문제를 풀려는 시도들을 궁지로 몰아온 방해 요인 중 하나다. 왜냐하면 지금까지보다 훨씬 더 광범위한 시도들이 필요하다는 것을 전제로 하기 때문이다.

세입자들이 자신들을 위해 공정한 조건 아래서 이루어지는 현명한 시도들에 신속하게 반응하는 것은 유쾌할 뿐 아니라 놀라운 일이다. 또한 이 신속한 반응들은 세입자들이 지저분하고 유해한 환경에 만족하는 이유가 더 나은 환경이 제공되지 않기 때문이라는 사실을 분명하게 입증한다. 육체적 건강이 크게 개선될 뿐 아니라 윤리적 효과도 크다. 이 효과는 공동주택의 거주자 중에서 상대적으로 상위 계층에서 확연히 나타나고 있다. 올드 '아프리카'의 지독한 빈민굴을 벗어나 요크빌의 괜찮은 공동주택으로 이주한 이래 불과 몇 년 만에 흑인에게 나타난 변화는 주목할 만한 실례를 제공한다. 더 좋은 예가 멀베리 스트리트 벤드의 모범 공동주택과, 앞서 이탈리아인을 다룬 장에서 언급한 바라크 건물 사이의 극명한 대조 속에서도 나타난다. 이탈리아인은 그 자체로 가장 격렬한 논쟁거리다. 그들은 더없이 불결한 환경에 대한 파멸적인 만족과 더

불어 청결함에 대한 분명한 본능도 지니고 있는데, 이 본능이 제대로 계발된다면 단번에 그들을 구원할 수 있을 것이다. 이것은 기묘한 모순이지만, 가정생활을 하는 이탈리아인을 지켜본 사람에게는 명명백백한 사실이다. 이탈리아인만 그런 것은 아니다. 나는 지난여름에 공동주택 주민 중 가장 거친 사람들 사이에서도 기품 있고 관대한 인격이 얼마나 극적인 효과를 가져오는지를 볼 수 있는 사례를 접했다. 모범 공동주택이 아니었다. 그것과는 아예 거리가 멀었다. 10구에 있는 고층 바라크 건물로, 20세대 이상이 살고 있었다. 지난 3년 동안 가난과 공감할 수 있는 삶의 혐오로부터 촉발된 두 건의 가정 참사가 바로 그 건물에서 벌어졌고, 나는 그곳이 개선의 여지라고는 없는 나쁜 공동주택의 전형이라고 생각해 왔다. 그런데 얼마 뒤 우연히 그곳을 한 번 더 방문했을 때, 놀랍게도 세입자들이 완전히 변해 있었다. 세입자의 상당수가 아직 남아 있었으나 마치 전과는 다른 사람들처럼 보였다. 알고 보니 그 비밀은 단정하고 온화하면서도 매우 엄격한 신임 관리인이었다. 이 작은 체구의 여성은 퇴화된 주거 환경을 자신의 강한 공감, 다시 말해 자애로운 영역 안으로 가져다놓는 동시에 자신의 지시를 세입자들이 존중하도록 만드는 자연스러운 능력의 소유자였다. 그녀의 관리 아래 최악의 요소들이 단기간에 사라졌고, 세입자들에게는 자존감의 새로운 시대가 열렸다. 그전에는 낮은 수준의 계층에 속해 있던 것으로 보였던 세입자들이 전체적으로 그 때보다 훨씬 더 월등한 계층으로 상승한 것 같았다. 게다가 이런 변화가

BANCA P. CAPONIGRI
55
SUB STATION No 23
NEW YORK POST OFFICE
POSTALE
No 23
NEW YORK
POST
OFFICE

벤드의 야채상.

불과 1년이라는 짧은 기간에 이루어졌다.

이 부분에 대한 나 자신의 관찰을 통해 지금까지 알고 있었던, 실질적인—그리고 묵묵히 자신들이 세운 계획을 실천해온— 공동주택 개혁가 거의 전부가 입증한 것 이상의 확신을 얻었다. 이 중에서 누구보다 경험이 많고 크나큰 영향력을 끼치고 있는 한 사람이 최근에 내게 이렇게 말했다. "지금 공동주택에서 살고 있는 사람들에게 개선된 최상의 조건을 제공한다면, 거부하거나 활용하지 않겠다고 할 사람은 아마 10퍼센트도 되지 않을 겁니다. 다만 그런 조건을 얻을 수 없는 것이지요. 여론이 가난한 사람들을 피해자라고 보는 시각은 아주 잘못된 것입니다. 나는 14년 동안 500세대 이상을 위해 주택을 지었습니다." 이 사람은 실제로 브루클린에 주택을 지어왔다. 그러나 이스트 리버의 두 강변에서 인간의 본성은 크게 다르지 않다. 다르다고 생각하는 사람들은 불과 5년 전에 뉴욕의 상황을 다음과 같이 정리한 공동주택위원회의 발표를 상기하기 바란다. "세입자들의 상황은 그들이 점유하고 있는 주택의 상황에 앞선다."

세입자 대다수가 계속해서 주거해야 하는 공동주택의 문제를 개선하려는 최근 2~3년 동안의 인도주의적 노력들은 세입자들이 개선된 상황을 받아들이려는 분위기를 만듦으로써 그 효과를 거두었고, 장차 모범 공동주택을 건설하려는 사람들에게 더욱 분명한 길잡이가 될 것이다. 근린조합Neighborhood Guilds에서 시작한 용감한 여성들의 대학 근린관College Settlement, 킹스 도터의 노력을 포함하는 여러 방식과 그 밖에 무수히 많은 실제적인 구빈 활동을 통해 빈자와 부자는 일상생활의 동료 의식 속에서 더욱 가까워졌다. 이로써 받는 사람만큼이나 주는 사람에게도 최상의 결과가 나왔다. 훌륭한 부인 한 분이 언젠가 내게 이런 편지를 보내온 적이 있다. "아직 문제가 해결되지 않고 어느 때보다 복잡해졌다고 해도, 음산한 그림 속의 밝은 점들이 오로지 비교에 의해서만 밝게 보이는 경우가 너무 많고 방법의 상당수가 원조와 슬픈 미봉책에 불과할지라도, 우리는 좌절의 진창 속에서도 어떤 식으로든 선이 행해진다는 것을 어렴풋이나마 깨달을 수 있어요."

제25장

현재 상황

Tenement of 1863,
for twelve families on each flat.*

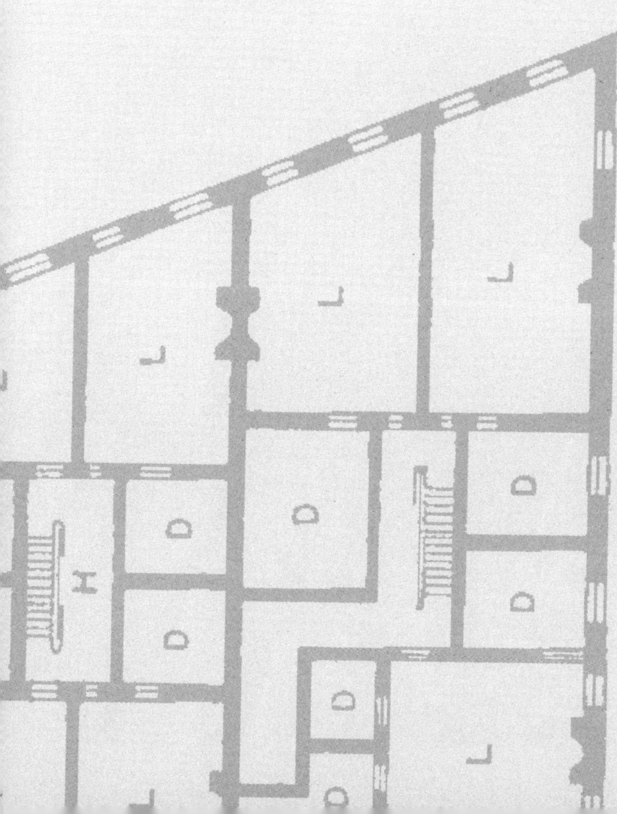

바라크의 지붕 위에서.

그렇다면 우리가 뉴욕에서 직면해야 하는 적나라한 사실은 무엇인가?

1. 지금도 엄청나게 많고 계속해서 증가하고 있는 임금노동자에게 적절한 주택을 제공해야 한다.
2. 적절한 주택 공급이 이루어지지 않고 있다.
3. 당장에 또 미래의 장기적인 안목으로 **이곳**에 주택이 공급되어야 한다. 교외 이주를 통해 과밀을 해소하려는 모든 계획은 여전히 유토피아적이고 현실성이 없다.
4. 권리로서 살 집을 얻으려면 상당히 비싼 월세를 지불해야 한다.
5. 주택 공급을 방해하는 것은 우리 자신의 나태함밖에 없다. "세입자들의 상황은 그들이 점유하고 있는 주택의 상황에 앞서기"(공동주택위원회 보고서) 때문이다.
6. 한쪽뿐 아니라 나머지 반쪽의 안전을 위해서도 위생, 윤리, 경제적 측면에서 적절한 주택 공급이 요구된다.
7. 그러려면 비용을 지불해야 할 것이다. 내가 말하려는 것은 투자로서의 현금이다. 나는 곧 이 방식을 증명해나갈 것이다.
8. 공동주택은 오랫동안 지속되어왔고, 그 자체가 우리가 직면한 문제의 해결책이어야 한다.

지금까지 밝힌 이 사실로부터 우리가 벗어날 수는 없으나, 반성할 수는 있을 것 같다. 제일 좋은 것은 당연히 이 문제를 단번에 완전히 해결하는 것이다. 그러나 불가능한 일이니, 그런 방향에 관한 모든 논쟁은 이번만큼은 쓸모없는 것으로 치부해버리겠다. 우리는 공동주택을 어떻게 할 것인가, 이것이 실제적인 질문이다. 일전에 나는 모트 스트리트의 한 건물주, 그러니까 20년 동안 보건 당국에 끝없는 골칫거리였던 바라크 건물 한 동을 소유한 사람이 이 문제를 직접 해결하는 과정을 지켜보았다. 그가 취한 방법은 흉한 건물에 페인트를 칠하고, '1890'이라고 쓴 1미터 길이의 화려한 주석 장식을 추가한 것이다. 나는 높은 곳에서 이 과정을 지켜보는 동안, 이 건물 지붕에서 야영중인 역시나 지저분한 몰골의 사람들도 내려다보았다. 그중에서 유난히 눈에 띈 사람은 이탈리아인 엄마와 실오라기 하나 걸치지 않은 두 아이였는데, 아이들은 세면대라는 것을 구경해본 적도 없는 것 같았다. 이것이 건물주의 방식이었으나, 우리에게는 해결책이 되지 않을 것이다.

'플랫'은 문제를 해결하지 않는 또다른 방식이다. 문제 해결은커녕 더 확대한다. 플랫이 현대적이긴 하나 모범 공동주택은 아니다. 플랫은 저급 공동주택의 불쾌한 요소를 상당 부분 없애고 최악인 과밀 문제도 일정 부분—실제로 그런지는 의문이지만—해소한다고 하지만, 그곳에서 벗어나야만 하는 심각한 문제점들을 노출하고 있다.

뉴욕의 공동주택 문제를 처리하는 세 가지 효과적인 방법이 있다.

1. 법을 준수한다.

2. 노후 주택을 최대한 리모델링하고 활용한다.

3. 모범 공동주택을 신축한다.

개인 사업가의 양심이 의무의 범주에서 우러나와 마지막 두 개 항목에서 큰 역할을 해야 한다. 법의 성과에 대해서는 이미 앞에서 언급했다. 파리, 글래스고, 런던에서 채택된 과감한 조치들은 뉴욕처럼 넓은 범위에서는 실용적이지 않다. 실용적이지는 않아도 여론의 강한 압박이 있다면 뉴욕에서 최악의 전염병 지역을 제거할 수 있을 것이다. 시청의 노력을 억제하고 있는 관료적 형식주의가 모조리 풀린다면 멀베리 스트리트 벤드는 파이브 포인츠의 길을 갈 것이다. 수년 전에 공개경쟁을 통해 현대식 공동주택의 최고 설계에 상금이 주어졌다. 머잖아 세금 환급 방식의 장려금을 통해 모범 공동주택이 활발히 건축되는 날이 올지 모른다. 한편 끊임없이 법과 품위를 위반하는 집주인이나 그들의 대리인에 대한 체포와 즉결심판도 유익한 효과를 가져올 것이다. 최악의 위반자인 돈 많은 부재지주 몇 사람을 사법권 안에 둘 수 있다면, 그래서 그들 소유의 공동주택에 적절한 관리인을 두도록 강제할 수 있다면, 뉴욕의 자랑이 될 것이다. 위생 경찰의 야간 단속으로는 대처할 수 없는 과밀 현상을 개선하기 위해 현재의 숙박업소처럼 공동주택에도 많은 인원을 수용하려면 궁극적으로 허가제를 도입해야 할 것이다. 아니면 정부가 고가도로의 통행료를 정하는 것처럼 과밀의 원인이 되는 월세에 개입해 그 수준을 내려야 할 것이다. 논란을 불러올 것이기에 일단은 고려 대상에서 제외하겠지만, 이 방법은 원래 지난 10년 동안 이 공동주택 문제를 해결하기 위해 공개적으로 싸워온 명석한 사람들 중에서 한 명이 생각해낸 것이다. 어쨌든, 법에 의한 개혁을 성공시키려면 나쁜 공동주택을 소유하고 있는 것이 손해가 되도록 만드는 데 초점을 두어야 한다. 이 또한 달팽이의 속도처럼 더딘 방식이 될 공산이 큰 반면, 붙잡으려는 적들은 전속력으로 앞서나갈 것이다.

실상은 정반대이긴 하나, 수익 면에서 법제도가 집주인들과 직접 밀접한 협력 관계를 맺어야 한다. 내가 생각하기에 지금의 상황은 심각한 오류에 기인하고 있다. 일말의 보존 가치가 있는 공동주택 부동산이라면, 적절히 유지보수를 하는 경우보다 그냥 방치하는 것이 더 큰 수익을 거둘 리는 없기 때문이다. 필연적으로 가장 저급하고 무지한 세입자들로 가득한 건물을 개보수하는 비용은 처음 한두 해 방치해 절약한 금액보다 더 많다. 수입이 최저 수준이고 더없이 파괴적인 성향의 세입자들이 어디에나 있기 때문이다. 그런데 건물을 방치하는 것이 오히려 손해라는 것을 깨달은 건물주들이 있고, 그것이 비록 저절로 입증되는 명백한 사업적 사실의 진술은 아닐지라도, 나의 주장을 뒷받침한다. 장차 사업이나 다른 목적으로 땅값이 오를 것이기 때문에 일부러 노후화를 방치하고 있는 건물들은 여기에 포함되지 않는다. 불행히도 뉴욕에는 이런 유의 공동주택이 즐비하다. 종종 돈 많은 부동산 회사나 악덕 기업이 차지권(남의 토지를 빌려 사용하는 지상권 및 임차권을 아울러 이르는 말— 옮긴이)을 소유한 예도 있는데, 이들은 세입자를 위한 법에 반기를 들고 막대한 영향력을 행사한다.

이와는 반대로 공동주택, 심지어 가장 황폐한 지역에 있는 공동주택까지 포함해 최악의 상황을 개선하고 최대한 활용하기 위해 비용을 지불하는 사례도 많다. 엘런 콜린스 씨가 자신이 소유한 워터 스트리트의 공동주택에 취한 사례는 언제나 모든 의심을 해소하는 확고한 해답이다. 그녀가 지금은 뉴욕에서 가장 낙후된 지역에 속하는 워터 스트리트와 루스벨트 스트리트의 모퉁이에 있는 낡은 공동주택 세 채를 매입한 것이 10년 전이다. 그때부터 구입한 공동주택 외에 그 근처에 있는 세 채를 또 임차했고, 워터 스트리트의 상당 부분은 정화 작업으로 청결해졌다. 그녀가 제일 먼저 시도한 것은 복도마다 햇빛이 들어오게 만들고, 어둠은 물론이고 하수구 옆에 쌓여 있기 마련이던 폐기물 더미를 감쪽같이 사라지게 만든 것이다. 고집불통의 세입자 두세 명이 떠나버렸으나, 대부분은 새로운 규칙을 받아들였고 지금도 그곳에 거주하고 있다. 여기서 밝혀둘 것은 콜린스 씨의 세입자들이 극빈층이었다는 점이다. 그녀의 목적은 이 극빈계층과 더불어 변화를 모색하는 것이었고, 그 목적은 성공 그 이상의 결과를 가져왔다. 계획한 것은, 그녀가 직접 말했듯이 세입자와 집주인 간의 페어플레이였다. 이를 위해 사업 투자가 성공하려면 합리적인 수익을 거두어야 한다는 원칙에서 벗어나지 않은 선에서 월세를 내렸다. 공동주택의 배관도 완벽하게 개보수 공사를 마쳤다. 능력 있는 관리인을 고용함으로써 콜린스 씨가 부재중일 때 세입자들이 주거 원칙들을 제대로 지키고 있는지 감독했다. 최근에 그녀는 직접 관리 감독하는 데 거의 시간을 내지 않았고, 관리인은 불과 며칠 전에도 감독할 일이 거의 없다고 내게 말했다. 그녀의 공동주택들은 한 번 설치한 궤도를 따라 움직이듯 저절로 운영되는 것 같았다. 한때 도둑 소굴로 유명했던 이 공동주택들이 인근에서 가장 질서정연한 곳으로 거듭났다. 바깥에 밤새 빨래를 널어놓아도 도둑맞지 않았고, 여섯 채의 공동주택뿐 아니라 인근의 전체 블록에 사는 아이들이 뛰노는 마당에 만들어놓은 예쁜 화단들도 훼손되는 일이 없었다. 덧붙여서 말하자면, 세입자들은 봄에 손수 화단에 꽃을 심었는데, 꽃들이 자신들의 것이었기 때문에 더욱 더 자긍심을 느꼈다. 이 여섯 채의 공동주택에는 45세대가 살고 있고, "월세를 올릴 필요성이 전혀 없다". 가난한 사람들을 상대로 벌어들이는 수입에 대해 콜린스 씨는 지난 8월에 내게 이렇게 말했다. "투자 대비 수익이 6퍼센트 아니 6.75퍼센트까지 나와요. 전체적으로 5.5퍼센트 정도일 거예요. 그 정도면 아주 만족스러워요." 여기서 덧붙여 말해야 할 것은, 그녀가 목이 좋은—현재 정육점이 있는—자리를 술집으로 임대하는 것을 계속 거부해오고 있다는 점이다. 만약 그 제안을 거부하지 않는다면, 수익이 상당히 늘어날 터인데 말이다.

콜린스 씨의 사례는 사용할 수 있는 최악의 재료를 가지고 빈자에 대한 개인적인—그 자체로 빈자의 실질적인 요구에 부합할 수 있는—관심을 더해 일궈낸 성과를 보여주는 것이기에 소중하다. 간헐적으로 아낌없이 주는 도움의 손길을 포함해 어떠한 자선도 이런 성과를 낼 수 없다. 너무도 오랫동안 잘못 설정된 집주인과 세입자 간의 '페어플레이', 이것이야말로 콜린스 씨에게 그랬던 것처럼 성공의 문을 여는 열쇠다. 콜린스 씨에 앞서서 그녀와 비슷한 경험을 한 사람들이 적지 않았다. 이미 언급한 고섬 코트의 사례가 그렇다. 반면에 개선을 위해 노력해온 집주인들이 부족해서가 아니라 그들이 제대로 성과가 나타나기 전에 지쳐버리거나 소유한 공동주택을 매각한 사례들이 있다. 이런 경우에는 공동주택 자체와 세입자들까지 그동안 보여준 개선의 속도보다 훨씬 더 빠르게 예전의 나쁜 상태로 회귀해버렸다. 내 생각에는 이렇게 중도에 포기된 공동주택들은 평균 이하의 수준으로 떨어지기 십상이다. 벽돌과 모르타르의 퇴행은 인간의 후퇴와 크게 다르지 않다.

앞서 제시한 공동주택 문제를 해결하는 효과적인 방법 중에서 세번째, 즉 모범 공동주택을 신축하는 경우에도, 완벽한 수익을 가져온다는 전제 아래 개인적인 이득이 자본 투자의 큰 부분을 차지하고 있다. 다수의 다른 대도시들과는 달리 뉴욕에서는 모범 공동주택 건축이 대규모로 시도되지 않았는데, 아마도 뉴욕에서는 성공하지 못하리라는 생각이 퍼져 있기 때문인 것 같다. 그러나 내가 아는 한, 현명한 관리 아래 이루어진 비슷한 시도들은 모두 성공했다.

나는 뉴욕에 모범 공동주택을 짓는 시도 중에서 가장 많이 알려진 주거환경개선조합과 공동주택 건설사의 관리자들로부터 지난 8월에 건축 과정이 대단히 성공적이라는 편지를 받았다. 그들의 성공이 확정적인 것이 아니라고 볼 이유는 어디에도 없다. 필라델피아의 계획이 뉴욕에서는 실행 가능하지 않다고 해서 시도를 포기할 이유는 되지 않는다. 사실 이것은 성공을 위한 논쟁이다. 노동자들에게 소형 주택을 제공하는 것이 필라델피아에서는 가능한 반면 이곳 뉴욕에서는 불가능한 이유는 소형 주택을 짓기에는 맨해튼의 땅값이 지나치게 비싸기 때문이다. 그런데 이것은 적절한 입지와 관리가 전제된다면 모범 공동주택의 성공을 담보하는 최상의 조건이기도 하다. 공동주택 건축 추세는 다른 모든 분야와 마찬가지로 집중화에 있다. 공동주택의 각층마다 네 가구씩 건물 전체에 20가구가 현재의 관례다. 인구가 증가함에 따라 현재의 추세를 안정적인 방안으로 이끌어갈 필요성이 절실해진다. 모범 공동주택의 규모를 크게 계획할수록, 성공의 가능성은 높아진다. 제아무리 최고의 독창성을 발휘한다 해도 7×30미터 부지에 표준량의 공기와 햇볕을 수용할 수 있는 16~20가구용 공동주택을 짓기란 불가능하다. 10년 전에 최고의 공동주택 설계상을 수여했던 위원회는 "이렇게 협소하고 임의적인 한계 내에서 정신적·육체적 건강에 필수적인 조건들을 확보하기란 불가능하다"는 견해를 밝히기도 했다. 주택은 더 신중한 설계에 따라 건축되어야 하고, 그

판단은 공정하게 이루어져야 한다. 또 한 가지 간과해선 안 되는 요소는, 규모가 커질수록 전문적인 감독이 건물을 성공적으로 관리하는 데 최우선 조건이라는 점이다.

주거환경개선조합은 9년 전에 이스트 72번가에 열세 동의 공동주택 단지를 건설했다. 애초 땅값을 포함해 24만 달러로 예상된 비용은 공사를 맡은 도급업자와 문제가 생기는 바람에 28만 5,000달러로 늘었다. 그렇다보니 조합의 사업이 아주 좋은 조짐으로 시작된 것은 아니었다. 예상치 못한 비용은 조합의 자금력에 타격을 입혔다. 신축 주택 지역이어서 초기엔 과밀 현상이 없었다. 필요 경비를 아끼지 않았고, 최상이자 최신의 이번 공동주택 건축 과정에서 얻은 모든 이익은 세입자의 혜택으로 돌아갔다. 각 세대의 방 개수가 2개에서 4개인 이 주택의 월세는 4개 세대가 있는 1층의 14달러부터 2개 세대가 있는 꼭대기 층의 6.25달러까지 분포한다. 석탄 운반용 승강기, 재를 버리는 활강로, 공용 세탁실과 무료 목욕탕 등은 큰 실패를 예견했던 사람들의 의심을 곱씹게 할 정도로 이 공동주택들의 낯선 특징이었다. 이 주택 지구에는 총 218세대가 있는데, 내가 최근에 방문했을 때 9세대만 임대 매물로 나와 있었다. 그 9세대 중 한 곳은 내가 그 건물에 있는 동안에 계약되었다. 건물 관리인은 건물에 온갖 부류의 사람들이 살고 있긴 하나 이 세입자들 때문에 문제가 생기는 경우는 거의 없다고 말했다. 주거환경개선조합의 회장인 W. 베이어드 커팅 씨는 내게 이렇게 편지를 보내왔다.

"주거환경개선조합의 배당금은 5퍼센트를 상한액으로 정하고 있습니다. 배당금은 6개월마다 2퍼센트씩 지급되는데, 잉여금은 모두 건물 관리에 사용합니다. 세입자들의 편의를 위해 고가의 신형 지붕을 설치했습니다. 건물들은 처음부터 꼼꼼하게 설계된 것은 아니지만 나중에 내부와 외부에 전부 페인트칠을 했지요. 소방청의 관할 아래 많은 돈을 들여 화재 피난 시설을 갖추는 등 상당히 많은 개수 공사까지 했습니다. 내가 중시하는 것은 이런 것입니다. 요즘에는 시간이 흐르면서 더욱 발전된 지식을 기반으로 시도할 수 있고, 투자 대비 수익도 더 많이 낼 수 있을 것이라고 확신합니다. 조합의 원칙대로 건물에 술집의 임대를 허용하지 않을 겁니다. 물론 술집이 일반 상점에 비해 월등히 높은 월세를 받을 수 있다고 해도 말입니다."

이로부터 6년 뒤 공동주택 건설사는 훨씬 더 어려움이 많은 지역인 체리 스트리트에서 자체 실험에 나섰다. 이 공동주택에는 러시아계 유대인들이 많이 살았는데, 특히 재를 버리는 활강로가 없는 상황이라 세입자들을 관리하기가 점점 어려워졌다. 세입자들이 내던지는 물건에 아이들이 맞거나 심각한 경우 죽는 것을 방지하기 위해서 주방 창문들이 나 있는 마당을 폐쇄할 필요까지 생겼다. 쉽게 제거되지 않는 체리 스트리트 특유의 생활상이었다. 이런 상황에서도 공동주택들은 잘 유지되고 있다. 8월 당시, 106채의 셋집 중에서 네 채만 비어 있었다. 이 건설사에 자문을 하고 있는 에드윈 R. A. 셀리그먼 교수가 내게 편지를 보내왔다. "공

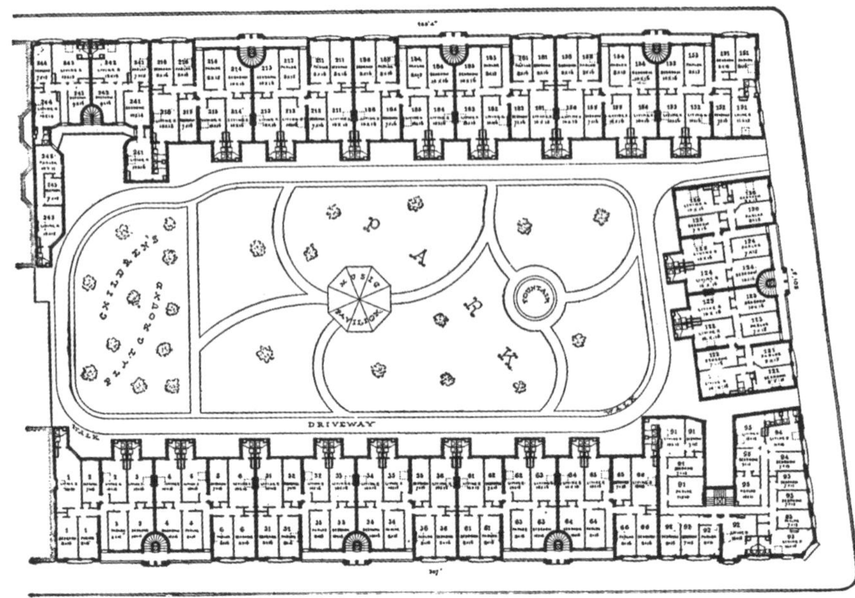

브루클린, 리버사이드 건물(A. T. 화이트)의 기본 계획.

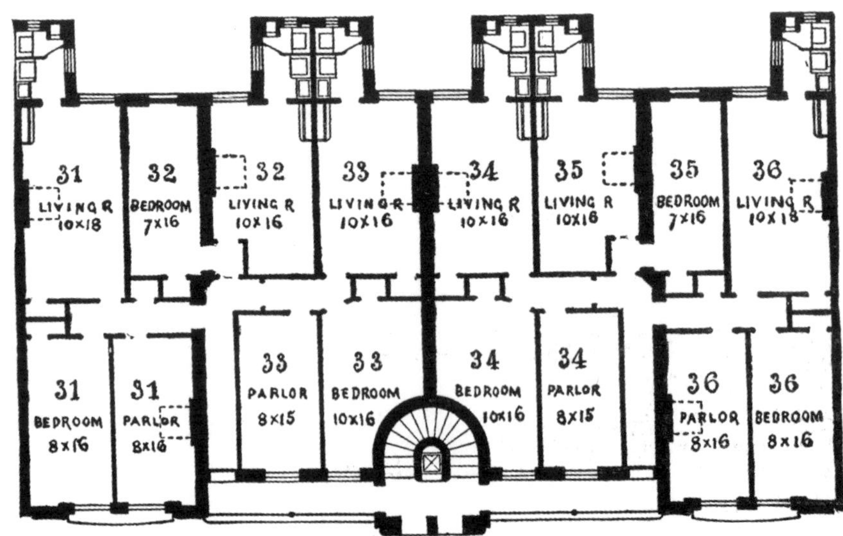

리버사이드 건물의 6개의 '아파트'를 포함하는 평면도.

동주택들은 현재 확실한 성공을 거두고 있어요. 준공 3년이 지난 시점에서 투하자본순이익률return on invested capital이 5~5.5퍼센트입니다. 가임보험(가옥을 임대한 자가 가옥의 화재로 상실한 집세의 손해를 보상하는 보험—옮긴이)을 기반으로 세입자들에게 이익을 배분하겠다는 애초의 목적은 세입자의 신용을 담보로 하며, 아직은 시행되지 않고 있습니다."

세입자 수익 배당과 아주 유사한 계획이 브루클린의 한 건축업자에 의해 시행되었다. A. T. 화이트 씨는 공동주택 건설에 헌신해왔고, 그의 경험이 비록 이스트 리버 건너에서 이루어진 것이긴 하나 나는 이것을 뉴욕에도 타당하게 적용할 수 있다고 본다. 화이트 씨 본인도 그렇게 생각하고 있다. 건축 비용에 대해 토론하는 과정에서 그가 이렇게 말했다. "뉴욕의 어떤 공동주택 지역에서든 비슷한 시도를 한다면 어디서든 재정적으로 좋은 결과를 가져올 겁니다. (중략) 높은 땅값은 주거지를 찾는 사람들의 영향에 의해 형성된 가치이기 때문에 손해가 아닙니다. 땅값과 건축비의 차이에 비해 뉴욕은 브루클린보다 월세가 높아요." 브루클린의 세입자들이 뉴욕의 세입자들보다 수준이 높다는 주장은 심각하게 토론할 문제가 아니다.

화이트 씨는 건축을 시작한 이래 가난한 500가구를 위해 집을 지었고, 해마다 평균 1개월 월세분에 해당하는 금액을 수익 분배 차원에서 훌륭한 세입자들을 위해 사용하고 있다. 앞에서 언급한 그의 최근 공동주택 계획은 뉴욕과 같은 대도시를 위한 모범 공동주택의 완벽한 이상으로 봐도 무방할 것이다. 이는 시드니 워터로 경의 런던 플랜이 지닌 장점을 전부 포함하고 여기에 건축자 자신의 경험에서 나온 개선점까지 구현하고 있다. 가장 큰 장점은 한 지붕 아래 단순한 300가구가 아닌 300개의 진정한 가정을 꾸리게 한 것이다. 각 세대마다 개별 현관이 있다. 공용 홀은 그 쓰임새와 상징성에도 불구하고 없애기로 했다. 건물 밖에는 방화 계단이 있어서 완벽한 화재 대피 시설을 제공하고 있다. 세대마다 싱크대와 난로 연통이 구비되어 있고, 통풍구는 불필요해 구비되어 있지 않다. 감탄할 만한 설계도에 따라 모든 방은 거리 혹은 마당을 내다보게 지었다. 마당은 아이들이 마음껏 모래를 파고 놀아도 되는 놀이터를 갖춘 그야말로 커다란 공원이나 다름없다. 이 공원에서 매주 취주악단의 공연이 열린다. 빨래는 건조대를 설치한 옥상에서 말린다. 바깥 계단들은 작은 탑 형태로 끝나는데, 이 탑들은 건물 외관에 상당히 고상한 정취를 선사하고 있다. 화이트 씨는 극빈층 세입자들을 들였음에도 그들과 아무런 문제도 없었다. 그의 공동주택들은 하나의 커다란 지붕 아래 작은 방에서 서로 평화롭고 만족스럽게 살아가는 사람들로 이루어진 큰 마을과도 같다.

건물 주인이 5~6퍼센트의 임대 수익에 만족할 수 있다면, 모범 공동주택들이 뉴욕에서도 성공적으로 건축되고 임대될 수 있다. 바로 이 점을 보여주기 위해 지금까지 설명한 것이다. 건물주도 '공공 부문'에 투자할 때에는 3~4퍼센트의 수익도 기대하지 않는다. 여기서 멈춘다면, 우리는 정말 잘 살 수 있을 것이다. 우리의 잘못이 앞으로도 더 심각한 재앙을 가져올지 모른다고 걱정할 만한 이유는 많다. 그럼에도 불구하고 죄와 고통의 황량한 사막에서 하나의 선행이 일으키는 영향처럼 훌륭한 공동주택 한 채를 지으면 서서히 그러나 확실히 전체 주거 지역에 변화를 가져올 것이다. 그 한 채의 공동주택은 주변의 주거 환경에 기준점이 될 것이다.

내 글은 여기까지다. 인간은 무엇을 뿌리든 수확하게 될 것이다. 나는 내가 본 대로 진실을 말하려고 노력했다. 이 책이 정의를 구현하는 데 미약하나마 일조할 수 있다면, 집필의 목적은 달성하는 셈이다. 이 대목을 쓰고 있는 동안, 수많은 사람이 도시를 떠나 여름휴가를 즐기고 있는 바닷가에 가보았다. 화창한 하늘 아래 바다가 잠들어 있었다. 부드러운 파도가 유유히 백사장으로 밀려올 때마다 아이들은 즐거운 함성을 지르면서 파도를 피해 달아났다. 아이들의 노는 모습을 지켜보고 있자니, 지금은 이렇게 잠잠한 바다가 매서운 겨울 폭풍우가 치는 동안에는 성난 기세로 일어서 앞에 있는 것을 모조리 쓸어버릴 듯이 절벽 너머까지 후려친다는 얘기가 들려왔다. 그때는 인간이 만든 어떤 방책도 바다를 막을 수 없다고 말이다. 숱한 사람들이 괴로운 족쇄에 얽매인 채 공동주택에서 불안하게 흔들리고 있다. 이미 우리의 도시 뉴욕은 자신의 임무를 제대로 깨닫기도 전에 위대한 대도시에 부과된 의무와 책임에 짓눌렸고 걷

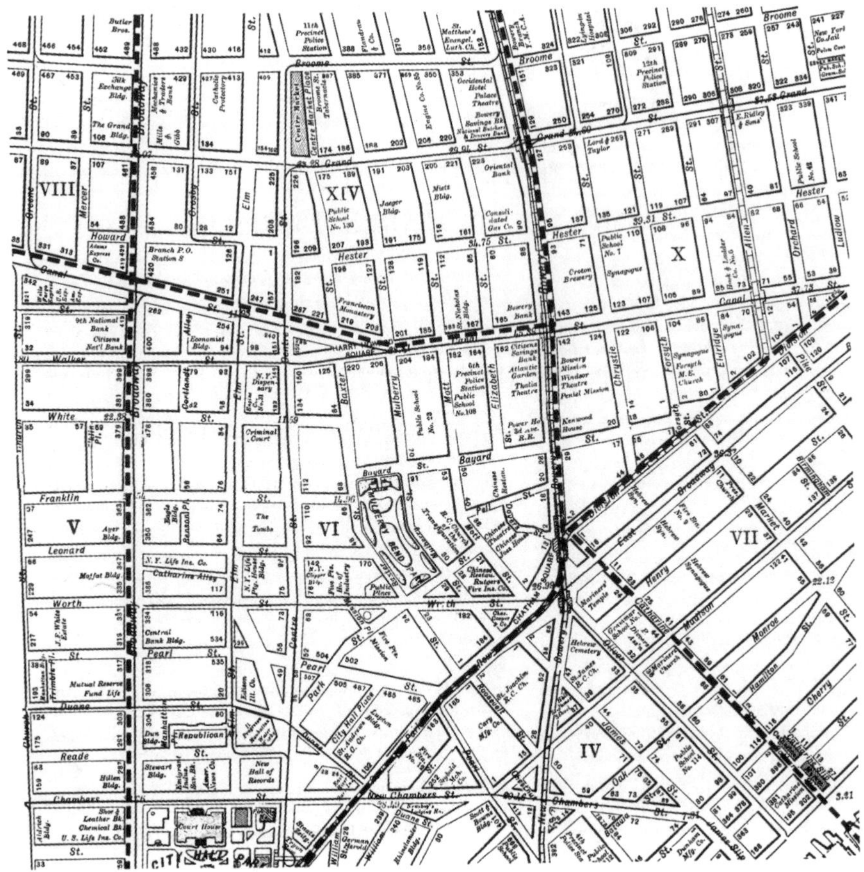

멀베리 벤드 파크를 보여주는 1899년 로어 맨해튼 지역.

잡을 수 없는 팽창의 물결에 직면해왔다. 이 파도가 다시 한번 솟구친다면, 인간의 힘으로는 막을 수 없을 것이다. 그것이 후벼판—분별없는 사람들에게는 보이지도 않고 의심조차 하지 않는—계층 간 골은 나날이 더 크게 벌어지고 있다. 더딘 법령도 정략적인 편의주의도 이 골을 메울 수 없다. 다른 위험에 대해서라면 우리 정부가 방어 수단과 피난처를 제공할 것이다. 그러나 공동주택의 위험에는 그러지 못할 것이다. 나는 우리를 안전한 곳으로 데려갈 단 하나의 다리를 알고 있다. 정의 위에 세워지고 인간의 마음으로 지어진 다리다. 이 책을 시작하면서 인용한 제임스 러셀 로웰의 시는 그것이 쓰인 40년 전보다 오히려 현재에 더 어울리고 훨씬 더 깊은 의미를 던져준다.

"귀족을 비호하고 빈민을 짓누르는 저 건물을 방치해야 하는가?"

감사의 말

모든 사람이 어떤 경험을 하든 그것이 자신이 속한 공동체에 가치 있어야 한다는 믿음, 공정하고 정직한 저서들의 행간을 통해 얻은 그 믿음으로 이 책을 쓰기 시작했다. 이제 내가 옳은지 여부를 판단할 수 있는 사람은 독자다. 좋든 싫든 언론사의 과중한 업무에 치이면서도 조력자들의 빈번하고 우호적인 격려 덕분에 이 책을 끝낼 수 있었다. 찰스 G. 윌슨 보건부 장관과 경찰청의 번스 경위의 호의에 큰 도움을 받았다. 인구통계청의 로저 S. 트레이시 박사가 보여준 인내 어린 우정으로 인해 혼자서는 도저히 불가능한 일을 해낼 수 있었다. 내가 표와 통계와 백분율에 문외한인 반면, 트레이시 박사는 그 방면에 모르는 것이 없었기 때문이다. 누구보다 나의 가장 큰 조력자이고, 가장 현명한 조언자이자, 가장 온화한 비평가인 아내의 여성적인 공감과 애정 어린 동료애가 큰 힘이 되었다.

제이컵 A. 리스

해제

위대한 기록자Reporter이자 위대한 개혁가Reformer

—제이컵 A. 리스의 생애와 『세상의 절반은 어떻게 사는가』에 대하여

전성원(문화평론가, 계간 『황해문화』 편집장)

1.

내일 당장 가지고 있는 소중한 것을 전부 팔아도, 이 나라에서 집과 땅을 살 수 있는 사람은 한 명도 없어요. (225쪽)

1750년과 1850년 사이 유럽의 인구는 1억 4,000만 명에서 2억 6,600만 명으로 크게 증가했다. 토머스 맬서스는 그의 주저 『인구론』에서 처음으로 인구 증가가 억제되지 않는다면 기존의 인구와 식량 공급 사이의 균형이 깨질 수 있다고 주장했다. 당시의 모든 사회학자가 인구 폭발에 대한 맬서스의 우려에 동의한 것은 아니지만, 인구 폭발이 정치, 경제, 사회에 끼칠 영향에 무관심할 수는 없었다. 석탄, 증기엔진, 전기, 석유, 내연기관 같은 연료와 동력을 포함하는 새로운 에너지원이 사용되고, 더 적은 인력으로도 더 많은 생산을 가능하게 하는 제니 방적기와 동력 직조기 같은 새로운 기계가 발명되면서 촉발된 산업혁명과 기술발전에 의한 변화는 도로, 수로 건설, 증기선, 철로, 전보와 같은 다른 산업 분야는 물론 인구 증가와 도시화 등으로 연쇄되었다. 애덤 스미스가 『국부론』에서 핀 제조업을 예로 들어 노동 분업이 주는 이점을 설명한 이래로 자본주의는 분업에 의한 생산성 증대를 초래했다. 생산 과정 전반의 합리적 조직화는 생산력을 증대시켜주었지만, 노동자 소외현상은 더욱 가속화되었다.

1861년부터 1865년 사이에 벌어졌던 남북전쟁은 느슨한 연방 연합체에 불과했던 미국을 합중국이라는 국가체제로 견고하게 엮었고, 코닐리어스 밴더빌트(1794~1877)와 제이슨 제이 굴드(1836~1892)의 철도망은 미국 전역을 거대한 시장으로 통일시켰다. 시장의 자유경쟁은 가격 하락을 이끌어냈고, 앤드루 카네기(1835~1919)의 철강과 J. D. 록펠러(1839~1937)의 석유, J. P. 모건(1837~1913)의 금융을 비롯한 대기업의 출현은 미국의 산업화를 이끌어 본격적인 자본주의의 길로 나아가는 계기가 되었다. 인류 역사상 재화는 거의 항상 토지와 상품처럼 '실체가 있는', 즉 눈으로 볼 수 있고 실제로 소유할 수 있는 것이었으나, 자본주의가 발달하면서 점차 주식, 지분, 각종 양도성 주식, 채권 등 손으로 만질 수 없는 종류의 재산이 경제적으로 더 큰 영향력을 행사하게 되었다. 이는 금융 이익의 지배, 투기, 유산 계급과 일반 대중 간 빈부 격차의 확대를 낳았다. 부富의 변화는 상대적으로 더욱 적은 수의 사람에 의해 거대한 부를 축적할 수 있게 했고, 부의 집중을 손쉽게 만들었다.

기업의 몸집이 불어나면서 거부들은 과도한 권력을 쥐기 시작했다. 대기업이 시장을 농단해 중소 규모의 기업을 집어삼켰고, 새롭게 시장에 진입하는 이들이 성공할 가능성은 날로 줄어들었다. 1888년에서 1908년에 이르기까지 미국에서 산업 관련 사고로 사망한 노동자는 70만 명이 넘었다. 매일 약 100명씩 사망한 셈이지만, 노동자에 대한 보호조치는 전혀 없었다. 그들은 어째서 노동자들의 가난한 현실을 동정하거나 보호하려 들지 않았을까? 19세기 말의 자유-자본주의는 노동자들의 임금을 결정하는 것은 순전히 기업의 몫이라고 여겼으며, 이들이 절대시한 사적 소유권에 따라 노동자들이 임금이나 노동조건에 관여할 권리가 없다고 믿었다. 다시 말해 노동력도 상품이므로 시장에 의해 가격이 결정된다. 미국의 노동시장에서 노동력은 언제나 공급 과잉 상태여서 노동자와 빈곤계층은 비참하리만큼 가난하기 때문에 교육의 기회는커녕 자립할 기회조차 얻기 어려웠다. 미국이 자랑하는 시장의 평등한 기회는 더 이상 찾아보기 어렵게 되었다. 마크 트웨인은 소설 『도금시대, 오늘날 이야기The Gilded Age: A Tale of Today』를 통해 겉으로 보이는 신대륙 미국의 민주주의와 놀라운 발전의 이면에 감추어진 가혹한 노동착취와 그칠 줄 모르는 탐욕스러운 자본의 경쟁, 정부의 부패와 무능을 풍자했다. 사람들은 이 시기의 미국을 겉으로는 반짝이지만 그 이면은 추악한 '도금시대鍍金時代'라 했고, 미국 자본주의의 초창기를 이끌었던 기업가들을 중세에 자신의 영지를 통과하는 상인과 시민에게 통행세를 거두며 자유로운 통행을 방해했던 영주에 빗대어 '노상강도 귀족robber baron'이라 불렀다.

2.

구대륙의 빈곤과 신분적 한계를 벗어나 새로운 꿈을 이루기 위해 세계 각처에서 젊은 이민자들이 신대륙 미국으로 몰려들었다. 미국은 '꿈의 나라'였지만, 동시에 '뜨내기의 나라'였다. 뉴욕 맨해튼 항에 도착할 무렵, 가장 먼저 보이는 자유의 여신상은 이들에게 자유와 성공의 기회를 약속했지만, 이민자들은 기회를 얻기까지 너무나 많은 대가를 치러야 했다. 제이컵 A. 리스가 살았던 19세기 말의 뉴욕은 범죄의 도시였다. 이민자를 실은 여객선은 매일같이 사람들을 쏟아냈지만, 나중에 온 이민자는 먼저 자리잡은 이민자와 치열하게 경쟁해야만 살아남을 수 있었다.

제이컵 리스는 덴마크 리베Ribe의 중산층 개신교 가정에서 태어났다. 코펜하겐에서 목수 도제 과정을 마치고 고향으로 돌아온 그는 오랫동안 연모해오던 엘리자베스 닐슨Elisabeth Nielsen에게 청혼하지만, 빈털터리라는 이유로 거절당한다. 1870년 스물한 살의 청년은 성공과 행복을 찾아 미국으로 건너갔다. 다른 이민자들과 달리 기본적인 영어 구사 능력과 기술이 있었지만, 제이컵 리스에게 미국은 가혹한 신세계였다. 몇 년 동안 그는 목수, 농장노동자 등 날품팔이 노무자 신세를 면치 못했다. 한때 그는 뉴욕의 빈민가를 전전하며 자선가들의 무료급식에 의존하며 스스로 목숨을 끊을 생각까지 할 만큼 비참한 생활을 이어나가야 했다. 우여곡절 끝에 1873년 『브루클린 뉴스』의 신문기자로 채용될 수 있었던 그는 2년간 열심히 돈을 모아 고향으로 돌아간다. 리스는 옛사랑에게 다시 청혼했고, 부부가 된 두 사람은 일 년 후 미국으로 돌아와 브루클린에 정착했다.

주로 이민자 공동체에 대한 글을 쓰던 그에게 1877년 『뉴욕 트리뷴』의 편집장이 경찰 출입 기자 제안을 해왔다. 이때부터 그는 자연스럽게 맨해튼의 로어 이스트사이드에서 벌어지는 살인, 범죄, 빈곤 등의 문제에 관심을 품게 되었다. 제이컵 리스에게 뉴욕의 이민자들과 빈민들의 밀집거주지인 공동 주택가(게토)는 결코 낯선 곳이 아니었다. 뉴욕의 뒷골목은 그에게 제2의 고향이나 마찬가지였다. 뉴욕은 1820년대부터 이미 철도, 기선 운항 등 교통의 요지로 주목받으면서 미국의 무역, 상업, 금융의 중심지가 되었으며, 해외에서 유입되는 이민자들로 인해 급팽창하게 되었다. 그러나 도시의 규모가 급격하게 팽창하는 것과 비교해 교통, 주택, 상하수도 같은 도시의 하부구조는 아직 준비되지 못한 상태였다.

> 공동주택의 태생적인 문제처럼 이 태생적인 능력—공동주택 인구의 끊임없이 폭발적인 증가세와 그 결과 점점 극심해지는 과밀—은 문제 해결의 주된 장애물이다. 1869년, 뉴욕의 공동주택 수는 1만 4,872채였고, 이곳

의 인구는 46만 8,492명이었다. 1879년에 공동주택은 약 2만 1,000채로 추산되었고, 주거민은 50만 명을 넘어섰다. 1869년 이후 최초로 시행된 정식 인구조사에 따르면, 1888년 말에 3만 2,390채의 공동주택에 109만 3,701명이 살았다. 현재 공동주택의 수는 뒤채 2,630채를 포함해 총 3만 7,316채이고, 이곳의 거주 인구는 125만 명을 넘는다. 증가한 인구의 상당 부분(특히 해외 이민자들)은 이미 비상식적인 과밀 상태에 처해 있는 14번가 이남으로 몰렸고, 이곳에서 시도되는 개선의 노력들은 전부 좌절되고 있다. (414쪽)

제이컵 리스 자신도 뉴욕 정착 초기에 부랑자와 마찬가지 신세였기 때문에 뉴욕의 빛과 어둠에 대해 잘 알고 있었다. 그는 경찰 야간순찰조와 함께 뉴욕의 악명 높은 슬럼가를 다니면서 공동주택가의 비참함에 새롭게 눈뜨게 되었다. 뉴욕의 노동계급이 주로 거주하는 빈민가의 공동주택tenement은 별도의 건축 규제 없이 지어졌다. 이윤만 추구하던 부동산 업자들은 최소의 공간에 최대의 사람들이 거주할 수 있도록 집을 지었다. 그 때문에 '삶의 질'은커녕 여러 사람이 밀집해 있는 공동주택에 필요한 통풍구, 창문, 화재를 비롯한 비상시 대피로, 화장실 등 안전과 위생상 필수적인 공간을 확보할 노력조차 하지 않았다. 그런 집마저 구할 수 없는 최하층에 속하는 부랑자나 빈민들은 창고나 지하실에서 살아야만 했다. 이 때문에 빈민들은 맑은 공기는커녕 밝은 빛을 쬐는 일조차 힘들었다. 이처럼 불결하고 비위생적인 공간에 수많은 사람이 살다보니 사소한 질병과 더위나 추위로도 목숨을 잃는 사람들이 부지기수였다.

> 숨막히는 7월의 밤, 커다란 바라크 건물들이 뜨거운 용광로가 되고 벽마다 흡수한 열기를 내뿜을 때면, 사람들은 잠 못 이룬 채 누워서 비지땀을 쏟으며 숨을 쉬려고 또 잠을 자려고 헐떡인다. 거리의 트럭과 사람들로 꽉 찬 화재 대피용 사다리는 공동주택이 제공하는 그 어떤 것보다도 훨씬 안락한 잠자리가 된다. 이런 밤에 내리는 시원한 소나기는 하늘에서 무수한 가정에 보내는 축복처럼 큰 환영을 받는다.
>
> 7월과 8월 공동주택에서의 생활은 의술의 힘으로도 구할 수 없는 어린아이들에게 죽음의 시간이다. 출입문 두 개 중 하나에 애도를 뜻하는 흰색 상장이 나부낄 때, 잠 못 드는 어머니들이 거리에서 새벽의 잿빛 여명 속을 걸으며 병든 아기에게 시원한 바람을 쐬도록 해주려고 애쓴다. 이렇게 무시무시한 절망에 맞서 사투를 벌이는 어머니의 인내와 헌신보다 더 슬픈 광경은 없다. 보건국은 특별히 이런 상황에 맞게 훈련을 받은 50명의 '여름 의사'들을 공동주택에 보내 빈민층에게 무료 진료와 약품을 제공했다. 헌신적인 여성들이 의사들을 따라 병자의 돌봄과 간호에 나섰다. 신선한 공기를 찾는 소풍이 날마다 뉴욕의 물가와 육지에서 진행된다. 그러나 이런 노력에도 불구하고 캘버리 묘지의 무덤 파는 인부들은 시간 외 근무를 하고, 주 2회 이 시립 묘지를 오가는 자선단체의 보트에는 작은 관들

이 산더미처럼 쌓여 있다.

부자들은 적절한 조치로 극복하거나 피해 가는 그저 가벼운 전염병이 빈민 가정에서는 가장 괜찮은 환경에 있는 아이들마저도 극도로 치명적인 결과를 부른다. 무엇보다 환자를 공동주택 내에서 현실적으로 격리할 수 없다는 이유가 크다. 보통은 해롭지 않은 홍역도 이와 유사한 사례를 만든다. 어느 때보다도 가볍게 길을 따라온 홍역이 공동주택 안으로 들어가서는 모조리 죽이기 시작했다. (253~254쪽)

뉴욕 빈민가의 비참하고 야만적인 실태에 주목한 지식인과 사회개혁가들은 거주의 질을 향상시키기 위해 다양한 노력을 기울였고, 1867년 공동주택법령tenement house act이 통과되면서 공동주택에서의 통풍구 및 창문 설치가 의무화되는 등의 조치가 취해졌다. 법령의 제정을 통해 공동주택에 대한 본격적인 감시와 엄격한 규제가 이루어지기 시작했지만, 그것은 이미 존재하는 건축물들을 불법화한 결과에 불과했다. 제이컵 리스는 단속 경찰들과 함께 뉴욕 빈민가의 공동주택 단지들을 누비고 다녔다. 법률이 제정되었지만, 이런 조치만으로는 급격한 인구 유입과 빈곤을 막을 수 없었다. 무엇보다 당시 시민사회의 주류 구성원들은 미국은 민주주의 국가이며 평등의 나라이므로, 노력하면 누구나 성공할 수 있다고 생각하고 있었다. 다시 말해 미국의 하층을 이루는 노동계층의 빈곤과 가난은 그들 자신의 무지나 나태와, 환경을 개선하려는 노력이 부족한 탓이라고 여겼으며, 출신 배경이 개인의 운명을 좌우한다는 환경결정론에 치우쳐 있었다. 리스는 법령에 의한 감시와 통제, 경찰 관할 수용 시설만으로는 이 문제를 해결할 수 없다는 사실을 알고 있었다. 또한 사회단체의 빈민개혁 운동과 자선이 지닌 한계 역시 알고 있었다. 그는 이들 스스로 구원할 수 있도록 노력해야 하지만, 이들이 처한 상황은 단지 개인의 부도덕이나 게으름 탓이 아니라 경제적, 문화적, 역사적 맥락과 인종적 편견을 함께 살필 필요가 있다고 여겼다. 무엇보다 그는 공동주택가의 비참과 야만을 해결하기 위해서는 대중의 의식 전환이 필요하다는 사실을 알고 있었다.

스웨터의 작업 대부분은 공동주택 내에서 이루어지는데, 공장 노동을 규정하는 법의 효력은 이곳까지 미치지 않는다. 뒤채 공동주택을 사용하는 작업장이 우후죽순처럼 늘고 있는데다 위생 경찰이 퇴거시킨 노동자보다 더 많은 사람이 이 작업장으로 유입되고 있다. 공동주택 작업장은 법망을 성공적으로 피해 가는 보완제 역할을 하고 있다. 공장의 법정 노동 시간은 10시간, 늦어도 9시에는 공장 문을 닫는다. 최소 45분은 저녁식사 시간으로 허용되어야 하고, 16세 이하 청소년은 영어를 읽고 쓸 수 없으면 고용될 수 없다. 14세 이하는 무조건 고용을 금한다. 이러한 규정들이 법령집에 등재되어야 한다는 사실 자체가 노동자의 환경이 얼마나 열악한가를 보여준다. 그러나 공동주택은 법의 관대한 목적을 좌절시킨다. 이 내부에서 어린아이는 실을 잡아당길 수 있는 나이가 됐을 때부터 아무런 제지 없이 일을 시작한다. 저녁 시간 같은 것은 없다. 남자든 여자든 일을 하는 중간에 끼니를 때우고, 노동 시간은 밤늦게까지 연장된다. 이런 환경에서는 이들의 유일한 구제책, 즉 교육 캠페인이 효과를 거둘 확률은 거의 없다. 이스트사이드의 공동주택 전반에서 영어를 배우고자 하는 의지와 간절함에도 불구하고 실질적으로는 영어가 거의 사용되지 못하고 있음은 그리 놀랄 만한 사실이 아니다. "우리에게 언제쯤 영어를 배울 수 있는 시간이 생길까요?" 누군가 일전에 내게 물었다. 나는 지금까지 그 답을 하지 못하고 있다. (193~195쪽)

리스는 상황이 더욱 악화하기 전에 개선책을 찾아야 한다고 느꼈다. 그는 세상의 절반에게 다른 절반이 어떤 처지에 놓여 있는지, 공동주택가의 비참과 야만에 대해 알리고, 이들의 관심을 통해 빈민가 개혁에 대한 지지를 얻어내려 했다. 하지만 뉴욕 공동주택가의 비참한 삶에 대한 주의를 환기하기에 활자 매체는 한계가 있었다. 그에게는 대중에게 더욱 큰 충격을 줄 수 있는 도구가 필요했다. 1839년 프랑스의 풍경화가였던 다게르Jacque-Mandet Daguerre에 의해 '사진술'이 등장한 이래 사람들은 사진이 주는 영향력을 잘 알고 있었다. 리스는 세상의 다른 절반이 어떻게 살고 있는지에 대해 관심 없는 이들에게 그 실상을 정확하게 알려줄 수 있는 도구가 바로 '사진'이라고 생각했다. 그러나 리스가 처음부터 카메라를 들었던 것은 아니었다. 당시만 하더라도 카메라는 전문적인 기술이 필요한 복잡한 도구였다. 때마침 아마추어 사진가로 활동하던 리처드 H. 로런스Richard H. Lawrence와 헨리 G. 피퍼드 박사Dr. Henry G. Piffard를 소개받을 수 있었다. 두 사람은 리스와 함께 뉴욕의 슬럼가를 돌아다니며 사진을 촬영했다. 하지만 얼마 지나지 않아 두 사람은 위험이 가득한 도시 뒷골목을 돌아다니며 매일같이 비참한 일상을 촬영해야 한다는 사실에 진저리를 냈다. 두 사람이 일을 그만두자 리스는 다른 사진가를 구하기 위해 노력했지만, 누구도 그처럼 위험한 일을 감수하려 들지 않았다. 결국 그는 직접 카메라를 들 수밖에 없었다.

나는 언젠가 웨스트 37번가 부두에서 성공적으로 한 건을 끝내고 맥주통을 주거니 받거니 하는 어린 갱단원들을 우연히 발견하고 사진 촬영을 제안했다. 이들은 사진사를 조심하기엔 나이가 어리고 경계심도 없다. 이들이 사진사와 안면을 트는 것은 대개 처음 수갑을 차고 있거나 경찰에 체포될 때다. 어쩌면 조심성은 있으나 그것보다 허세가 더 강해서인지 모르겠다. 갱들은 예외 없이 사진사 앞에서 포즈 취하는 것을 무엇보다 좋아한다. 그리고 혐오스러운 갱단원일수록 대개는 이런 야망이 더 강하다. 나는 촬영을 준비하면서 슬쩍 담배 사진 얘기를 꺼냈는데, 효과가 바로 나타났다. 그다음에는 이 일당 '특유의' 대담함을 사진에 담는 일만 남았다. 그중 한 명이 헛간에 기대어 잠든 시늉을 하듯 널브러졌고, 다른 두 명이 매우 도발적으로 널브러진 동료의 주머니를 능숙하게 뒤졌다. 그들은 나를 위해 일을 어떻게 '해치우는지' 보여주는 것이라고 설명했다. 나머지 단원들은 이 촬영의 중요성을 지나치게 실감하는 바람에 한꺼번에 사진을 찍어달라며 우르르 헛간 위로 올라갔다. 지붕 가장자리에 앉아서 발을 허공에 늘어뜨리고 자기들 딴에는 생각할 수 있는 온갖 포즈를 다 취해 보였다. 이들이 평화를 좋아하는 무해한 청년들이라고 독자들이 오해할까 봐 이 말을 해야겠다. 그들을 만나고 난 지 30분이 지나 그곳에서 세 블록 떨어진 경찰서에 들렀을 때, 그 '몽고메리 가드'의 두 친구가 내가 막 그들과 헤어져 돌아온 길에서 유대인 행상을 강도짓 하다가 체포되어 있었다. 게다가 '그냥 재미 삼아' 유대인의 목을 자르려고 했단다. "유대인이 길을 따라 오는데 마침 톱이 있더라고요. 그래서 그걸로 놈을 후려친 거죠, 뭐." 경찰이 알려준 바에 따르면, 이 두 범죄자는 '쓰레기' 데니스와 '찌꺼기' 폴리였다. (335~337쪽)

그러나 당시 사진 기술로는 채광창이 없어서 어둡기 그지없는 빈민가의 실내를 촬영하거나 사건이 벌어진 야간 현장에서 사진을 촬영하기 어려웠다. 1887년의 어느 날, 리스는 아침 식사를 하며 신문을 보다가 자신이 처한 문제를 해결할 방도를 찾을 수 있었다. 그는 이 기쁨을 다음과 같이 회상하고 있다. "아침에 식사 테이블에서 신문을 훑어보던 중에 신문을 내려놓은 채 소리를 질렀다…… 거기에는 내가 수년간 찾아다녔던 것이 있었다." 그날 리스가 신문에서 발견한 내용은 당시 독일에서 발명되었던 마그네슘 플래시 파우더에 관한 것이었다. 때마침 마그네슘 플래시가 발명된 덕분에 그는 어두운 실내와 야간에도 사진을 촬영할 수 있었다. 리스는 위험한 현장에서 마그네슘 플래시를 '펑' 하고 터뜨려 사진을 촬영한 뒤 줄행랑을 쳐야 하는 상황에 맞닥뜨리기도 했다. 1888년 초부터 리스는 현장을 다니며 직접 사진을 촬영했다. 사진기의 작동 원리나 구조에 대해 잘 알지 못했던 리스에게 사진 촬영은 매우 어려운 일이었다. 그의 사진들 중에는 노출에 실패한 탓에 너무 어두운 사진들도 많았다. 그러나 이것은 화려한 뉴욕의 이면에 감추어진 진실을 노출한 결과이기도 했다.

3.

그가 이처럼 위험을 감수하면서 사진을 촬영했던 이유는 더욱 많은 증거를 수집하고, 이를 대중에게 알리기 위해서였다. 잘 알려진 대로 '증거나 정보를 제공하기 위한 기록'이란 의미의 다큐멘트document에서 파생된 '다큐멘터리documentary'는 가공된 허구의 세계가 아니라 실재의 현실을 다룬다는 점이 가장 중요한 특징이다. 이와 같은 다큐멘트의 어원이 된 다큐멘텀documentum은 본래 중세 말까지 '권리 또는 특권을 증명하는 행위, 계약을 보장하는 보증서'를 뜻하는 말이었다. 사진은 현실의 각인이며 전이라고 보는 지표성指標性은 사진이 담아내고 있는 도상이 단순히 대상을 재현하는 것에 그치지 않고, 사진에 기록된 대상이 실제로 존재한다는 믿음에서 비롯된다. 사진은 물론 어떤 미디어도 있는 그대로의 현실과 삶을 고스란히 재현할 수 없지만, 사진이 있는 그대로의 현실을 재현한다는 믿음은 사회의 진실을 드러냄으로써 대중을 계몽할 힘의 원천이 되었다. 사진이 지닌 재현의 능력(지표성)이 '진실truth'을 전달한다는 의미의 확장이 이루어지게 되었다. 이런 결과가 빚어지게 된 것은 제이컵 리스를 비롯해 루이스 하인, 폴 스트랜드 등 사진이 지닌 힘을 이용해 사회를 변화시키려 했던 이들의 노력이 만든 결과였다.

리스는 1888년 2월 28일 『뉴욕 선』지에 「빈민가에서 온 섬광Flashes from the Slum」이라는 기사를 썼다. 이 기사는 그가 15년간 경찰 출입 기자로 현장을 취재한 경험을 바탕으로 빈민가의 무질서와 범죄에 대해 묘사하면서도 이곳에서 발생하는 범죄와 무질서의 원인은 빈민들의 윤리의식이 부재한 탓이 아니라 공동주택가의 환경 자체의 문제임을 명확히 하고 있었다. 하지만 이 기사에는 그와 함께 활동한 아마추어 사진가들의 사진 대신 그것을 보고 그린 삽화 화가들의 판화가 실렸다. 리스는 사진이라는 강력한 시각적 메시지를 이용해 대중에게 다른 세상의 절반이 처한 비참한 실상을 전달하고자 했다. 신문과 잡지 등 인쇄기술을 이용한 대중매체도 이미 등장해 있었다. 구텐베르크 이래로 인간이 볼 수 있는 사물이나 인상을 그대로 인쇄하고 싶다는 욕구는 인쇄의 역사와 함께 시작되었다. 그러나 사진기술이 발명되기 전까지, 정확하게는 망판

網版인쇄술이 발명되기 전까지 그림이나 사진 같은 도상圖像은 오로지 손재주 좋은 이들의 판화를 통해서만 가능했다. 리스가 활동하던 시대에는 이미 망판인쇄 기술이 발명되긴 했지만, 상용화되려면 아직 몇 년이 더 필요했다.

언젠가 한 남자가 5번가와 14번가의 모퉁이에 서서 번화가의 대형 상점들을 들락거리며 부와 유행을 싣고 가는 마차들을 음울하게 쳐다보고 있었다. 그는 가난했고 굶주렸고 기진맥진해 있었다. 그의 머릿속에는 이런 생각이 떠올랐다. '토실토실한 말들 뒤에 앉아 있는 저 사람들, 내일 걱정일랑 하지 않아. 저들은 굶주림이란 걸 말로만 들어봤겠지. 저들이 한 시간 쇼핑하면서 써버리는 돈이면, 나와 어린 자식들이 일 년 내내 버틸 수 있어.' 불 꺼진 차가운 난로 주변에서 빵을 달라고 울어대는 어린 자식들의 모습이 눈앞에 선했다. 이윽고 그는 인파 속으로 뛰어들더니 복수의 칼을 마구 휘둘렀다.

이 남자는 물론 체포되어 수감되었다. 지금은 혹여 어느 정신병원에서 사람들에게서 잊히고 있는지도 모르겠다. 지금도 마차들은 즐거운 표정의 손님들을 태우고 대형 상점들을 오가고 있다. 세상은 기억하고 싶지 않은 것을 쉽게, 너무도 쉽게 잊는다.

그럼에도 불구하고 그 남자와 그의 칼은 사명을 띠고 있었다. 남자와 칼이 나름의 무지하고 성마른 방식으로 표한 것은 경고, 요컨대 이 사건이 있기 불과 며칠 전에 가장 보수적이고 공평무사한 공공단체 중 한 곳에서 내보낸 다음과 같은 경고와 일맥상통하는 것이었다. "우리의 유일한 두려움은 이 개혁이라는 것이 개인 재산과 선량한 풍속을 해치는 대중의 분노를 통해 이루어질지 모른다는 데 있다."이 말은 무지한 부와 무지한 가난이라는 대대로 해결되지 않은 문제에 하나의 해결책, 즉 미국 땅에서 찾아볼 수 없어야 하지만 최근 들어 들려오고 있는 외침—'계급에 맞서는 군중'의 외침—을 통해 알려진 폭력의 해결책을 의미한다. (397~398쪽)

그러나 리스는 포기하지 않았다. 대신에 그는 사진을 활용한 슬라이드쇼 형태의 강연회를 여러 차례 개최하면서 대중에게 빈민가에 거주하는 사람들의 문제를 호소해나갔다. 강연회가 거듭될수록 그는 사회정의를 옹호하는 지식인이자 개혁가로서 명성을 얻게 되었다. 1890년 제이컵 리스는 그동안 자신이 해왔던 모든 작업을 집대성한 한 권의 책 『세상의 절반은 어떻게 사는가How the Other Half Lives』를 출간했다.

19세기 말 미국에서 출간한 이 책을 21세기 한국에서 출간할 만한 의의가 있을까? 물론 있다. 그것은 이 책이 지닌 가치가 여러 의미에서 생생하게 살아 있기 때문이다. 우선 그는 당대의 지식인이나 사회가 빈민의 삶에 관심을 보이지 않던 천박한 자유-자본주의 시대, 이른바 '도금시대'에 이것이 도시 빈민들의 태생적인 성품이나 나태와 무지의 탓이 아니라 이들이 처한 정치·경제·사회적 조건이 빚어낸 결과라는 사실을 밝혀내고 있다. 둘째는 이 책이 오늘날 다큐멘터리 사진의 토대가 되는 사실상 최초의 작품집으로 여길 만한 가치(이 책의 초판본에는 오토타입의 화보 17점이 실렸다)가 있다는 것이며, 셋째는 도시연구의 측면에서 19세기 말 뉴욕 빈민가라는 사회적 공간으로부터 근대성의 이면을 진지하게 탐구한 연구보고서라는 점이다. 실제로 그는 공동주택단지의 건축도면을 포함해 여러 이미지, 통계를 통해 도시를 사회학적으로 고찰하고 있다. 마지막으로 이 책은 활자와 사진이 결합해 사회를 개선하는 실질적 효과를 거둔 책이라는 역사적 의의가 있다. 세계 최대의 메갈로폴리스로 성장한 서울의 화려한 이면에서 우리는 가지고 있는 소중한 것을 전부 팔아도 이 나라에서 집과 땅을 살 수 없는 사람들의 비명을 듣는다. 부동산을 투기 목적으로 사용하는 사람들, 건축업자의 탐욕과 권력의 차가운 방치, 대중의 무관심이 없었다면 용산 참사는 결코 일어나지 않았을 것이다. 우리는 19세기 말에 펴낸 이 책 『세상의 절반은 어떻게 사는가』를 '역사적 원전'으로만 읽을 것이 아니라 '오늘 우리의 현실을 뼈아프게 고발하는 책'으로도 읽어야 한다.

프리드리히 엥겔스가 『영국 노동계급의 상황』을 통해 산업혁명과 자본주의 아래에서 새롭게 형성되어가는 도시 노동자의 삶과 그 조건에 대해 다룬 이래로 도시는 이전 시대와 구분되는 근대의 삶이 이루어지는 중요한 공간으로 인식되기 시작했다. 엥겔스는 그 밖에도 여러 권의 책에서 도시를 다루고 있지만, 그는 '도시'를 중심축으로 놓고 사유하는 대신

자본주의적 생산양식의 일부분으로 대도시와 주택 문제를 다룬다. 그러나 엥겔스에 의해 촉발된 공간으로서의 도시에 대한 관심은 도시를 학문적 고찰의 대상으로 부각시켰다. 훗날 발터 벤야민이 펴낸 『아케이드 프로젝트』와 『베를린의 유년시절』 등은 파리와 베를린, 모스크바 등의 도시를 문화적으로 고찰한 결과물이었다. 제이컵 리스가 펴낸 『세상의 절반은 어떻게 살고 있는가』는 19세기 말 뉴욕을 매우 진지하게 연구한 책이다. 그와 동시대를 살았던 다큐멘터리 사진가이자 사회학자이기도 했던 루이스 하인의 작업이 사진 속 대상에 시선을 맞추고 있다면, 리스는 '사람'보다 '공간'에 집중한다. 루이스 하인이 감정에 호소한다면 리스는 사회적 실태 고발을 통해 이성에 호소한다.

리스 이전에도 거리를 촬영한 사진가들은 많았다. 또한 가난에 시달리는 빈민의 초상을 촬영하는 경우도 많았다. 19세기 중엽까지 미국의 도시 사진들은 주로 도시의 웅장한 빌딩과 화려한 건축양식을 담은 빛나는 사진들이었다. 그러나 리스는 이들과 달리 도시의 뒷골목, 누구도 내보이고 싶어하지 않았던 어두컴컴한 치부를 찾아 드러냈다. 그의 작품 속에서 도시는 작은 공간으로 분할되어 있고, 사람들은 압도적인 높이의 골목 속에 갇혀 빠져나갈 길을 잃은 듯 보인다. 또한 그는 빈민들의 초상을 선정적으로 드러내 대중의 호기심을 자극하고 이들의 비참을 전시하는 대신, 이들이 처한 조건으로서의 빈민가를 보여주고자 했다. 빛나는 도시로 상징되는 자본주의 물질문명의 세계가 얼마나 허구적이며, 그 문

명의 탐욕스러운 그림자가 인간의 삶을 어디까지 파괴할 수 있는지 폭로한다. 제이컵 리스의 이와 같은 활동은 이후 앙리 르페브르, 마누엘 카스텔, 마셜 버먼, 데이비드 하비 등의 도시연구로 이어지는 선구적인 작업이었다.

내 글은 여기까지다. 인간이 무엇을 뿌리든 수확하게 될 것이다. 나는 내가 본 대로 진실을 말하려고 노력했다. 이 책이 정의를 구현하는 데 미약하나마 일조할 수 있다면, 집필의 목적은 달성하는 셈이다. 이 대목을 쓰고 있는 동안, 수많은 사람이 도시를 떠나 여름휴가를 즐기고 있는 바닷가에 가보았다. 화창한 하늘 아래 바다가 잠들어 있었다. 부드러운 파도가 유유히 백사장으로 밀려올 때마다 아이들은 즐거운 함성을 지르면서 파도를 피해 달아났다. 아이들의 노는 모습을 지켜보고 있자니, 지금은 이렇게 잠잠한 바다가 매서운 겨울 폭풍우가 치는 동안에는 성난 기세로 일어서 앞에 있는 것을 모조리 쓸어버릴 듯이 절벽 너머까지 후려친다는 얘기가 들려왔다. 그때는 인간이 만든 어떤 방책도 바다를 막을 수 없다고 말이다. 숱한 사람들이 괴로운 족쇄에 얽매인 채 공동주택에서 불안하게 흔들리고 있다. 이미 우리의 도시 뉴욕은 자신의 임무를 제대로 깨닫기도 전에 위대한 대도시에게 부과된 의무와 책임에 짓눌렸고 걷잡을 수 없는 팽창의 물결에 직면해왔다. 이 파도가 다시 한번 솟구친다면, 인간의 힘으로는 막을 수 없을 것이다. 그것이 후벼판—분별없는 사람들에게는 보이지도 않고 의심조차 하지 않는—계층 간 골은 나날이 더 크게 벌어지고 있다. 더딘 법령도 정략적인 편의주의도 이 골을 메울 수 없다. (441~443쪽)

마지막으로 이 책은 당시 뉴욕의 경찰청장(1895년), 훗날 뉴욕 주지사(1898년), 더 나아가 미국 대통령(1901년)이 되는 시어도어 루스벨트(1858~1919)에게 매우 깊은 인상을 심어주었다. 리스의 사진과 글은 사회개혁에 대한 강렬한 열정과 목적 속에서 이루어진 것들이었다. 그의 글과 사진은 학문적 성취나 예술적 가치를 인정받고자 하는 목적이 아닌 사실적 증거 자료 수집, 사회 실태의 고발에 목적을 둔 수단이었다. 그러나 바로 그와 같은 뚜렷한 목적의식 덕분에 감정에 호소하는 대상과 일정한 거리 두기가 가능해졌고, 대상에 대한 열의와 사회정의에 대한 열정 덕분에 그의 글과 사진에서는 인간적인 이해와 감동이 묻어났다. 대중의 시대에 그의 책 『세상의 절반은 어떻게 사는가』는 여론의 호응을 얻을 수 있었고, 실질적인 정책 변화를 이루어내는 데 성공했다. 이후로 사진으로 정책의 변화를 초래하는 일은 있었지만, 그 시초는 제이컵 리스가 최초라고 말할 수 있다. 루스벨트는 리스에게 뉴욕 슬럼가의 문제를 해결하기 위해 적극적으로 나서겠노라 약속했고, 이를 실천에 옮겼다. 이때부터 루스벨트와 인연을 맺게 된 리스는 훗날 그가 대통령이 되자 고문으로 활동하며 1902년 『빈민가와의 전쟁The Battle with the Slum』을 출간하는 등 활발한 저술과 강연 활동을 통해 사회개혁을 위한 노력을 멈추지 않았다. 제이컵 리스는 1914년 5월 26일 매사추세츠에서 사망했다. 그에 대한 청소년용 전기를 출간했던 재닛 B. 파스칼Janet B. Pascal은 그를 가리켜 "위대한 기록자Reporter이자 위대한 개혁가Reformer"였다고 말했다.

사진 및 일러스트 목록

세상의 절반은 어떻게 사는가

초판 1쇄 인쇄 2017년 11월 7일
초판 1쇄 발행 2017년 11월 17일

지은이 제이컵 A. 리스 | 옮긴이 정탄 | 펴낸이 염현숙
편집인 신정민

편집 신정민 박민 | 디자인 백주영 | 저작권 한문숙 김지영
마케팅 방미연 최향모 오혜림 | 홍보 김희숙 김상만 이천희
제작 강신은 김동욱 임현식 | 모니터 이희연 | 제작처 영신사

펴낸곳 (주)문학동네
출판등록 1993년 10월 22일 제406-2003-000045호
임프린트 교유서가

주소 10881 경기도 파주시 회동길 210
문의전화 031)955-1935(마케팅) 031)955-3583(편집)
팩스 031)955-8855
전자우편 gyoyuseoga@naver.com

ISBN 978-89-546-4903-2 03940

* 이 도서의 국립중앙도서관 출판예정도서목록(CIP)은 서지정보유통지원시스템 홈페이지(http://seoji.nl.go.kr)와 국가자료공동목록시스템(http://www.nl.go.kr/kolisnet)에서 이용하실 수 있습니다. (CIP제어번호: CIP2017028892)

www.munhak.com